普通高校创新创业教育"十三五"规划教材

(第三版)

大学生创新创业经典案例教程

《大学生创新创业经典案例教程》编写组 编

本册执行主编 陈文华 倪 锋

江西高校出版社
JIANGXI UNIVERSITIES AND COLLEGES PRESS

图书在版编目(CIP)数据

大学生创新创业经典案例教程/《大学生创新创业经典案例教程》编写组编.—3版.—南昌:江西高校出版社,2019.7(2020.7重印)
普通高校创新创业教育"十三五"规划教材
ISBN 978-7-5493-8806-6

Ⅰ.①大… Ⅱ.①大… Ⅲ.①大学生—创业—高等学校—教材 Ⅳ.①G647.38

中国版本图书馆CIP数据核字(2019)第143309号

出版发行	江西高校出版社
社　　址	江西省南昌市洪都北大道96号
总编室电话	(0791)88504319
销售电话	(0791)88511423
网　　址	www.juacp.com
印　　刷	江西教育印务实业有限公司
经　　销	全国新华书店
开　　本	787 mm×1092 mm 1/16
印　　张	17
字　　数	374千字
版　　次	2016年2月第1版 2016年7月修订版 2019年7月第3版 2020年7月第8次印刷
书　　号	ISBN 978-7-5493-8806-6
定　　价	36.00元

赣版权登字-07-2019-555
版权所有　侵权必究

图书若有印装问题,请随时向本社印制部(0791-88513257)退换

《大学生创新创业经典案例教程》编委会

主　任：黄小华　叶仁荪
副主任：喻晓社　郭奕珊　周金堂　胡新明
成　员：(按姓氏音序排列)

曹端荣	曹国庆	陈丽萍	陈万龙	陈学军	陈裕先	陈志龙	程瑞峰
程小白	邓　弘	邓　辉	范小林	方安仁	付江帆	顾素云	桂国庆
郭化山	郭杰忠	韩立民	何海军	何先应	贺浩华	贺瑞虎	洪友祥
胡春亮	胡国辉	胡永红	胡永新	黄　彬	黄俭根	黄　强	黄文贤
姜在东	李德平	李旺根	连樟寿	廖忠明	刘红宁	刘孟桦	刘卫东
柳福萍	罗亨江	彭　全	邱少华	饶贵生	宋增建	陶春元	童光侠
万继抗	万　明	万玉青	王　海	魏寒柏	温和瑞	吴　丁	吴福才
吴胜生	吴泽俊	武来成	肖海明	肖鸿晶	肖玉梅	徐国荣	徐　卫
徐晓泉	徐有田	杨近铭	杨云山	姚小英	易建良	曾健生	曾志刚
张晨曙	张　辉	张　溪	张醒清	张雪黎	张艳国	章国顺	赵恒伯
朱　笃	朱　繁	朱隆亮	邹扬虎

《大学生创新创业经典案例教程》专家编写组

组　长：周金堂
副组长：陈文华　倪　锋
成　员：(按姓氏音序排列)

艾　军	蔡保林	陈典港	陈　鹏	陈世伟	胡澄清	胡　欢	胡克文
胡　妮	胡孝根	胡永德	黄凤芝	黄　侃	黄小珊	蒯海章	况　琪
兰东东	李川伟	李　钧	李志平	刘春斌	刘　昶	刘莱智	刘修财
吕燕萍	罗　晨	梅小安	梅艺华	彭迪云	彭晓兰	谭贻群	汤淑琴
唐新强	汪　炜	王　鹏	王思民	王文生	魏美春	文发佑	吴龙泉
伍建军	夏克坚	肖永平	谢金梅	熊俊宏	胥顺兴	杨德忠	杨南方
颜小燕	姚卫国	叶　睿	余长春	袁剑峰	曾琼芳	张　洪	张曼云
张文杰	郑孝庭	郑燕玲	钟清平	周亨炉	周建华	周　剑	周　俊
周小丰	周育辉	朱建华

总　序

　　创新创业,是国家发展之根,是民族振兴之魂。当今世界,经济全球化、文化多元化、社会信息化深入发展,新一轮科技革命和产业变革蓄势待发,人类社会发展面临全新的历史机遇和挑战。我国要顺利推进"四个全面"发展战略布局,就必须全面落实创新发展、协调发展、绿色发展、开放发展、共享发展"五大发展"理念,进一步全面深化改革,大力推进大众创业、万众创新。今天的中国正迎来创新创业的黄金时代,大学生是最具创新创业活力和潜力的群体,如何深化高校创新创业教育改革与实践,为大学生创新创业提供观念引领、思维启迪和实践指导,是摆在我们面前的一项重要而紧迫的课题。

　　党中央、国务院高度重视高校创新创业教育工作。党的十八大明确提出,要加大创新创业人才培养支持力度。习近平总书记多次做出重要指示,要求加快教育体制改革,注重培养学生创新精神,造就规模宏大、富有创新精神、敢于承担风险的创新创业人才队伍。李克强总理多次强调,要把创新创业教育融入人才培养,切实增强学生的创业意识、创新精神和创造能力,为建设创新型国家提供源源不断的人才智力支撑。2015年5月,国务院办公厅专门印发了《关于深化高等学校创新创业教育改革的实施意见》,对深化高校创新创业教育改革从国家层面做出了系统设计、全面部署;对各高校课程设置和教材建设,明确提出要"面向全体学生开发开设研究方法、学科前沿、创业基础、就业创业指导等方面的必修课和选修课,纳入学分管理,建设依次递进、有机衔接、科学合理的创新创业教育专门课程群",要"组织学科带头人、行业企业优秀人才,联合编写具有科学性、先进性、适用性的创新创业教育重点教材"。

　　为激发全社会创新创业活力,促进江西经济社会发展,确保同步全面建成小康社会,江西省人民政府办公厅出台了《关于深化高等学校创新创业教育改革的实施意见》,对深化全省高校创新创业教育改革、加强创新创业教育提出了明确要求,其中特别强调要建立健全创新创业教育课程体系、加强创新创业教材建设,要求省教育厅组织学科带头人、行业企业优秀人才编写创新创业教育公共教材。

深化创新创业教育(以下简称"双创"教育)改革是一项需要教育部门和广大教育工作者积极探索、努力实践的长期任务、系统工程。江西省委教育工委、省教育厅(以下简称"委厅")高度重视"双创"教育,在落细、落小、落实上迅速行动,先后采取了"十个一"举措,如召开全省高校创新创业教育改革工作推进会,开通全省大学生创新创业网络平台,创建江西省大学生创新创业示范基地,开展创新创业大赛系列活动等,其中编写一套全省通用的创新创业教育重点教材,就是抓好系统工程建设的重要抓手和关键环节。但是,我们应当看到:在创新创业教育改革的探索阶段,面对创新创业教育理念滞后、课程体系亟待建立健全、教师开展创新创业教育的意识和能力欠缺等问题的制约,要推进"双创"教育,编出一套具有科学性、先进性和适用性的创新创业教育重点教材却殊非易事。

根据委厅的安排,从2015年6月底开始,由省教育厅巡视员周金堂教授、研究员总牵头,省教育厅高等教育处、职业与成人教育处、省高等院校毕业生就业工作办公室、江西高校出版社等有关单位参与的编委会工作组,先后到30余所本科、高职高专院校现场调研,多次召开专家座谈会,确定了"构建公共教材与校本教材相结合、通识教材与专业教材相补充、理论教材与案例教材相交融的多元教材体系"的"双创"教育教材建设思路。

为了率先编出一套适应教学改革与实践需要的公共教材,委厅广发"英雄帖",全省97所本科和高职高专院校推荐了100余位在"双创"教育教学、科研、实践方面有一定经验和成果的专家、学者,洪都航空工业集团等企业推荐了在创新创业方面有思考和积累的优秀人才,参与教材编写工作。委厅遴选70余位专家成立了教材专家编写组,周金堂教授、研究员亲自担任专家组组长,统筹组织、协调和推动。从2015年8月开始,专家组经过多次论证、五易其稿,确定了教材编写大纲,又经过半年多的分工撰稿、封闭式集中统稿,编写出了现在与广大师生见面的这套2016年春季试用版公共教材。首批公共教材共三本,分别是《大学生创新创业基础》(适用于本科院校)、《大学生创新创业基础》(适用于高职高专院校)和《大学生创新创业经典案例教程》。在此基础上,我们还将逐步开发与各学科专业相结合的专业教材,延伸开发电子课件、教学资源库、网络精品课程(含慕课、微课、翻转课堂等)、网络学习平台等。我们认为,创新创业教育不是就业指导和就业培训,而应当融入学校整体的人才培养体系。基于这样的认识,本套教材集聚全省"双创"教育高校专家、学者和行业企业优秀人才的智慧和力量,坚持面向全省高校、面向所有专业、面向全体学生的定位,以培养和激发学生的创新精神、创业意识和创新创业能力为目标,着力于反映和体现国内外创新创业教育理论研究、实践发展的最新成果,展示和挖掘国内外创新创业教育模式、核心理念、知名人物、典型事件等方面的最新案例,较好地回应了各高校广大师生对具有"科学性、先进性、适用性"特点的创新创业教材的需求和期盼。

一套好的教材都是经过教学实践的反复检验、不断修订完善才形成的。本套教材作为创新创业教育教材中的"新生儿",要成为符合"教"与"学"的现实需求、为广大师生所认同的精品,更需要在编写理念、逻辑结构、体例规范、题材内容等方面不断丰富完善、改造升级,因为只有这样,才能为其入选教育部"十三五"国家级规划教材或全国优秀教材夯实基础、创造条件。在试用过程中,请有关专家、教师和广大学生提出修订完善的意见和建议,以臻完善。

在此,我们也寄语广大学子,"彼此当年少,莫负好时光",这是一个开启梦想、成就梦想的时代,这是一个创新浪潮涌动、创业激情澎湃的时代。一套创新创业教育教材的编写和出版,仅仅是时代大潮中的一朵小小浪花,我们希望这套教材能成为你们激荡思维、启发心智、提升能力素养的一个阶梯。我们相信,广大青年学生一定能在大众创业、万众创新和建设创新型国家的生动实践中,以创新创业的精神和行动点燃梦想、成就人生!

本书专家编写组
2016 年 2 月 26 日

第三版修订说明

《大学生创新创业经典案例教程》自 2016 年出版至今，已有整整三个年头，并历经过一次大的修订。其间，大众创业、万众创新持续向更大范围、更高层次和更深程度推进，创新创业与经济社会发展深度融合，对推动新旧动能转换和经济结构升级、扩大就业和改善民生、实现机会公平和社会纵向流动发挥了重要作用，为促进经济持续增长提供了有力支撑。与此相应，我们面向高校的创新创业类教材也像创新创业过程一样，是动态的、不断变化的，尤其是案例教程，它不断出现新的情况，其中一些案例涉及对案例人物的社会评价，作为大学生的教材，我们感到确实有必要在原有基础上对《大学生创新创业经典案例教程》进行一次系统的修订，使案例更加与时俱进，将质量提高到一个新水平。

通过收集各高校在案例教程使用过程中提出的一些意见及编写组根据案例本身的变化，本书主要有以下内容进行了修订：

(1) 删除了一些不合适、过时的案例。如 YAHOO（雅虎）的创业融资路、"90 后"CEO 余佳文与超级课程表；

(2) 增加了更具代表性的融资案例，如上海迪士尼创新融资发展之路；

(3) 更新了部分案例的数据、时间等，大部分案例的数据皆已截止到 2019 年的最新数据统计；

(4) 对部分案例的内容进行了小范围调整，如第六章 Facebook 案例，其商业模式是经典的，但鉴于其个人信息危机，因而增加了新的信息和评价内容，更全面地展现其发展现状；又如第五章芒果青年案例，补充、完善了其最新成果，等等；

(5) 调整了全书的体例设计，修正了原书中少量文字、标点差错。

本次修订得到了编写组的大力支持，得到了创新创业专家学者的指导帮助，在此表示衷心的感谢！教材的修订和完善是一项永远没有止境的工作，书中难免还存在一些不妥之处，期待广大读者不吝赐教，继续提出宝贵意见。

编 者

2019 年 7 月

第二版修订说明

本教材自2016年3月出版以来，获得有关部门和教材试用高校师生的广泛好评，同时，各有关高校针对深化创新创业教育改革的工作实际和教师教、学生学的情况提出了不少宝贵的修订完善意见。为了进一步提高教材质量，2016年6月30日，江西省教育厅在南昌召开了"江西省高校创新创业教育系列教材修订工作座谈会"，省教育厅有关领导、教材专家编写组、各有关高校专家及师生代表、行业企业优秀人才和江西高校出版社有关负责人及编辑等40多人出席了会议。与会人员对本书的修订提出了十分中肯的意见和建议。

根据上述专家和教材试用高校师生及有关读者的意见，我们着重从以下几个方面对本教材进行了修订和完善：

一是根据每篇案例的内容，对各个案例的标题做了润饰，提高了内容的趣味性和可读性；

二是对部分章节的案例根据体例的一致性做了一些调整（如原第十章第三个案例调整为现第十章第二个案例）；

三是将原来作为附录的失败案例调整为第十三章，以强调失败案例对大学生创新创业的警示作用；

四是对试用版存在的个别文字错漏进行了推敲和校正；

五是增加了对国内外高校创新创业教育最新进展的介绍（如美国斯坦福大学的开环大学教育理念），以供借鉴。

此次修订工作，由江西师范大学陈文华、张曼云，江西农业大学黄小珊，南昌师范学院夏克坚承担，陈文华负责修订统筹和统稿工作，江西省教育厅巡视员周金堂教授、研究员对书稿进行了审定和学术统筹把关。

本次修订工作得到了江西省教育工委、教育厅，省内外各相关高校和企业单位的关心、指导和帮助，在此一并谨致谢意！

受时间和水平所限，书中难免还存在疏漏之处，恳请各位专家和读者朋友们批评指正！

编　者
2016年7月

目 录
CONTENTS

第一章　国内外高校的创新创业教育案例
孕育硅谷的斯坦福大学的创新创业教育 / 2
加州大学伯克利分校的创新创业教育生态系统 / 10
黑龙江大学的"融入式"创新创业教育 / 15
电子商务群体创业的"九江学院现象" / 21

第二章　创新创业者的案例
与众不同的乔布斯 / 27
黄璐琦：新一代中药事业担纲者 / 31
江风益：绿色照明时代的中国创造者 / 35
王文京的软件服务王国 / 42

第三章　创新创业精神的案例
呦呦鹿鸣　一鸣惊人——诺贝尔奖获得者屠呦呦和她的"中国神药" / 48
向巧院士：飞机心脏的顶级服务明星 / 54
褚时健：影响中国企业家的企业家 / 59
李玲玲：中国女大学生创业第一人 / 64

第四章　创新创业团队的案例
微软中国的团队建设 / 70
俞敏洪和他的"中国合伙人" / 74
雷军和七个合伙人的创业传奇 / 79
"西少爷"的创业团队纷争 / 86

第五章　创新创业机会的案例
"非常小器"——指甲钳中的大商机 / 93
总理点赞的米粉创业者——"伏牛堂"张天一 / 97
航模"发烧友"的蓝天创业梦 / 102

芒果青年：在高校服务创新中成长 / 106

第六章　商业模式创新的案例
Facebook：最具创新的社交服务网站 / 112
铜锣湾：中国摩尔（MALL）的探索者 / 116
"小管家"开创家政服务新模式 / 122
inmix（音米）眼镜的时尚升级 / 128

第七章　创新创业融资的案例
瓦特的创客情怀和企业家精神 / 134
上海迪士尼的创新融资发展之路 / 138
3W 咖啡与股权众筹 / 142

第八章　企业成长生命周期的案例
BMW（宝马）的创新发展之路 / 148
戴尔的新模型 / 152
比亚迪的成长轨迹 / 156
在创新中不断跨越的华为 / 165

第九章　创新创业平台的案例
创新工场的创新 / 173
梦想起航的地方——"中关村"梦想实验室 / 180
激情燃烧的柴火空间 / 185
一杯咖啡，一个梦想——先锋天使咖啡 / 191

第十章　"互联网+"的创新创业案例
阿里巴巴的 B2B 电子商务模式 / 197
微信改变移动互联网 / 202
奇米网络的"九块邮" / 208

第十一章　产业集群创新创业的案例
文化创意产业之都：伦敦 / 215
窑火千年的瓷都：景德镇 / 221
苏北"淘宝第一村" / 225

第十二章　社会企业创新创业的案例
世界首富的基金会——比尔及梅琳达·盖茨基金会 / 231
恩派公益组织发展中心的创新浪潮 / 235
用艺术点亮"星星"梦想的无障碍艺途 / 239

第十三章　失败的创新创业案例
铱星"陨落" / 245
亿唐"梦断"互联网 / 248
"视美乐"创始人黯然退场的幕后 / 252

后记 / 257

第一章
国内外高校的创新创业教育案例

孕育硅谷的斯坦福大学的创新创业教育

> **摘要：**
> 进入21世纪，全球迎来了创新创业新时代。为适应和引领我国经济发展新常态，必须打造"大众创业、万众创新"的新引擎。大学生是大众创业、万众创新的生力军，培养创新创业人才是时代赋予我国高等学校的重要使命。"他山之石，可以攻玉。"美国斯坦福大学创新创业教育的案例对深化我国高校创新创业教育改革，培养大学生的创新精神、创业意识和创新创业能力，具有重要的启示和借鉴意义。
>
> **关键词：**
> 创新创业教育；创新精神；创业文化；生态系统；开环大学；斯坦福大学

0 引言

利兰·斯坦福（1824~1893）是美国著名的铁路大王，当过加利福尼亚州首任州长，也曾连任两届美国参议员。1883年年底至1984年年初，斯坦福夫妇带着唯一的不满16岁的儿子在欧洲旅行，其间，小斯坦福在意大利的佛罗伦萨不幸被伤寒夺去了生命。带着悲伤和爱意，斯坦福夫妇决定用自己的土地和财产为"全加州的孩子们"建立一所大学，取名为小利兰·斯坦福大学（Leland Stanford Junior University），借以纪念爱子。斯坦福大学坐落在加利福尼亚州旧金山湾区的帕拉阿图市，临近世界著名高科技园区——硅谷。

1885年，斯坦福大学注册成立，1887年举行奠基仪式，1891年正式招生，首届学生555名。在1891年10月1日的开学典礼上，斯坦福先生说："生活归根到底是指向实用的，你们到此应该是为了给自己谋求一个有用的职业。但也应该明白，这必须包含着创新、进取的愿望，良好的设计和最终使之实现的努力。"从此，斯坦福大学筚路蓝缕、薪火相传，成为孕育了美国硅谷并以其创新创业教育闻名于世的全球著名私立研究型大学。作为百年名校，斯坦福大学培养了一批科学家、国会议员、众多高科技公司的领导者等等。截止到2015年，有60位诺贝尔奖得主曾在这里求学或工作。在世界大学综合排名榜上，斯坦福大学列第 2~4 位，并稳居"培养亿万富翁最多的大学"第 2 名，涌现了诸如胡佛总统，惠普、思科、谷歌、雅虎、耐克公司创始人等著名人士和企业……

1 创新创业教育的探索和实践

1925 年，斯坦福工学院、斯坦福商学院成立；

1951 年，斯坦福工业园（斯坦福研究园的前身）建立；

1954 年，斯坦福大学开设了美国第一门研究小企业的 MBA 课程——小企业管理；

1955 年，斯坦福研究园内共有 7 家公司；

1960 年，斯坦福研究园内增至 32 家公司；

1967 年，斯坦福大学首设创业教育课，成为美国首批设立当代 MBA 创业教育课程的大学之一；

1970 年，斯坦福大学技术许可办公室（OTL）成立；

1981 年，斯坦福大学与美国联邦政府及硅谷的 20 家企业建立斯坦福集成系统中心；

1990 年前后，斯坦福大学商学院社会创新中心（CSI）成立；

1996 年，斯坦福创业大学商学院创业研究中心（CES）、斯坦福工学院技术创业计划（STVP）、创业学生商业协会（BASES）成立；

1997 年，斯坦福未来社会创新网络成立；

1998 年，斯坦福跨学科生物科学研究项目 Bio-X 成立；

2001 年，斯坦福主根（Taproot）基金会成立，斯坦福创业角网站上线；

2005 年，斯坦福大学哈索·普拉特纳设计学院成立；

2007 年，斯坦福校长风险投资基金会成立，斯坦福创业网络（SEN）第一届创业活动周举行；

2011 年，斯坦福创业 Start X（创业孵化器）成立；

2011 年，斯坦福天使投资人与创业者联盟成立；

…………

在创新创业教育的探索和实践中，斯坦福大学孕育了世界高科技圣地——硅谷。1951 年，斯坦福大学的工学院院长弗雷德里克·特曼（Frederick Terman）决定在校园创办工业园区，并将校园的土地租给当时的高科技公司使用。这就是世界上第一个高新技术园区——斯坦福工业园。斯坦福工业园是硅谷的早期雏形，也是美国历史上第一个由高校创办的高新技术工业园区。特曼教授的这一创新做法，不仅奠定了硅谷的基础，也彻底改变了斯坦福大学的格局，他本人也因此被尊称为"硅谷之父"。50 年后，斯坦福迎来了另一位"硅谷教父"——其前任校长约翰·亨尼西。自从 2000 年他接任校长之职后，学校的创新创业气氛变得更浓。亨尼西校长本人恐怕也是这个世界上最富有的校长了。在一次对学生的讲课中，他直言创业精神是斯坦福大学最根本的精神气质。如果大学的知识只是停留在大学的围墙之内，而不能取得更广泛的社会影响力,就会阻碍研究者创新的动力。

斯坦福素有硅谷"心脏"的美誉。硅谷的兴起很大程度上是靠斯坦福大学多方面的支持。当今世界很多 IT 领域的领头公司是由斯坦福大学的学生和教授创办的。斯坦福大学在商业界和科技界创下的种种奇迹是世界上其他的一流大学所无法比拟的。

2 创新创业教育的生态系统

2007 年 10 月 10 日,斯坦福创业网络正式启动,并将校内有关资源全部整合起来。斯坦福创业网络是校内 31 个创业相关组织的联合,其成员组织包括来自商学院的创业研究中心(CES)、社会创新中心(CSI)、创业者俱乐部(GSBEC);来自工学院的斯坦福电气电子工程师学会(IEEE)、斯坦福技术创业项目(STVP);来自医学院的职业生涯中心(SOMCC),跨学科的生物设计(BDN)、斯坦福数字可视项目(SDVP),斯坦福大学技术许可办公室(OTL)、亚太学生创业社团(ASES)、斯坦福创业学生商业协会(BASES)、拉美创业社团(SELA)、斯坦福法律与技术协会(SLATA)、斯坦福风险投资俱乐部(SVCC)等;来自硅谷、关注媒体创业的新闻专业毕业生项目——斯坦福新媒体(NME)和坐落于硅谷、隶属福里曼·斯普利全球研究所的关于区域创新和创业的斯坦福项目(SPRIE)。除此之外,通过斯坦福创业网络还可以获得来自亚洲技术原创(ATI)、斯坦福商学院大中华商业俱乐部(GSBCBC)、斯坦福商学院高科技俱乐部、创业教育圆桌会议(REE)、创业思想领导者研讨会、斯坦福大学企业联系办公室(OCR)等数十家校内外机构或组织的相关资源。

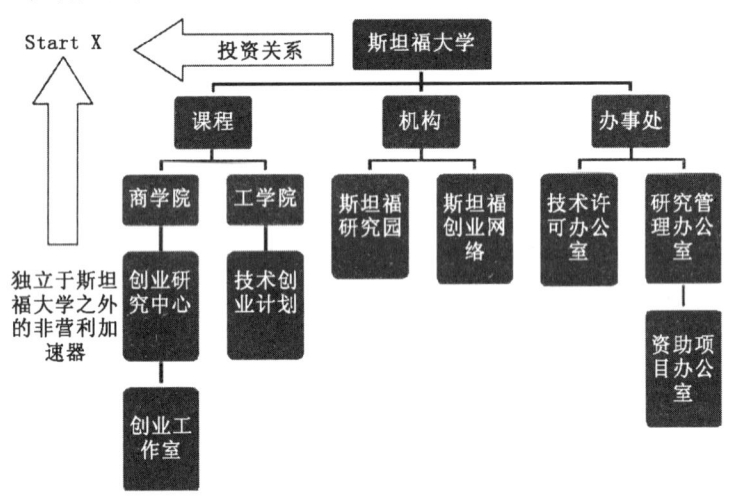

图 1-1 斯坦福大学创新创业教育的生态系统

如图 1-1 所示,整个斯坦福创业网络使研究者、教师、学生、校友、社区、技术和企业紧密而有机地联合起来,并使技术研发、创新创业人才培养、技术转移与经济发展形成一体、相互促进,这使创业型大学不仅是依靠技术创业,还将创新创业教育纳入创业型大学的整个创业网络之中。如此,创新创业精神促进新技术和研究者创业愿望的产生,创业教育课程培养创业活动所需要的人才,技术转移机构、学生社团等对创业进行辅助、孵化,创业研究型组织再以自己的研究指导、完善整个创业流程。

这样就形成了一个不断推进的创业循环系统,保证了创新创业教育和大学生创业行为的可持续发展。

3 创新创业教育成功的关键因素

(1)宽松的政策环境

斯坦福大学的校训是"The Wind of Freedom Blows",这就从精神层次上奠定了追求开放的学术基调。学校秉承开放包容的理念,通过多种途径鼓励、支持和服务师生创新创业。例如,学校允许教师每周有一天到公司从事开发和经营等兼职工作,允许教师脱岗1~2年到硅谷创办科技公司或兼职,允许教师将自己在学校获得的科技成果向公司转移,允许参与创业的学生在两年时间内不论成功与否均可回校继续学习。学校会在相关网站定期发布该校最新的专利成果、学术会议和项目合作意向等信息。学校设有知识产权办公室来负责合同的签署和管理,并设置技术许可办公室(OTL)负责办理师生的专利申请和许可等相关事宜。此外,学校制定了以利益共享为原则的专利许可收入分配制度,教师或学生在学校期间获得的专利、技术转让后,技术许可办公室只从毛收入中扣除10%~15%作为专利申请费和办公费用,其余获利归所在院、系和专利所有者三方分配。师生的应用型成果在1年之后仍未向企业转移的,发明者可自主向企业转移,学校一般不再收取任何费用。学校设有研究激励基金、鸟饵基金、缺口基金三种形式的孵化资金(种子基金)来支持创新创业。以上提到的政策环境成为斯坦福大学创新创业教育的突出亮点和重要支撑。

(2)独特的文化氛围

斯坦福大学有着鲜明的创新创业教育思想传承。1891年,首任校长佐敦曾说:"斯坦福没有任何传统,亦不受任何传统的阻碍。里面所有的路标都直指前方。"其校训是面向全体师生的,这样独特的创新创业文化氛围影响和激励着师生大胆创新。斯坦福大学成立之初,就注重营造浓郁的创新创业文化氛围:推崇创新、鼓励冒险、宽容失败。与其他高校不同,其在校师生都以开创自己的企业、公司作为奋斗目标,从教授到学生都乐于积极投入创新创业活动中,学校不仅锤炼出了一大批创新创业人才,而且成功创办了一批世界闻名的高新技术企业。这种连续、频繁的学术创业行为,为年轻师生提供了模仿的典范,师生在潜移默化中逐渐形成了良好的创新精神和创业意识。正如在求学期间就创办了谷歌公司的拉里·佩奇所说:"在大学里,我们同学之间就常在一起讨论如何利用掌握的本领创办自己的企业。那时,我看到雅虎的成功,心里就想,我绝对能开发出更出色的搜索引擎来超过它。"创新精神和创业意识早已渗透斯坦福大学的每个角落,并升华为一种校园文化。

(3)丰富的专业课程

斯坦福大学为了培育出具有创新精神、创业意识和创新创业能力的学生,始终坚持"文科和理科结合、教学和科研结合、文化教育与职业教育结合"三个基本原则,构建了较完善的创新创业教育课程体系。第一,注重拓宽基础性课程,把基础教育与专业教育紧密结合起来,以加强学生的通识教育。第二,增加综合型课程,即开设科学技术与社会科学等综合型、跨学科课程。在课程设置上倡导文、理、工相互渗透,鼓励学生选修其他领域的课程。例如,开设了非洲和美洲研究、宗教研究、国际关系研究、组合学研究、人类生物学、人工智能和语言研究、生物电子学等综合型跨学科课程。第三,单独开设17门创业课程,涵盖了建设一个企业涉及的方方面面,包括创办融资、组织资源、招聘员工等一系列问题。其中,特别热门的课程有"创业管理""创业机会评价"等。再如,斯坦福工学院的技术创业项目(STVP)根据不同层次的同学开设了相应的课程:为本科生开设了"技术创业企业的管理"等介绍性的课程,为研究生开设了"高技术创业管理"等更为深入的课程,为博士生开设了创业学科领域的研讨课,为全校的本科生、研究生开设了讲座性质的"创业思想领导者讲座"。第四,注重把理论知识运用到实践中,形成了较完善的教育实践体系。一是每周安排各类研究讲座。一些课程是由资深企业家和创业者讲授,在课堂上与学生分享经验和见解,这种合作教学的方式在校园内相当流行。二是鼓励学生参加科研活动,允许学生参加校外的协作项目。例如,很多学生和教师在规模最大的斯坦福电路系统研究中心进行学习和协同研究。

(4)活跃的师生队伍

多元化的师资队伍为推行斯坦福大学的创新创业教育提供了重要保障。聚集到斯坦福大学的教师都是一流的,这些精明强干的专职教师开发了一系列的创新创业课程,很好地满足了学生的多样化需求。此外,学校还从国内外企业聘请了一批优秀科研人员作为该校的顾问和兼职导师,同时还不定期地请创业成功人士、投资家到学校演讲。在教师的指导下,斯坦福的学生还发起和具体运作了斯坦福大学创业者年度大会和斯坦福大学创业计划大赛。

(5)产学研用联盟合作

上述斯坦福大学创新创业教育生态系统(图1-1)的构造体现了这个基本特点。2011年,斯坦福大学成立了官方校友联盟组织——斯坦福天使和企业家团体(SAE),旨在促进潜在创业者和投资人之间的关系。这个以校友为主导的组织为学生、校友、初创公司及教育项目搭建了一座桥梁,提供了学生与天使投资人和企业家之间的交流及资助的机会。另外,斯坦福大学与大量企业保持长期合作的关系形成了产学合作,将研究理论转移为应用技术,满足现实需求。斯坦福大学和硅谷企业两者之间形成了良性互动的关系。

4 令人瞩目的变革:"斯坦福大学2025计划"

面对教育环境和条件的新变化,斯坦福大学出于对人的尊重和对整个职业生涯周期的规划,推出了一项名为"斯坦福大学2025计划"的教育变革,为创新创业教育的深化和拓展勾勒了一幅新的图景,将再次引领全球,并产生深远的影响。

(1)开环大学(Open Loop University)

开环大学是"斯坦福大学2025计划"最体现制度变革含义的高校。一是入学年龄不受限制,17岁前的天才少年、进入职场的中年以及退休后的老人,都可以入学。二是放宽学习毕业时间,由以往连续的四年延长到一生中任意加起来在校总时长的六年,学生可以在其一生中,自由选择进出斯坦福学习各种课程的时间点。例如,可以学习期间去工作、工作稳定后再返回学校完成剩下的学习。开环大学形成了独特的混合学生校园,打破了年龄结构,学生之间更容易建立起强劲与持久的社会网络。同时,有限的名额将在背景各异、年龄不同的申请者中产生,意味着斯坦福大学的入学申请将更具有竞争压力。

(2) 自定节奏的教育(Paced Education)

即学生可以根据其个人意愿和节奏来完成各阶段的学习。没有传统的大学一至四年级这种划分,取而代之的是 CEA,即调整(Calibrate)、提升(Elevate)和激发(Activate)三个学习阶段。这一过程中,先进的学习技术会为学生和老师提供一种新型的认知反馈。

(3) 轴翻转(Axis Flip)

即将传统的"先知识后能力"反转为"先能力后知识",并按照学生的能力划分,重新建构院系。到 2024 年,斯坦福大学商学院将推出 10 个建立在本科生能力之上的教学中心,负责开发交叉学科的课程,包括科学分析、定量推理、社会调查、道德推理、审美解读和沟通有效性等。学校对学生的考察和考核也将改革。学生的成绩单将不再是一张回顾性的"大数据"记录,而是一个实时、动态的"竞争力状态"清单,展示了学生正在学习什么、学会了什么、技能处于什么层级……通过这种独特的、展现"当下技能值"的方式,学生更有可能找到心仪的雇主;雇主借助能力数据,也将更精准地遴选出与企业需求相匹配的候选人。

(4) 有使命的学习(Purpose Learning)

使命感本身不是对职业的描绘,但它却是驱动个人在职业生涯中追求卓越的"秘密武器"和指引方向的航标。因此,斯坦福大学要求学生基于一定的使命进行学习,也就是说,学生不仅要了解自己的专业,更要将专业的使命深深烙印在脑海中。比如说,学生在介绍自己的专业时,不要简单地说"我主修生物学",而应以"我学习人类生物学,一个为了消除世界饥饿的学科"这样富有学习使命与目的的陈述取代。之所以要推行"带着使命感去学习",是为了帮助学生在校期间选择有意义的课程,并以此为基础,支撑起一段目标清晰、纵贯毕业之后 10~15 年的职业生涯。为了使学生有使命地学习,斯坦福大学在世界各地建立了一系列"影响实验室"。在这些实验室里,师生们一起通过浸润式学习和讨论,共同探讨应对全球性的问题和挑战的方法。

案例使用说明：

一、教学目的与用途

1. 本案例主要适用于大学创新创业基础经典案例教程。

2. 本案例主要阐述斯坦福大学创新创业教育的知名度、特色和做法，其教学目的在于使学生深刻认识到创新创业教育对于国家经济社会发展和人才培养的重要意义，了解创新、创业的含义及其关系，培养学生从不同主体出发思考创新创业意识和能力培养的方法，进一步激发学生的创新精神和创业意识。

二、启发思考题

1. 创新、创业之间的关系如何？创新型创业和创业型创新有何特点？
2. 你对老斯坦福于1891年10月1日在开学典礼上的讲话有何感想？
3. 如果你是斯坦福大学的学生，你将如何权衡创业精神和学术精神？
4. 斯坦福大学创新创业教育生态系统的构建有何特点？
5. 斯坦福大学创新创业教育模式对于深化我国高校创新创业教育改革有何启示？

三、分析思路

"创新"的含义是广泛的，包括创新主体、创新客体和创新手段等基本要素。对于个人而言，如果做出了新颖独特、具有社会价值的精神的或物质的成果，则这种成果就是创新性成果，做出创新性成果的能力就是创新能力。在管理学大师德鲁克看来，创业是开创新的事业，它不能是重复以前老套的生产经营模式，必须是能够创造一种新的满足或改变旧的组织模式等，其本质是在新建或已有组织中建立新的生产函数。简言之，创业是不拘泥于当前资源的约束，寻求机会进行价值创造的行为过程。创业的关键要素包括机会、团队和资源。

创新创业教育是一项系统工程，是一项教育教学、学科科研、师资队伍、学生工作、后勤保障等多方面协同配合的综合性工作。同时，高校、政府、社会、产业和企业等需协同创新。

本案例引导学生了解创新创业相关理论，认识创新创业教育的重要性，分析斯坦福大学创新创业教育的做法和特点，从校长、教师、学生和政府、社会及行业企业等角度来探讨如何推进创新创业教育发展。

四、关键要点

1. 创新、创业的含义及其相互关系。
2. 斯坦福大学创新创业教育成功的关键因素。
3. 深化高校创新创业教育改革对于在"大众创业、万众创新"背景下培养创新创业人才的战略意义。
4. 创新创业教育生态系统的营造。
5. "斯坦福大学2025计划"的教育变革要点。

参考文献：

[1] 董美玲."斯坦福—硅谷"高校企业协同发展模式研究[J].科技管理研究,2011(18):65-68.

[2] 施冠群,刘林青,陈晓霞.创新创业教育与创业型大学的创业网络构建:以斯坦福大学为例[J].外国教育研究,2009(6):79-82.

[3] 涂秀珍.美国创业型大学的文化生态系统及其有益启示:MIT和斯坦福大学案例研究[J].福州大学学报,2011(4):99-103.

[4] 郑刚,郭艳婷.世界一流大学如何打造创业教育生态系统:斯坦福大学的经验与启示[J].比较教育研究,2014(9):25-30.

[5] 高明.斯坦福大学:美国研究型大学向创业型大学转型的典范[J].当代教育科学,2011(19):38-40.

[6] 刘润,印小晶,杨旭涛.斯坦福大学:与硅谷持续良性互动[N].上海教育,2014(34):33.

[7] 张帏,高建.斯坦福大学创业教育体系和特点的研究[J].科学学与科学技术管理,2006(9):143-147.

[8] 赵淑梅.斯坦福大学的创业教育及其启示[J].现代教育科学,2004(6):17-20.

[9] 胡春亮,邱美芝.斯坦福大学的崛起对高职院校的启示[J].职业教育研究,2007(6):175-176.

[10] 张小刚,潘敏仪.我国高校创业教育课程体系构建探析:来自美国斯坦福大学创业教育模式的启示[J].当代教育理论与实践,2015(5):56-58.

[11] 王佳,翁默斯,吕旭峰.《斯坦福大学2025计划》:创业教育新图景[J].世界教育信息,2016(10):23-26.

（撰稿人：南昌大学　彭迪云）

加州大学伯克利分校的创新创业教育生态系统

> **摘要：**
> 美国加州大学伯克利分校在创新创业教育上经验丰富且独具特色。本案例对加州大学伯克利分校的创新创业教育生态系统形成的原因、过程、构成要素以及取得的成就等方面进行研究。研究发现，这个创业生态系统由众多的生态因子相互作用共同组成，为我国大学创新创业教育课程的建设提供了借鉴。
>
> **关键词：**
> 加州大学伯克利分校；创业生态系统；创业型大学

0 引言

加州大学成立于1868年，伯克利分校是其已建成的10所院校中成立最早的大学。它不仅是10个分校中校史最长的一个，而且其教学质量、科研成就、师资、硬件设备和学生质量也是10个"兄弟"中最顶尖的，在全世界也一直名列前茅。加州大学伯克利分校是美国最负盛名的一所公立研究型大学，以传统的多学科综合的文理学院为主，新兴学科和专业学院为辅。创业教育是其在培养创新创业人才方面引以为豪的专业领域，在美国高校创业教育中获得了较高的评价。那么加州大学伯克利分校的创业教育如何？它可以给我国大学生创业教育带来哪些启示？加州大学伯克利分校创新创业教育生态系统这一案例，对于我国刚刚开始起步的创业教育，可谓是一盏明灯。

1 加州大学伯克利分校构建创业生态系统的原因

创业生态系统的提出，源自 Katharine Dunn 在2005年发表的一篇以《创业生态系统》为题的文章。她认为，麻省理工学院的创业教育和培训早已不再集中于斯隆管理学院，而是形成了数十个项目组织和中心共同在校园内培养创业精神的"创业生态系统"。加州大学伯克利分校的创业教育面向高科技创业，正如加州大学另一分校副校长所说："卓越的研究型大学想要保持卓越就需要理解、适应不断变化的全球学术和商业生态系统，并有效运行。这在我们现存的经济环境中显得尤为重要。

现在对学校的捐款越来越少,联邦拨款受到侵蚀,州政府对赠地学院的资助也减少了,这些给学校教职工,尤其是学生增加了巨大的压力。因此,我们需要创业。创业是一种思考的方式,包括改变、冒险、竞争和将一个好主意变成现实的不确定性。我们需要在灵活、有个性的大学制度中创造创业文化。"现在,越来越多的学生都愿意参与创业并获得经验。教师、学者也都想看到他们的学术见解转化为现实世界里的应用。加州大学伯克利分校在这样的情况下,开始着手创建一个新的创业生态系统。加州大学伯克利分校也因为这个创业生态系统的建立,而成为创业者心中的一片圣地。

2 加州大学伯克利分校创业生态系统的形成过程

由于公立大学在美国高等教育体系中的传统弱势地位,伯克利分校在创立后的一段时期里举步维艰。利用邻近的以技术创新和创业而著称的旧金山湾区的优势,加州大学伯克利分校哈斯商学院在全美大学中率先推出"创业和商业开发"课程,吸引了大量具有创业精神的学生来到伯克利分校,培养出了大批创业家和企业家。而伯克利分校和邻近的斯坦福大学作为世界级的科技研究中心,源源不断地培育出了大量优秀的科技成果和技术人才,这些成果与加州大学伯克利分校哈斯商学院的创业和创新管理学科的发展相互呼应、相互强化,最终使哈斯的创业和创新管理学科成为该领域的领导者。该学科教学和研究的主要活动包括"伯克利企业家论坛"以及"创业领导力伙伴"。前者将创业题材的产业座谈和演讲与广泛的(人际)网络建设结合在一起,向所有校友开放;后者则是一个学生俱乐部,其使命是为学生提供在年轻的高成长公司实习的机会。此外,学院还聘用一些成功的本地企业家作为企业家会员,以导师身份为 MBA 学生的创业项目团队提供服务。哈斯商学院于 1997 年在校园旁设立了非营利组织"伯克利商业孵化器",为创业学生提供工作站、商业地点和创业指导。所有这些措施都使创业文化在哈斯商学院蔚然成风。

3 加州大学伯克利分校创业生态系统的构成要素

该校创业生态系统是由完善的创业组织机构、丰富的创业基础性资源、优质的校友网络和活跃的学生社团这四个基本构成要素组成。

(1) 创业组织机构

加州大学伯克利分校十分重视创业教育相关机构的建设。目前,加州大学伯克利分校的创业教育主要包括专业性创业教育和普适性创业教育。该校开展创业教育最主要的组织机构是哈斯商学院的莱斯特创业中心和工程学院的科技创业中心,还有一些辅助的组织,比如伯克利大学生创业者组织、伯克利创业协会、凯洛斯创业与创新协会、企业家协会、伯克利华人企业家协会、汉斯青年创业者中心等。

(2) 创业基础性资源

创业基础性资源是指加州大学伯克利分校开展创业教育和创业活动的实质性机构和场所,主要包括各大学院等。

(3)校友网络

西方社会很早就十分注重校友资源,各个高校(尤其是名校)都有一个校友关系网。有一句名言:"你知道多少知识无关紧要,重要的是你认识谁。"加州大学伯克利分校也明确地认识到校友人脉资源已经成为一张覆盖面越来越广、对学校发展至关重要的社会关系网。各个学院经常邀请校友分享自己的创业亲身体验,并与学生交流互动,创造让学生去创业公司观摩学习的机会。同时,由校友捐赠或通过校友促成的各类基金、建设项目的数量不断增加,补充了加州大学伯克利分校创业经费的不足,成为加州大学伯克利分校不可或缺的创业资金来源。

(4)学生社团

加州大学伯克利分校的学生创业社团很多,它为学生提供强大的校友网络、创业家资源以及运用和磨炼创业技巧的机会。协会每年组织150次以上的相关活动——每周有3至5个,比如风险投资的系列演讲、亲临工厂实践、参观公司、和创业成功人士用餐,以及一些世界级的创业计划大赛等,社团还为学生提供了许多进入洛杉矶地区的初创企业创业实习的机会以及一些相关的网络活动。

总之,加州大学伯克利分校的创业生态系统为师生提供了丰富的创业资源,推动了学校的创业教育和创业活动的开展。创业组织机构、基础性资源、校友网络、学生社团四者紧密联系、互相合作,在外部市场资金和技术需求的催化下,共同推动着加州大学伯克利分校的创业教育和创业活动的良好发展,构成了加州大学伯克利分校不可分割的创业生态系统。为社会和市场源源不断地输出创业型人才、专利成果和创新企业,推动着创业型大学的建设和发展。

4 加州大学伯克利分校创业教育生态系统的特点

(1)创业教育目标明确

莱斯特创业中心关注加州大学伯克利分校有关创业管理能力的研究与实践,以及新企业的发展问题;鼓励学生创立新企业;为企业和大学社区传播创业的相关知识;帮助学生深入了解领导、创业、商业化、创新等概念,培养高级管理人员和企业家。科技创业中心为学生提供在行业中成名所需的创业技能和资源;建立项目帮助师生获取硅谷丰富的创业灵感与实用的创业技能。

(2)课程建设形式多样

在课程体系建设中,加州大学伯克利分校的课程设置形式多样,既有正式的学科课程,又有作为第二课堂的创业教育课程。科技创业中心的课程可分为三大类:激发学生创业灵感的课程(如杰出的改革者系列讲座)、教授多学科技能的项目课程(如科技创业、科技公司的领导力)、实际公司的项目课程(如创业实验的培养与指导项目)。

(3)课程设置内容丰富

加州大学伯克利分校创业教育课程内容主要涉及创业基础知识、创建新企业、创业机会认知、企业模式创新、创业战略、商业法律、创业与创新技能、市场分析,以及生物技术、无线服务、信息技术、高科技企业等领域的创业课程。同时,创业中心还开设了大量的系列演说课程、创业案例分析和新建公司的创业研讨会课程等。

莱斯特创业中心的创业教育课程内容呈现"阶梯式"。课程内容设计根据循序渐进的逻辑思维与创业过程,主要体现在四个方面:一是方向课程,其内容围绕有关创业的若干问题;二是探索课程,提供各领域课程和相关活动培养学生的创业兴趣,发展其创业技能;三是定向课程,其内容主要围绕前瞻性的企业家强调的问题展开;四是技能课程,涉及财务、法律、创业、市场等,围绕"如何组建一个高效的团队""营销和销售的努力应集中在哪些方面"等课题;五是创业前期准备阶段课程,帮助创业的学生设计创业策略,并提高其成功的概率。科技创业中心的课程内容主要体现在激发学生兴趣的课程知识、传授学科相关的创业技能、参与真实的创业项目上。

5 加州大学伯克利分校创业生态系统的成就

(1) 课程建设

目前,莱斯特创业中心设置的创业教育科目课程有33门,主要涉及创业所需的相关知识。第二课堂的课程主要包括创业论坛课程、创业最佳实践系列课程、创业竞赛、创业项目、录像课程等。2011年,学校为本科生开设了创业最佳实践系列课程10门,往年的活动课程大部分已制作成课程录像并在网上公开以便学生学习。科技创业中心开设了7门创业教育课程,允许学校任何专业的学生参与学习,并只要在指定的课程里修习6个学分就能获取"工程领导证书"。

(2) 教学成果

加州大学伯克利分校在创业教育课程教学方法上采用的是独特的"伯克利法",该教学方法涉及理论教学(25%)、案例研究(25%)、体验教育(50%)。从比例来看,学校十分重视学生的体验教育。在教学过程中,"伯克利法"非常注重创业体验、竞争性学习、游戏学习。创业教育课程基于创业精神、领导能力和产品管理等,结合尖端科技的最新发展趋势,把简单的小组练习变成现实生活中实用且有趣的公司项目。创业教育授课方式体现出独特且多样化的特点,如创业计划、专家讲座、案例研究。另外,创业中心还聘请了来自各地区的企业家、风险资本家和律师等成功人士,学生通过预约面谈、发邮件、打电话等方式可获得咨询与指导。

(3) 教学团队

目前,莱斯特创业中心拥有一批开展创业教育的师资团队。一是经验丰富的教职工。目前该中心有数十位教职工,他们不仅学术研究丰富,而且大都具有丰富的企业实战经验。二是成功创业的校友团。莱斯特创业中心引以为豪的是学生创业所取得的成绩,多年来许多成功的企业案例已经转化成为莱斯特中心的课程与项目。三是成功的企业顾问团。莱斯特中心每年聘请一批创业成功人士作为企业顾问或导师,专门为学生创业者提供创业经验和相关指导。四是强大的赞助组织团队。创业中心主要发起组织是英特尔公司和英特尔基金会,英特尔致力于与全球范围内的大学、政府、企业与组织合作,鼓励其创业与创新精神。在师资配置方面,创业中心目前开设了多教师合作教学的课程,如创业导论、创业概况、创建新企业等课程,这些课程都是由两个教师同时授课。教师合作教学能让学生接触不同教师的创业风格与成功经验。

案例使用说明：

一、教学目的与用途

1. 本案例主要适用于创新创业基础课程。
2. 本案例是一篇描述加州大学伯克利分校的创业生态系统的教学案例，其教学目的在于使学生对创业生态系统具有初步的认识，并从创业生态系统的基本构成要素等方面总结出对我国创业教育的启示。

二、启发思考题

1. 你如何认识加州大学伯克利分校的创业生态系统？
2. 你认为创业生态系统各构成要素之间的相互关系如何？
3. 加州大学伯克利分校创业生态系统对我国创业教育有什么启示？

三、分析思路

教师可以根据自己的教学目标来灵活使用本案例。这里提出本案例的分析思路，仅供参考。

根据本案例对加州大学伯克利分校创业生态系统的描述，可以得出以下几个方面的启示：

1. 培养促进创业生态化发展的师资队伍。
2. 构建良性互动的高校创业生态系统。
3. 整合系统内外有利于创业教育的资金和资源。
4. 制定高校创业教育生态化培育的激励政策。

四、关键要点

1. 高校对创业教育发展的认识理念应该是从创业教育、创业生态系统再到创业型大学的构建这样一个递进提升的过程。其中，创业教育是基础，贯穿高校创业的全过程，创业生态系统的构建是关键，创业型大学则是未来高校创业教育发展的高端目标，而激发学生创新创业意识、提高学生创新创业能力、培养创新创业人才是高校创业教育的终极目标。

2. 整体的生态观。从生态系统的视角来看，高校创业教育是受内外多个因素影响的有机统一整体。

参考文献:

杨玉兰.加州大学伯克利分校创业教育课程建设探析[J].世界教育信息,2013(23).

(撰稿人:江西师范大学 陈文华 文丽情)

黑龙江大学的"融入式"创新创业教育

> **摘要:**
> 　　近年来,黑龙江大学对创新创业教育的实践着眼于学生创新能力和创造性的培养,侧重于学生具体创业技能的传授。通过整合资源,建立促进创新创业的新机制,黑龙江大学在课堂教学、实验、实习和毕业论文等所有教学环节中渗透创新创业元素,在科技创新、学术活动、社会实践活动及校园文化建设中融入创新创业教育。黑龙江大学在构建"融入式"创新创业教育模式,加强众创空间平台建设,提升人才培养质量等方面都进行了积极探索和大胆创新,成效显著。
> **关键词:**
> 　　黑龙江大学;创新创业教育;融入式

0 引言

　　黑龙江大学自1998年开始施行"人才培养创新工程",2002年被教育部确定为全国首批9所创业教育试点院校之一。十多年来,黑龙江大学以全方位探索人才培养模式改革为动力,以创业教育是素质教育的深化和具体化为理念,以扎实推进素质教育为导向,将创业教育作为培养创新型人才、促进社会经济发展的重要途径,积极探索个性化创新创业人才培养新模式。经过不懈的研究、探索、实践与创新,构建了"面向全体学生、基于专业教育、实施分类培养、强化实践环节"的创业教育体系。这一体系的全面实施,对促进学生开拓事业、岗位创新、自主创业发挥了重要作用。

1 黑龙江大学创新创业教育的基本理念及思路

　　创新创业教育的成败关键在于对其的基本认识。黑龙江大学结合我国提出创新创业教育的历史背景、高等学校教育发展的社会现实和大学生成才立业的客观需求,通过对高等学校推进创业教育的必要性及重要意义的分析,提出了有针对性的创业教育基本理念。

创新创业教育是素质教育时代特征的体现。创新创业教育是知识经济语境下高等学校素质教育向纵深发展的必然趋势,是素质教育所倡导的创新教育与创造教育在市场经济条件下的具体体现。创新创业教育是专业教育的有机组成部分,是高等学校通识教育基础上的"宽口径、厚基础、重创新、强实践"专业教育的有机组成部分,不可分割,即专业教育一定要体现创新创业教育的内容与精神。创新创业教育是就业教育的社会发展指向,是使大学毕业生不仅成为岗位求职者,而且成为岗位创造者的客观需求。创新创业教育是推动区域经济社会发展的重要力量。创新创业教育是高等学校实现服务社会功能的又一重要载体,是大学生进行项目研究及项目运营成果和市场充分对接的重要平台。

黑龙江大学创新创业教育工作的基本思路是:一个核心,即以提高教育质量为核心;两项任务,一是面向所有专业开设创业课程,探索"专业+创业"融入式创业教育人才培养模式,二是面向部分专业,设立专业创业实验班,探索"专业+行业+创业"的嵌入式创业教育人才培养新模式;三方多赢,即高校充分整合政府资源,借助企业孵化平台,完成人才培养全过程,提供高端人才,探索高校、政府、企业三方多赢的创业教育人才培养新机制。探索面向不同专业学生群体的创业教育人才培养新模式,提高全体学生内在的创业综合素质,提高部分学生创办企业的能力,造就拉动社会就业的高素质知识型创业人才。

2 黑龙江大学"融入式"的创新创业教育

1999年,国务院在《中共中央国务院关于深化教育改革全面推进素质教育的决定》中指出:"高等学校要重视培养大学生的创新能力、实践能力和创业精神。"黑龙江大学提出并进一步深化"融入式"创新创业教育,将创新创业教育融入专业教育,扎实推进创新创业教育人才、课程与实践体系建设等工作。

(1)率先成立创业教育学院

黑龙江大学于2002年在国内率先成立创业教育学院,学院负责黑龙江大学创新创业教育顶层设计与组织实施。学校实行"政产学研"四位一体培养模式,采用"科技文化项目导引实训型"教学模式,以研究式教学和探究式学习为主,进行案例教学、小班授课、互动式教学、多元化实践,重点突出"专业基础深厚、学科交叉融合、方向特色鲜明、实践创新卓越"的人才培养特色,培养专业理论基础与技能扎实、创新创业实践能力较强、国际视野广阔、善于开拓创新、勇于承担风险的文化创意产业或其他行业领域高级管理人才、岗位创新人才、专业复合型应用创新人才或自主创业人才。此外,以"选修课"模式成功开设138个创业教育创新人才培养实验班。2014年,增设"学生入校选拔"模式的工商管理专业(文化创意创业管理方向)创新人才培养实验班。

(2)采取措施,纠正对创业教育认识的偏差

黑龙江大学调查发现,广大师生对创业教育认识上的偏差主要集中在两个方

面,一是"创办企业论",二是"第二课堂论"。为纠正师生对创业教育的认识偏差,黑龙江大学组织人员编写《大学生创业教育学习手册》,对全体学生发放,集中回答学生普遍关注的什么是创业教育、为什么开展创业教育、怎样开展创业教育等问题。向全体学生明示创业教育的本质与核心是创新教育,个性、创新性、实操性和开放性是其根本属性;明示创业的本质与核心是创新创造,开拓事业、岗位创新、创办新企业、开创新岗位等是其基本内涵;明示黑龙江大学开展的是以创新意识培养为目的的"融入式"创业教育。在教师中开展教育思想观念大讨论,发放《创业教育工作手册》,使广大教师明确开展创业教育对提高人才培养质量的重要性和紧迫性,使广大教师了解创业教育,宣传创业教育,践行创业教育。

(3)点面结合,培养创新创业人才

黑龙江大学紧紧抓住 2004 年、2009 年两次人才培养方案修订的契机,充分进行校内外调研、科学设计、合理调整,全面促进人才培养质量的提升。在制定《创新创业教育环节指导意见》的基础上,补充制定《关于创新创业教育学分落位的说明》,在总学分中设立创新创业教育必修学分 8 分,并帮助各教学单位合理设计专业创新创业教育学分获取途径。基于专业试点层面,强化实验班教育教学实验,进一步突出实验班专业特色建设。修订工商管理专业(文化创意创业管理方向)创新人才培养实验班人才培养方案,以提升学生实践与创新能力为目标,整合校外优质的教育教学资源,培养社会所需的高素质人才。

(4)立体多样,构建创新创业课程体系

一是加强通识核心课程建设。据不完全统计,学校开设通识创新创业选修课程 36 门、55 门次、3591 人次修读,其中开设 SYB、KAB 创业课程 22 门次、660 人次修读;开设职业生涯规划必修课程 78 个教学班、6334 人修读;开设就业指导必修课程 110 个教学班、9412 人修读;开设通识读书课程 48 个教学班、6720 人修读。二是加强专业核心课程建设。据不完全统计,开设专业创新创业选修课程 68 门、109 门次、6946 人次修读;开设创业管理"三个一"专业创新创业必修课程 50 个教学班、3623 人修读;开设专业读书课程 258 门、554 门次、34376 人次修读。

(5)三个基点联动,提升创新创业技能

黑龙江大学探索的"创业实验班—初级孵化器—高级孵化器"三个基点联动,着眼于贯彻落实党中央提出的以创业带动就业的精神,侧重于为具有创业兴趣与愿望、激情与潜质的学生提供创业知识、理论与流程的学习资源,服务于不同学生群体对创业的合理定位与期待、亲身体验与感悟的个性化需求。创业实验班——创业培训通识选修课程班,教师主要围绕创业意识、创业计划书撰写与创业技能培养等组织教学,很受学生的欢迎。初级孵化器——大学生科技文化创业园,实验班有近 3000 名学生以学科专业为依托,以项目为载体组建、参与创新创业团队或企业,成功入驻创业园进行孵化。高级孵化器——大学科技园,实验班毕业生创办的企业,经大学生科技文化创业园初级孵化后,到大学科技园进行高层次孵化。三个基点联动,使得在校大学生在项目研发、经营管理、团队运营等方面的创业技能得到锻炼和提高。

3 黑龙江大学创新创业教育的实践

(1)推进创新创业基地建设

黑龙江大学在2003年9月设信息管理学院教育基地,基地下设软件研发部、管理培训部、社会实践部、咨询与研究部等四个部门。通过定期举办讲座和组织培训,拓宽学生的知识面,积累学生的创业经验。基地主要成员通过学习培训,做到可以独立开发各种实用的信息管理系统,部分成员对多媒体视频处理、网页平面设计等技术有较深的研究。

以创新创业训练项目为依托,黑龙江大学加强了30个创新创业训练基地的建设与管理,将校级训练项目管理重心下移至各教学单位,实行"学校统筹、校院共管"的管理模式,充分调动教学单位的主动性和积极性,促进校院两级协同创新。

(2)获批省级大学科技园

黑龙江大学于1998年创建了软件园,依托软件企业孵化、软件人才培养、软件产品加工出口等形成特色和优势。2005年,黑龙江大学利用该校呼兰校区80万平方米的土地和安达市郊114万平方米的土地以一园多区的形式建设包括软件园、生命科学园、化学化工园、电子工程园等在内的科技园,并于同年10月获批为省级大学科技园。

(3)成立学生科技文化创业园

学生科技文化创业园是学生综合实践基地,主要具有创业实践教育功能、项目管理功能、资金管理功能、孵化器功能和创业培训功能。扶持学生团队开展创新创业实践,协调学生团队工商注册事宜。加强创新创业团队扶持力度,与团省委、省妇联、市妇联联合组织创新创业项目筛选、扶持及交流活动,与省青年联合会、省青年创业就业基金会签订协议合作培养。启动黑龙江大学"崔重庆"创新创业基金申报工作,组织黑龙江大学"筑梦"创业基金捐赠。组织学生开展创新创业项目推广、对接活动及企业家创业导师见面会,提供跨专业综合就业与创业实践实训、项目管理等培训。

(4)加强学生创新创业项目训练

黑龙江大学建立立项与成果评审机制,学生在专业导师指导下进行基于专业的项目选择、立项申请、项目实施与项目结题,实现项目训练与专业实践教学同步。2012年,黑龙江大学获批国家级大学生创新创业训练计划高校,形成校、省、国家三级大学生创新创业训练体系。2013年,黑龙江大学设立"大学生创新创业训练计划"创新创业训练基地30个。2014年,黑龙江大学获评国家级大学生创新创业训练计划实施先进单位称号。大学生创新创业训练,已成为黑龙江大学资助学生自主研发并形成知识产权的重要手段。

(5)提升学生创新创业竞赛实效

加强创新创业竞赛统一管理、协同组织,重点资助教育部等组织的重要赛事,并严格执行竞赛预算审批机制。仅2014年,学校组织近5000名学生参加各级各类竞赛56项,累计获奖1593人次,其中国际级32人次、国家级120人次、省级241人次;

组织近万名学生参加星光论坛、企业家论坛、企业一日游、创业大本营等主题实践活动 35 期;营造创新创业文化氛围,提升学生社会责任感与实践能力。帮助学生树立创新创业精神,已成为黑龙江大学鼓励、扶持学生发明创造并成为形成自主知识产权的重要途径。

经过不断尝试和不懈努力,黑龙江大学取得了显著成效,获得了多项标志性成果。如 2009 年,黑龙江大学被教育部确定为国家级创业人才培养模式创新实验区;"构建'面向全体、基于专业、分类培养、强化实践'创业教育体系的实际与创新"荣获第六届高等教育国家级教学成果一等奖;夺得多项省部级奖项,并主持全国高校创业教育研讨会;以创业教育工作为牵引,全面带动了黑龙江大学人才培养质量的提升。

案例使用说明:

一、教学目的与用途

1.本案例主要适用于高校创新创业教育实践等方面。

2.本文是一篇介绍黑龙江大学的创新创业教育的教学案例,其教学目的在于通过介绍高校创新创业教育,让学生了解走在前列的当代大学生创新创业现状。通过对案例的学习及分析更好地了解高校的创新创业教育,为高校创新创业教育提供方向。

二、启发思考题

1.你如何看待大学生创新创业?

2.你认为未来高校创新创业教育的发展方向是什么?

3.你对于高校的创新创业教育有哪些意见和建议?

4.如果你的学校正在进行创新创业教育,为了使学校的创新创业教育更好地发展,你会给学校提供哪些建议?

三、分析思路

各高校可以根据学校的实际情况,灵活地运用本案例。这里提出本案例的分析思路,仅供参考。

根据本案例的描述,黑龙江大学作为全国首批 9 所创业教育试点院校之一,在大学生创新创业教育方面取得了显著的成绩,这些成绩不仅仅来源于政府政策的支持,同时与黑龙江大学的创新创业教育的具体实践密切相关。

黑龙江大学对创业教育的实践着眼于学生的创新能力和创造性的培养,侧重于学生具体创业技能的传授。该校通过整合资源建立促进创新创业的新机制,在开展了十多年创新创业教育的基础上,在课堂教学、实验、实习和毕业论文等所有教学环节中渗透创新创业元素,在科技创新、学术活动、社会实践活动及校园文化建设中融入创新创业教育。除了在专业课和通识课中融入创新创业教育,还普遍依托各种科技活动和竞赛、创业大赛、创业沙龙等在第二课堂开展各类创新创业活动,依托"产学研联盟""校企联盟"及大学科技园等多种平台加强大学生的创新创业实践。

四、关键要点

1.创新创业教育对于大学生创业来说有很大的助力,高校进行创新创业教育一方面能够为在校创业大学生提供专业的指导,另一方面也能够起到鼓励大学生积极创业的作用。

2.学校是开展创新创业教育的主体,学生是接受创新创业教育的客体,主体要为客体提供内容丰富、针对性较强的创新创业课程体系。要在专业教育基础上,以转变教育思想、更新教育观念为先导,以提升学生的社会责任感、创新精神、创业意识和创业能力为核心,以改革人才培养模式和课程体系为重点,大力推进高等学校创新创业教育工作,不断提高人才培养质量。

参考文献:

[1]中华人民共和国教育部高等教育司.高等学校创业教育经验汇编[M].北京:高等教育出版社,2011.

[2]侯慧君,林光彬,等.中国大学创业教育蓝皮书:大学生创业教育实践研究[M].北京:经济科学出版社,2011.

[3]韩雪.多举措为学子搭建创新创业平台[N].黑龙江日报,2014-08-20(2).

[4]张政文,田刚健.面向全体探索以创新意识培养为主旨的创业教育模式[J].中国高等教育,2010(12).

[5]吴昊.创新创业教育与专业教育互动的探讨[J].黑龙江教育:理论与实践,2015(6).

[6]何孟原,吴金秋."融入式"创新创业教育视阈下创新创业文化建设研究[J].黑龙江教育:理论与实践,2014(2).

[7]张海滨.高等学校深化创新创业教育的思考[J].黑河学刊,2014(8).

(撰稿人:华东交通大学 刘修财)

电子商务群体创业的"九江学院现象"

> **摘要：**
> 　　本案例介绍了九江学院校友不断集聚义乌、温州等地，借助电子商务发展机遇抱团创业，使校友创业群体快速壮大，创业企业迅速增多，社会影响日益彰显的事例。本案例对校友抱团创业以及高校创业教育、创业引导和创业支持都有现实的借鉴意义。
> **关键词：**
> 　　九江学院现象；校友创业；群体创业

0 引言

自2007年以来，在浙江义乌有一群来自九江学院的大学生集聚创业，他们依托电子商务，在短短七八年时间，不少人就在自己从事的行业崭露头角、独占鳌头。这一创业群体受到义乌市、江西省以及国家有关部门的高度关注，由此形成大学生群体创业的"九江学院现象"。

1 创业示范

九江学院义乌创业现象离不开创业成功者的示范。这个典型，也是九江学院集聚义乌创业的核心人物——刘鹏飞。

刘鹏飞是江西省宁都县人，1983年生，2007年毕业于九江学院商学院金融学专业。在校期间，他充分利用课余时间先后从事过贩卖学生生活用品、组织学生假日旅游、组织包车送学生回家等多种创业实践活动，不仅为自己挣得了大学期间的学费、生活费，而且练就了一身过硬的组织领导能力和独到的商机捕捉能力，彰显了江西人特有的吃苦耐劳精神。2007年7月，刘鹏飞毕业后，怀揣仅有的生活费来到义乌闯天下。最初与其他打工者一样，为了生计，他干过封贴一个纸箱两毛钱的杂活，也干过月薪1400元的工作。但是，凭借其敏锐的观察力和果敢的决断力，在2007年9月他发现了孔明灯这个有趣的商品，并在阿里巴巴上面注册销售孔明灯，开始接触电子商务这种新型商业模式。在初步尝到电子商务的甜头后，他拓展业务，开办飞天灯具厂，在一年时间内，使孔明灯的生产和销售都上了一个大台阶。2008年12

月,飞天灯具厂完成400万只孔明灯的销售量,销售额达2000万元,成为国内名副其实的孔明灯龙头企业,人们因此给了刘鹏飞一个美称——"孔明灯大王"。2009年,刘鹏飞被评为阿里巴巴全球优秀网商。2011年,他又被评为阿里巴巴全球十佳网商。同时,刘鹏飞还回到家乡江西创业,先后在宁都、玉山、赣县等地投资了电商创业园,带动了家乡经济发展,促进了农村就业,成为回报家乡的优秀代表。2015年,他获评江西省劳动模范。刘鹏飞一时间成为九江学院学子们学习的榜样,也成为备受社会关注的大学生创业英雄。

2 校友互助

在刘鹏飞成功创业的感召下,加上受刘鹏飞本身豪爽仗义性格的吸引,自2009年起,九江学院不少学生毕业后直接奔赴义乌,一部分直接进入刘鹏飞的公司工作,一部分在刘鹏飞的帮助下寻求创业项目和机会,甚至有一部分已经就业的校友放弃原来的高薪工作,也来到义乌创业打拼。就这样,集聚义乌的九江学院校友越来越多。

到义乌的校友几乎都有创业的梦想,他们经常在一起讨论投资机会和发现的项目。在这样的环境下,逐渐有一些有价值的项目被发现,但是,刚刚毕业的大学生一般都缺乏创业资金和管理经验。刘鹏飞先是拿出自己的资金对看中的一些项目进行投资,并任命项目主导者为总经理,让其尝试对整个创业项目负责。后来,九江学院义乌校友联合成立了"义乌校友会",共同出资建立创业投资基金,对校友发现的好项目进行资助,使校友创业的资金难题迎刃而解。如2011年3月,由九江学院校友张奇龙、尤文标、彭威、李全龙等人创办的义乌市欧艺荧光板厂,通过基金投资程序审核,获得创业投资基金50万元,总投资达到100万元,解决了他们在创业初期资金周转难的问题。校友创业过程中遇到技术和管理难题时,校友会成员都会免费伸出援手,这大大提高了校友创业的成功率。通过上述方式,刘鹏飞及其他校友在短短几年内就创立了雅典十字绣公司、路德图文、飞天光电公司、鹏道工艺品厂、飞天麦光光电子商务公司、义乌市格罗尼手提袋厂、义乌市瑞琦实业有限公司、义乌市佳奥箱包厂、义乌市宋芳饰品厂、义乌市如燕贸易有限公司、浙江帝威工艺品有限公司等几十家公司。大多数公司成长迅速,部分公司已经成为国内同行业翘楚。如雅典十字绣公司在三年内即成长为行业第一;校友刘伯成立的义乌市宋芳饰品厂通过淘宝网展开销售,在自2009年至2013年的五年内打造出淘宝"五金冠"网店2家,日均成交2万单左右,成为年销售额过亿的中国"网络饰品第一卖家"。江西省、九江市、义乌市、共青城市等政府和部门的领导多次参观他们的公司,对其电子商务经营规模和管理水平高度肯定。

2007年至2009年间,在义乌创业的九江学院毕业生不足10人,企业不足3家;至2013年,在义乌就业、创业的九江学院毕业生就达到3000余人,创办各类企业近500家。九江学院大学生之所以能在义乌群体创业获得成功,校友的相互支持是重要的原因之一。

3 校企互动

九江学院各级领导和老师都十分关心和爱护在义乌创业的学子。校领导多次表示,要在校友企业发展过程中提供制度、科研、信息等各方面的支持,做好校友企业的强大后盾,积极帮助校友企业做大做强。

在事业不断开拓发展的过程中,刘鹏飞曾经也遇到过管理方面的难题。如当年雅典十字绣公司刚刚成立,市场开拓成为当务之急,但是,公司里面很缺能够独当一面、具备开拓全国市场的人才。当他把困难告诉母校领导后,领导十分重视,立即研究支援措施。最后,学校决定选派有市场建设和管理经验的教师直接入驻公司,指导甚至直接帮助公司开拓国内几大区域市场。同时,组织全国性"三下乡"寒假实践活动,安排2000名大学生到自己的家乡调研当地的十字绣市场状况,推介十字绣文化,在短短一个月时间内就帮助公司将产品覆盖到全国各地。此后,学校还多次选派教师进驻其他学生创办的公司帮助解决业务难题和管理问题,加速了校友企业的发展。

现在,九江学院在每年学生就业季都会安排校友企业专场招聘会,以帮助校友企业回校选聘人才,解决人才短缺困难;学校每年都会请优秀校友返校为学生做创业专题报告,树立校友创业榜样,鼓励学生自强自立,努力学习;学校在各个公共场所都张贴有校友创业事迹海报,对校友及其企业进行广泛宣传,大张旗鼓地营造创业氛围,促进在校学生形成创业意识。

九江学院十分重视创业型人才培养,在党和国家关于创业人才培养的政策及要求的指引下,以创业精神培养为核心,以创业能力拓展为重点,以实现创业型人才规模化增长为目标,大力实施创业教育,逐步形成了"五三二一"创业型人才培养体系。具体而言是指:五方着力——从教育政策、教学条件、课程体系、师资队伍、素质拓展等五个方面着力,构建创业教育保障机制;三层渗透——通过"创业学"课程的普及、专业技能课的培养、第二课堂的实践等三个层次的教育渗透,形成多维立体教学运行机制;二重管理——发挥学校创业指导中心、创业实训中心的管理作用,构建高效的管理机制;一个引领——注重创业实训基地的示范和引领,形成校友创业与创业教育的互动机制。

学校通过对"五三二一"创业型人才培养体系的大力实践,使得在校学生创业精神与能力快速提升,创业型人才及创业企业规模化增长的成效显著。比如,2010年,在校生黄鹏赴义乌考察后,寻找到好的项目,得到学校领导的支持,同意他请假休学一年去抓住机会安心创业,积累经验。黄鹏在义乌创业起步后,搬至杭州继续发展,现已成功实现公司规模化经营,其品牌产品"朵牧"女鞋在淘宝、天猫、京东等电子商务平台上十分畅销。2014年,商学院在校生何乐经过多次到义乌考察后,在校友帮助下,独立注册"义乌宏博房产中介有限公司",利用毕业实习的时间带领几位同学一起进行网络中介服务,迅速占领义乌网上房产中介市场。学校也多次派遣实习生到他的公司实习,一是促使学生实地学习网络中介业务和技能,二是帮助公司物色人才。一旦双向选择成功,学生毕业后即可到公司工作,参与到创业活动之中,可以解决一部分人力资源问题。类似的学校支持工作还有很多,体现在校友群体创业的方方面面,对校友的帮助十分显著。

在九江学院大力支持校友创业的同时,义乌校友也纷纷表示要回馈母校,在实习见习基地建设、创业教育以及大学生就业等多方面加强与母校的合作。刘鹏飞利用义乌厂房率先建立起"九江学院创业意识教育基地",为到基地实习的校友们免费提供食宿,带领校友参观创业企业和义乌知名企业,指导实习生考察义乌小商品城,共同探讨实习生发现的商机和有关创业的问题。他还与学校合作成立"飞天创业实验班",每年招收几十名校友到义乌参与校友企业的管理和生产,培养学弟学妹们的创业技能。校友企业迅速增加,每年回母校开展招聘活动,仅商学院毕业生创办的企业每年提供的就业岗位就超过300个。2013年,仅"卖光光"旗下的雅典十字绣一家就招聘了100名营销员。有一些刚刚成立的小公司,早期成员几乎都由校友组成,如2014年毕业的吴维、何乐等所在的公司就是如此,对九江学院毕业生就业做出了很大贡献。

通过校友与母校的良性互动,校友企业获得了人力、信息、技术和智力等多方面支持,学校也获得了创业经验、教育基地和就业基地等资源,形成了校友创业与创业教育相互促进的创新机制,很好地推动了九江学院创业教育的不断发展,促进了创业人才规模化增长和创业企业集群式成长。

4 社会支持

九江学院义乌校友集聚发展,既得到了社会广泛关注,也得到了社会各界的大力支持。首先是中央媒体的关注使以刘鹏飞为核心的义乌创业群体及其企业知名度大增。2009年,中央电视台二套《财富故事会》栏目对刘鹏飞进行了首次专访。2010年,中央电视台七套《致富经》栏目做了题为"两年半从400元到7000万的传奇"的专访。此后,他还接受了凤凰卫视、浙江电视台、江西电视台、中国青年报、钱江晚报、环球时报等国内70余家媒体的采访。

胡锦涛、贾庆林等国家领导人出访世界各国时,九江学院创业校友多次随团出访。2014年4月29日,时任文化部副部长项兆伦在义乌会见了刘鹏飞、刘伯等义乌创业先锋,鼓励和支持他们抓住电商发展机遇,转变观念,提前谋划,积极准备企业的转型升级,将校友企业做大做强,更好地为校友服务,为母校服务,为社会服务。2014年3月26日,时任江西省副省长胡幼桃率省政府考察团到义乌考察九江学院校友企业,并给予高度评价。

社会的广泛关注与报道,各级领导的关怀和爱护,既是对九江学院义乌创业者的充分肯定,也是对他们企业品牌的宣传与支持。随着九江学院义乌校友创业群体的社会影响不断扩大,校友企业整体上获得了前所未有的创业支援,在企业投资、融资、招工等各方面都将迎来更多机遇和资源。

案例使用说明：

一、教学目的与用途

1. 本案例主要适用于创新创业基础等课程的教学。
2. 本案例介绍了九江学院大学毕业生在浙江义乌集聚创业的故事，其教学目的在于让学生从案例中体会和认识校友互助、校企互动以及社会支持与创业成功之间的逻辑关系，学习九江学院校友集聚创业的经验，深刻认识大学生创业者与其母校、同学和社会各界保持良好交往和沟通的必要性。

二、启发思考题

1. 九江学院校友集聚义乌创业与刘鹏飞个人有什么联系？这种联系可以复制和推广吗？
2. 校友互助对于大学生创业的意义有多大？互助机制如何形成？
3. 大学生创业者与其母校保持良好互动关系对其创业有哪些帮助？
4. 大学生创业者如何获得广泛的社会支持？政府支持对企业发展有哪些帮助？

三、分析思路

本案例是大学生利用电子商务进行群体创业的典型范例，在教学过程中要注意分析成功创业典型人物和企业的示范作用，尤其是典型人物本身的引领作用；其次要注意分析大学生创业过程中如何便利地获取所需资源，如技术资源、智力资源、人力资源，如何充分应用中国独特的师生情、同学情、校友情来开展工作；最后还要着重分析媒体、政府在大学生创业中的重要作用，如何通过媒体和政府支持来快速打造品牌和扩大影响力。

四、关键要点

1. 校友之间互帮互助，以校友情为纽带，将校友集聚在一起共同创业，对于帮助刚刚进入社会的大学生，尤其是以独生子女为主体的大学生，在创业过程中克服内心孤独、经验不足、资金短缺、人手不够等困难极为有用。
2. 大学生必须学会与社会各界沟通，要与社会各界保持良好的关系，个人要营造良好的人际关系，企业要营造良好的公共关系，树立创业者自身和企业的品牌形象。

（撰稿人：九江学院　郑孝庭）

第二章
创新创业者的案例

与众不同的乔布斯

> 摘要：
> 　　本案例以乔布斯的创业经历为主线,通过乔布斯创业的青年时代、创客时代、改革时代、体验时代的重大事件来展示乔布斯独立卓越的创新创业精神。
> 关键词：
> 　　乔布斯；创新；创业

0　引言

乔布斯(1955~2011),发明家、企业家,美国苹果公司联合创办人。1976年,乔布斯和朋友成立苹果电脑公司,开始了创新之旅。他凭着敏锐的商业触觉和过人的智慧,勇于变革,不断创新,引领全球资讯科技和电子产品的潮流,把电脑和电子产品不断变得简约化、平民化,让曾经昂贵的电子产品变为现代人生活的一部分,从而深刻地改变了现代通信、娱乐乃至生活方式。美国总统奥巴马称:"乔布斯是美国最伟大的创新者之一。"

1　特立独行的青年时代

1955年2月24日,乔布斯出生在美国旧金山。学生时代的乔布斯生活在著名的硅谷附近,邻居都是硅谷元老——惠普公司的职员,在这些人的影响下,乔布斯从小就很迷恋电子科技。

19岁那年,刚念大学一年级的乔布斯突发奇想,辍学成为雅达利电视游戏机公司的一名职员。没过多久,年轻而不安分的他又对佛学产生了兴趣,连工作也不要了,漂洋过海去印度追随大法师修行练功。这次求佛不但没有学成佛,还吃尽苦头,他只好重新返回雅达利公司做了一名工程师。

安定下来之后,乔布斯继续自己年少时的兴趣,常常与儿时同伴沃兹一道,在自家的小车库里琢磨计算机。他们梦想着能够拥有一台自己的计算机,可是当时市面上卖的都是商用的,体积庞大,价格昂贵,于是,他们准备自己开发。制造个人电脑必须有处理器,可是当时的"8080"芯片零售价要270美元,并且还不出售给未注册公司的个人。两个人没有放弃,终于在1976年旧金山威斯康星计算机产品展销会上买到了与英特尔公司的"8080"芯片功能相差无几的摩托罗拉公司出品的"6502"芯片,而且价格只要20美元。带着"6502"芯片,两个狂喜的年轻人回到乔布斯的车库,开始了伟大的创新。仅仅几个星期后,世界上第一台个人电脑就诞生了。精明的乔布斯立即估算出这种自制电脑的市场价值所在。为筹集批量生产的资金,他卖掉了自己的大众牌小汽车,同时劝说沃兹也卖掉了他珍爱的惠普"65型"计算器。就这样,他们有了奠基伟业的1300美元。

1976年愚人节那天,乔布斯、沃兹及乔布斯的朋友龙·韦恩做了一件影响后世的大事:他们三人签署了一份合同,决定成立一家电脑公司。公司的名称由偏爱苹果的乔布斯一锤定音,称为"苹果"。

2 初显锋芒的创客时代

"苹果Ⅰ"个人电脑的生意刚开始很清淡。一个偶然的机遇给苹果公司带来了转机。1976年7月的一天,零售商保罗·特雷尔来到了乔布斯的车库,当看完乔布斯熟练地演示电脑后,他认为苹果电脑大有前途,决意订购50台整机。后来这50台整机在特雷尔手里很快销售一空,苹果公司名声大振。

1977年4月,美国有史以来的第一次计算机展览会在西海岸开幕。为了在展览会上打出名声,乔布斯四处奔走,花费巨资,在展览会上弄到了最大最好的摊位。更引人注目的是"苹果Ⅱ"样机,它一改过去个人电脑沉重粗笨、设计复杂、难以操作的形象,以小巧轻便、操作简便和可以安放在家中使用等鲜明特点,紧紧抓住了观众的心。它只有12磅重,仅用10只螺钉组装,塑胶外壳美观大方,看上去就像一部漂亮的打字机。"苹果Ⅱ"电脑在展览会上一鸣惊人,几千名用户拥向展台、观看、试用,之后订单纷纷而来。

1980年,《华尔街日报》的全页广告上写着"苹果电脑就是21世纪人类的自行车",并登有乔布斯的巨幅照片。1980年12月12日,苹果公司股票上市,不到一个小时,460万股被抢购一空,当日以每股29美元收市。按这个收盘价计算,苹果公司高层产生了4名亿万富翁和40名以上的百万富翁。

因为巨大的成功,乔布斯在1985年获得了由里根总统授予的国家级技术勋章。然而,成功来得太快,过多的荣誉背后是强烈的危机,由于乔布斯锋芒毕露、咄咄逼人,无形中得罪了很多人。加上蓝色巨人IBM公司开始醒悟过来,也推出了个人电脑,抢占了大片市场,使得乔布斯新开发的电脑节节惨败。总经理和董事们把这一失败归罪于董事长乔布斯,于1985年4月经由董事会决议撤销了他的经营大权。乔布斯几度与苹果董事会沟通、道歉,最终也没能挽回局势,他一怒之下,卖掉手中所有的苹果股票,发誓要干一番比苹果还大的事业。他说:"我当时没有觉察,但是事后证明,从苹果公司被炒是我这辈子发生的最棒的事情。因为,作为一个成功者的极乐感觉被作为一个创业者的轻松感觉重新代替。对任何事情都不那么特别看重。这让我觉得如此自由,进入了我生命中最有创造力的一个阶段。"

3 锐意创新的改革时代

辞职后,他创办了一家名为NeXT的电脑公司,开发电脑新技术。很快,乔布斯独具的商业慧眼又开始发挥作用了——1986年,他以1000万美元的价格,从"星战之父"也就是美国电影电脑特技之父卢卡斯手中,买下了当时小小的、很不景气的电脑动画制作工作室,成立了皮克斯公司。

皮克斯公司最初的业务是生产电脑卖给学生,但这并不意味着乔布斯放弃了这个公司原先的电脑动画制作优势。他所着眼的商机和巨大利益在10年后终于来到:几经磨难之后,1995年,皮克斯公司制作的首部3D立体动画片,也是世界上第一部用电脑制作的动画电影《玩具总动员》面世了。《玩具总动员》的横空出世不仅在市场上大获成功,也对传统的动画影片带来了革命性的影响。皮克斯公司当年立刻上市,并迅速成为3D电脑动画的先锋和霸主。

从此以后,IT精英乔布斯成为影响娱乐行业的大鳄,好莱坞开始有他的一席之地。《海底总动员》《超人总动员》等一系列动画电影的成功,不仅展示了皮克斯无可匹敌的技术力量,更是体现出一种生机勃勃、充满想象力的鲜活动力。一切正如乔布斯所说,他生命中最有创造力的阶段开始了。与此同时,他所创办的苹果公司却在新的竞争中江河日下,连换了几任总裁也不能挽回颓势。乔布斯的机会又来了。

乔布斯于苹果危难之中重新归来,苹果公司上下皆欢欣鼓舞。受命于危难之际,乔布斯果敢地发挥了首席执行官的权威,大刀阔斧地进行改革。他首先改组了董事会,然后又做出一件令人们瞠目结舌的大事——抛弃旧怨,与苹果公司的宿敌微软公司握手言欢,缔结了举世瞩目的"世纪之盟",达成战略性的全面交叉授权协议。乔布斯因此再度成为《时代》周刊的封面人物。接着,他开始推出新的电脑。1998年,iMac背负着苹果公司的希望,凝结着员工的汗水,寄托着乔布斯振兴苹果的梦想,呈现在世人面前。它是一个全新的电脑,代表着一种未来的理念。半透明的外壳,一扫电脑千篇一律灰褐色的单调,似太空时代的产物,加上发光的鼠标,以及1299美元的价格标签,令人赏心悦目……为了宣传,乔布斯把笛卡儿的名言"我思故我在"变成了iMac的广告文案"I Think There For iMac!",这也成了广告业的经典案例。在乔布斯的改革之下,"苹果"终于扭转败局。

4 定义行业的体验消费时代

坚信"个性化"市场前景的乔布斯继续在苹果推行一系列个性化的电子产品,他对个人用品市场的重视再度引领了IT业产品的革新风潮。在他继续引领苹果开发包括电子书库等各类个性化电子产品时,新的消费时尚的变化,使得苹果这些过度开发的产品迅速淘汰。2000年,苹果公司再度出现季度亏损,股价下跌。

在这危急关头,乔布斯再度以他天才的创造力和商业眼光拯救了苹果:他决定从单一的电脑硬件厂商向数字音乐领域多元化出击,于2001年推出了个人数字影音播放器iPod。事实证明,乔布斯的iPod成为苹果公司全面翻身的一支奇兵。2004年,全球iPod销售额突破45亿美元。到2005年下半年,苹果公司已经销售出去2200万部iPod数字音乐播放器,而通过其iTunes音乐店销售的音乐数量则高达5亿首,在美国所有的合法音乐下载服务当中,苹果公司的iTunes音乐下载服务占据了其中的82%。iPod和iTunes的流行开启了"数字化音乐消费时代",虽然当时音乐作品盗版侵权问题严重,但乔布斯采取了保护版权的措施,扩大了音乐产品消费市场的规模,改变了整个音乐产业。

2007年1月9日,乔布斯在Mac World上发布了苹果历史上最成功的产品——iPhone手机,这款手机不仅简约优雅,而且操作非常便捷,设计和使用都非常人性化。特别是苹果App Store聚合了大量的第三方开发者,为iPhone提供各种各样的应用软件,改变了过去手机依靠硬件取胜的竞争策略,大大提升了手机的想象空间,让世界消费者为之疯狂。iPhone的推出加速了移动互联网时代的到来,改变了移动互联网的生态环境。

2010年1月27日,苹果公司平板电脑iPad正式发布,虽然人们最开始并不是特别看好这款产品,但是iPad还是取得了巨大成功。iPad颠覆了人们对于PC的认识,给英特尔和微软这些PC时代的巨头造成了巨大冲击。一个新的时代正在开启。

案例使用说明:

一、教学目的与用途

1.本案例主要适用于创业学、管理学等课程的教学。

2.本案例对乔布斯创业经历中的重大事件进行了描述,教学目的在于使学生对创业者或创业企业家的创业过程、创新创业精神有所了解,并能从案例中提炼出描述创新创业精神的关键词。

二、启发思考题

1.乔布斯具备哪些创新创业素质?
2.乔布斯的成功具备了哪些条件?
3.中国能够出现"乔布斯"吗?为什么?

三、分析思路

教师可以根据自己的教学目标来灵活使用本案例。这里提出本案例的分析思路,仅供参考。

1.乔布斯是当代创新精神的代表性人物,在分析案例过程中,要抓住人物在不同时代背景下所体现出的创新精神。

2.对本案例的分析要结合当时创业的外部环境进行,必要时可以补充当时创业的背景资料。

3.在列举出创业精神的要素后,要引导学生思考如何培养创业精神。

四、关键要点

1. 杰出企业家身上的创业精神能够带领企业更好发展。
2. 不同的成功企业家身上显示出的创业精神带有强烈的地域和时代特征。

参考文献：

[1] 徐欣.88位世界富豪的成长记录[M].北京：中国戏剧出版社，2004.

[2] 伊克比亚.乔布斯传[M].周盛，译.上海：华东师范大学出版社，2013.

（撰稿人：江西财经大学　梅小安）

黄璐琦：新一代中药事业担纲者

摘要：

本案例以黄璐琦在30年间，从一个平凡学子成长为中国工程院（医药卫生学部）院士为背景，简述了黄璐琦为推动中医药事业发展而开拓创新并取得丰硕成果的非凡历程。案例目标是让学生对创新精神、创新思维和创新能力等概念有一个感性认识，并帮助学生有意识地培养创新精神和创新思维。

关键词：

黄璐琦；中药事业；创新精神；创新思维；创新能力

0　引言

黄璐琦，1968年出生于江西婺源，是土生土长的江西人。他于1985年考入江西中医药大学（原江西中医学院）药学系。1989年本科毕业后，他考上中国中医科学院（原中国中医研究院）硕士研究生，1992年考上北京大学医学院（原北京医科大学）博士研究生。1995年博士毕业后，分配在中国中医科学院中药研究所工作。历任

中国中医科学院中药研究所生药室副主任,中药研究所副所长、所长,中国中医科学院院长,兼任世界卫生组织传统医学(中药)合作中心主任,国务院中医学、中药学第六届学科评议组成员,国家药典委员会委员,中华中医药学会中药鉴定专业委员会主任委员,《中国中药杂志》副主编等。同时,他也是中华全国青年联合会常务委员、北京市青年联合会副主席、中央国家机关青年联合会常务委员。2015年,他被评为中国工程院(医药卫生学部)院士。2018年12月,任中国中医科学院院长、中国中医科学院研究生院院长。

黄璐琦从一个平凡学子成长为学界瞩目的中国工程院院士,短短的30年,他书写了一份辉煌的人生简历,究竟是什么精神激励着他取得如此成就呢?他又具备什么样的创新特质呢?对案例的深入剖析将加深大学生对创新精神、创新思维和创新能力等的理解。

1 背景分析

黄璐琦的成长背景与大多数普通读书人一样,既不出生于名门,也没有显赫家族或社会背景。但他从考入江西中医学院之后就立志,毕生要为祖国中医药事业发展而努力奋斗,几十年如一日,矢志不渝。"咬定青山不放松,立根原在破岩中。千磨万击还坚劲,任尔东西南北风。"从本科、硕士、博士,直至工作的30年间,他始终没有偏离为祖国中医药事业发展而努力奋斗这个目标。在中药资源学和分子生药学研究领域,他开拓进取、锐意创新,取得了丰硕的成果:先后负责国家级和部局级课题20余项,获国家科技进步二等奖4项,省部级一等奖2项、二等奖7项。1995年,他提出"分子生药学(Molecular Pharmacognosy)"这一新学科的设想,出版了专著《分子生药学》和新世纪全国高等中医药院校创新教材《分子生药学》,迄今全国已有多所高校开设该课程。1999年起,他担任博士生导师,先后培养硕士、博士研究生70余名。在国内外一级刊物发表论文500余篇,出版著作12部,申请专利11项。黄璐琦先后获国家杰出青年科学基金资助及中国工程院光华工程科技奖(青年奖)、中国青年科技奖、全国优秀博士学位论文指导教师、全国优秀科技工作者、中国药学发展奖、中国青年五四奖章、中国中医药十大杰出青年、卫生部有突出贡献中青年专家、中央国家机关十大杰出青年、北京十大杰出青年等荣誉,入选"万人计划"第一批百千万工程领军人才,享受国务院政府特殊津贴。

黄璐琦之所以能在中药事业上取得辉煌的成就,首先源于立志,他满怀着追求祖国传统医学真谛的志向,一路从大学走到了今天。

2 十年寒窗,矢志不渝(1985~1995)

黄璐琦在江西中医药大学中药学系学习期间,为传统医学的博大精深所震撼,并刻苦学习,最终以第一名的优异成绩取得学士学位。"学之不如乐之,乐之不如好之",他深深迷恋上了中药研究这门古老的科学。毕业后,他决心到北京深造。于是他报考了中国中医科学院的硕士研究生,师从同仁堂传人乐崇熙研究员。他如饥似渴地吸吮着知识的营养,不但扎扎实实地学习专业课程,还向老师认真学习传统中药技艺,出色地完成了自己的课题。他的毕业论文《栝楼属药用植物的染色体研究》

获得国家中医药管理局青年论文一等奖。学习是没有止境的,他并没有为取得的成绩而自满,而是再接再厉。1992年,他报考了原北京医科大学的博士生,师从楼之岑院士、诚静容先生。在读博期间,精益求精的精神激励着他把栝楼属的研究扩大到世界范围。为了调查栝楼属的药用植物,他只身一人前往云南、四川、贵州、广西等地的深山老林。在山林里,前不着村后不着店,他克服重重困难,完成了野外考察任务。"十年寒窗无人问,一举成名天下知",他的毕业论文被专家评价为"是目前对世界性栝楼属最全面系统的研究,取得了创造性成果",他也因此获得了原北京医科大学特等奖学金。

1995年,黄璐琦博士毕业后被分配在中国中医科学院中药研究所工作,浓厚的学术氛围和广阔的科研平台,为他在中药科研事业上的探索和创新提供了良好的客观条件;而扎实的传统中药学的基本功、敏锐的洞察力和前瞻性的思维能力,是他开辟我国生药学发展新领域,建立"分子生药学"这一新的边缘学科和中药资源生态学这一新的分支学科的主观因素。

3 开拓创新,勇攀高峰(1995~2015)

黄璐琦之所以能在中药事业上取得成功的第二个因素就是打破传统束缚,开拓进取,锐意创新。在他20多年的中药研究工作中,他凭借着不屈不挠的创新精神和创新方法,从一个基层的研究人员一路攀登到科学的高峰。

1995年,年仅27岁的在读博士黄璐琦,承担了"栝楼属植物的系统演化及其药材的分子标识研究"课题研究。在深入进行栝楼属方面的探索时,他发现很多问题用传统技法难以解决,于是他另辟蹊径,尝试从分子水平的研究角度来探索生药学,这或许能为生药学这门古老学科带来新的生机。功夫不负有心人,1996年,黄璐琦以《展望分子生物技术在生药学中的应用》为题将自己长期以来的思考发表在《中国中药杂志》上,首次提出了"分子生药学"的概念,这在当时沉闷许久的生药学研究中引起了强烈的反响。科学技术的发展和学科间的交叉融合是一股强大的力量,对于中药研究来说,借助这股力量能给这门古老的学科带来前所未有的生机和活力。在他的率领下,短短几年后,以他的团队成员为编写核心,在有关中医药学者的积极参与和大力协作下,国内第一部从基因水平研究生药学的著作《分子生药学》得以问世,这标志着一门崭新的生药学分支学科——分子生药学在国内诞生。《分子生药学》也成为复旦大学、北京大学和华西医科大学等高校的研究生教材。经过十几年的建设和发展,在黄璐琦和他的团队的不懈努力下,分子生药学现已成为研究方向稳定、技术水平领先、理论思想创新、学术影响广泛、学科队伍合理的具有国内外领先水平、规范化的创新学科。2002年,这门新兴学科成为国家中医药管理局中药生药学重点学科,也是国家中医药管理局重点研究室和三级实验室所在的学科;黄璐琦和他的团队创办的"生药分子鉴定实验室",获得了国家中医药管理局三级实验室认证。2003年,"栝楼属植物的系统演化及其药材的分子鉴定研究"获国家科学技术进步奖二等奖(排名第一)。2008年,适用于高等院校本科生教学使用的《分子生药学》教材出版。迄今,全国已有十余所高等院校开设了该课程。

另外，在新世纪资源短缺的严峻形势下，黄璐琦又敏锐地意识到中药资源对于中医药事业发展的重要意义，于是，他领导团队率先开创了"中药资源生态学"这一新的分支学科。

2006年，38岁的黄璐琦申请了国家"973计划"（国家重点基础研究发展计划）项目"中药药性理论继承与创新研究"，而这一年也是国家"973计划"首次设立中医药研究专项。黄璐琦抓住这一难得的机遇，开始中药学的创新研究，并成为"973计划"年轻的首席科学家。"973计划"是他从更深更广的层面上对中药的传统理论与现代研究开展创新性思考和探索的积极实践。通过不懈努力，黄璐琦主持的"973计划"项目取得了一系列重大研究成果：2008年，"珍稀濒危常用中药资源五种保护模式的研究"获国家科学技术进步奖二等奖（排名第一）；2009年，他的研究室成为"国家中医药管理局道地药材生态遗传重点研究室"；2011年，"道地药材形成机理研究及应用"获国家科学技术进步奖二等奖（排名第一）。

2011年11月，国家中医药管理局启动了第四次全国中药资源普查。这是自1983年第三次全国中药资源普查后，对国内现存中药资源进行的一次"大摸底"，黄璐琦被任命为第四次中药资源普查试点工作专家指导组组长。他带领团队在继承祖国医药学遗产和传统中药鉴别经验的基础上，运用现代自然科学的理论、方法和技术，系统地整理和研究中药的历史、来源、品种、产地、形态性状、显微特征、理化特性、化学成分、遗传物质等，建立规范化的质量标准，并寻找和扩大新药源，对中药材进行"保质、寻新、整理、提高"。这次中药资源普查工作成绩斐然，不仅发现2个新属40多个新物种，还汇总得到1.3万多种药用资源的种类和分布等信息。

所有成绩的取得绝非偶然。工作20多年来，黄璐琦几乎没有享受过一个完整的周末，大部分的节假日都是在实验室或办公室度过，对中药事业的执着追求使他的青春比一般人更为充实，勤奋、毅力和进取精神使他不断迈向更高的人生台阶。坚信黄璐琦前面还有更远的路要走，更广阔的舞台去施展。新一代的中药事业，需要像他这样的青年才俊勇于担纲。

案例使用说明：

一、教学目的与用途

1. 本案例主要适用于大学生创新创业基础课教学。
2. 本文是一篇讲述黄璐琦院士运用创新精神推动中药事业发展的教学案例，其教学目的在于使学生对创新精神、创新能力和创新思维有一个清晰的感性认识。

二、启发思考题

1. 从黄璐琦院士的创新精神和思维的案例中，请总结创新应具备的特质。

2.什么是创新精神?

3.黄璐琦运用了哪些创新思维解决生药学研究的瓶颈?

4.你认为是什么因素促使黄璐琦成功地开辟分子生药学和中药资源生态学?

三、关键要点

1.黄璐琦致力于中医药事业,矢志不渝,这是创新精神(创新意识)的外化表现。

2.作为一个科研工作者,创新的思维是必不可少的。从黄璐琦创建分子生药学和中药资源生态学这两个案例可以看出,能否创新关键在于是否能够把原先没有想到的有关联的观点联系起来。因为事物是处于普遍联系之中的,任何事物之间总是存在着一定的关联性,只是关联的程度有差别而已,所以研究人员在进行研究时就必须考虑全局,不能"只见树木,不见森林"。

3.从黄璐琦取得一系列的科研成果可以看出,他不仅具有创新精神,而且还具备创新思维和创新能力。他观察问题敏锐,分析问题透彻,在用传统方式不能解决问题的时候,尝试另辟蹊径,从事物的关联中找到解决问题的方法。

(撰稿人:江西中医药大学　王思民)

江风益:绿色照明时代的中国创造者

摘要:

2016年新年伊始,南昌大学江风益教授领衔自主研发的"硅衬底高光效 GaN 基蓝色发光二极管"项目,荣获2015年度国家技术发明一等奖。江风益教授及其团队"十九年磨一剑",率先攻克了多项技术难题,创造了 LED 第三条技术路线并实现了产业化,使中国成为世界上继日本、美国之后第三个掌握蓝光 LED 自主知识产权技术和唯一实现硅衬底 LED 芯片量产的国家,改写了 LED 的历史,成为"中国创造"的标杆和典范。

关键词:

发光二极管(LED);半导体照明技术;技术创新;专利;硅基发光;中国创造

0 引言

2016年1月8日上午,北京人民大会堂2015年度国家科学技术奖励大会现场,国家主席习近平亲手将国家技术发明一等奖证书颁发给南昌大学江风益教授,以奖励他及其团队原创性的技术发明成果——"硅衬底高光效GaN基蓝色发光二极管"。江西省委、省政府在第一时间给南昌大学发来贺信,称赞说:"这是我省自新中国成立以来科技创新领域的历史性突破!江风益教授及其团队,咬定目标、持之以恒、默默耕耘,为攻克硅衬底LED技术付出了艰苦努力,充分展现了不畏艰难、精益求精、永攀高峰的创新精神,不愧是推动科技进步的时代先锋!"

2016年2月3日上午,中共中央总书记、国家主席、中央军委主席习近平在时任江西省委书记强卫、省长鹿心社的陪同下专程来到南昌大学,视察江风益教授领导的国家硅基LED工程技术研究中心。习近平走进实验室,观看产品展示,听取技术介绍,询问有关细节。他看了之后十分高兴,充分肯定了科研人员在攻克技术难题和促进成果转化方面决心大、目标高、工作实、成效好,勉励南昌大学继续走创新发展之路。他说:"我国发展必须依靠创新。掌握核心技术的过程很艰难,但这条道路必须走。这个新兴产业大有可为,我对你们寄予厚望!高校作为科技创新的生力军,要创新人才培养机制和教育方法,为国家现代化建设培养造就更多的合格人才、创新人才。"习总书记的视察和讲话,给南昌大学广大师生带来了亲切关怀和巨大鼓舞。

1996~2015年,江风益教授及其团队可谓"十九年磨一剑"。他们经过3000多次实验,率先攻克了多项世界性难题,创造了LED照明技术第三条路线,即硅衬底氮化镓(GaN)基技术,打破了主流的日本公司蓝宝石衬底技术和美国公司碳化硅(SiC)衬底技术的长期垄断,且其价格、质量、性能、尺寸等在同类研究中处于国际领先地位,使中国成为世界上继日本、美国之后第三个掌握蓝光LED自主知识产权技术和唯一实现硅衬底LED芯片量产的国家。这项成果正在改变着全球LED技术标准及产业格局,实现了LED半导体照明技术及产业由"中国制造"向"中国创造"的转变,改写了LED的历史。

江风益,1963年9月生,江西余干人,中共党员。1984年,吉林大学物理系原子核物理专业本科毕业。1989年,中科院长春物理研究所固体发光专业研究生毕业。现为南昌大学副校长,国家硅基LED工程技术研究中心主任,国家"863计划"半导体照明专项总体专家组成员,二级教授,博士生导师,享受国务院政府特殊津贴,曾任教育部发光材料与器件工程研究中心主任、晶能光电(江西)有限公司董事长和江西省昌大光电科技有限公司总经理等职,入选"国家百千万人才工程",教育部"新世纪优秀人才支持计划"、"长江学者与创新团队发展计划"创新团队和科技部"国家创新人才推进计划重点领域创新团队"等高端人才项目,已获"国家有突出贡献的中青年专家""全国先进工作者""全国杰出专业技术人才""全国优秀科技工作者""全国优秀教师""全国师德先进个人""全国优秀共产党员"等国家级荣誉称号。

江风益教授获得的2015年度国家技术发明奖证书上,那一连串的编号中有3个"1",分别代表一等奖、唯一的一项、项目完成第一人。他矢志不渝地追求创新创业取得了巨大的成功。作为全球LED照明第三条技术路线的"中国创造者",他的人生追求、创新精神和艰辛的创新创业历程留给我们无尽的思考和深深的启示。

1 文明与光源同行

火把照亮了人类文明的起点。烛光为漫长的农业社会提供了光明。煤油灯为工业革命带来了曙光。爱迪生发明的白炽灯促使电气时代的降临,但光效很低(约5%)、寿命短。日光灯推动技术前行,但属于冷光源,光效较低(约20%),且汞污染环境。第六代光源LED为人类带来新的光明与色彩,成为绿色照明时代的革新标志。

LED(Lighting Emitting Diode)即发光二极管,是一种半导体固体发光器件。它是利用固体半导体芯片作为发光材料,通过载流子发生复合放出过剩的能量而引起光子发射,直接发出红、橙、黄、绿、青、蓝、紫、白等颜色的光。LED被称为第六代照明光源,即绿色光源,具有节能、环保、寿命长、体积小等特点,可以广泛应用于各种指示、显示、装饰、背光源、普通照明和城市夜景等领域。

21世纪,人类进入了以LED为代表的新型照明光源时代,LED产业前景广阔。半导体产业的发展先后经历了以硅(Si)为代表的第一代,以砷化镓(GaAs)为代表的第二代和以氮化镓(GaN)、碳化硅(SiC)、氧化锌(ZnO)为代表的第三代半导体材料。具有节能环保意义的LED照明产业,是各国竞相发展的战略性新兴产业。然而,在21世纪初,我国LED上游产业几乎空白,下游应用刚刚起步,功率型芯片全部依赖进口,日美垄断技术霸占全球市场。

2 艰难起步,坚持不懈

梦想之花需要浇灌,创新需要眼光,坚持需要毅力。"我从读研究生时就开始做蓝光LED梦,一梦29年。"科班出身的江风益教授,很敏锐地感知到发光材料研发及产业化的远大前景,并认定"人生执着地做一件事,那就是发光"。1989年硕士毕业后,他放弃了继续攻读博士学位和留中科院长春物理研究所工作的机会,毅然回到家乡江西,潜心于发光事业。1993年,在南昌大学青山湖校区北院老物理楼最西头一间只有40平方米的简陋实验室里,他靠学校支持的60万元贷款组建"发光材料制备实验室",从事基础研究,开始跟踪国际技术前沿。1996年,经过3年的跟踪研究,他靠着240万元的借款和资助,在一个欠发达的省份——江西这块红土地上拉开了从事GaN蓝光LED研究、自主创造光明"中国芯"的序幕。近20年间,他克服了资金、设备、技术、信息和人才等方面的诸多困难,咬定目标、持之以恒、默默耕耘,一直在优化硅衬底LED外延与芯片技术。在经历了无数次单元技术失败之后,这一世界性的科研成果终于诞生了。他的成功也告诉人们:"只要坚持,梦想总是能实现。"

3 敢闯新路,勇攀高峰

江风益教授及其团队不断学习,善于思考,勇于创新。他根据技术和产业市场发展动态,及时创新研发工作的方向、理念和机制,一步步逼近事业目标直至取得成功。

首先,适时调整研发领域。江风益教授最初靠国家自然科学基金资助从事Ⅱ-Ⅵ族宽禁带半导体材料研发工作。1997年,决定转入对Ⅲ-Ⅴ族宽禁带半导体材料的研发。2001年,他成功试制出蓝宝石衬底蓝、绿、紫光LED,其中蓝光LED投入量产,但他很快陷入了新的担忧。因为国内LED下游企业越来越多,而技术专利都掌握在日美企业手中,行业随时可能被扼喉。江风益教授决心不做国外技术的影子,而是另辟蹊径,自主创新。2002年,他选择氧化锌发光材料,后来发现生长空穴导电的p型氧化锌材料非常困难,于是果断放弃。2003年,江风益大胆选择硅衬底氮化镓基技术路线。硅衬底具有结晶质量高、尺寸大、价格便宜和为光电集成应用提供了可能性等优点,在硅衬底上制备高光效LED便成为业界梦寐以求的目标。然而,由于硅与氮化镓巨大的晶格失配和热失配导致的外延膜龟裂、晶体质量差以及衬底不透明造成出光效率低等问题长期未能得到解决,致使业界普遍认为在硅上制备高光效GaN基LED几乎是不可能的。"技术跟踪只能走在别人后面。只有创新,才能超越!"经过了3000多次实验,2004年5月,江风益带领的课题组终于在国际上率先攻克了这一世界难题,直接在硅上生长氮化镓,发出蓝光,达到实用水平。

其次,组建优秀团队。10余年间,江风益教授按照"能文能武,又红又专"的选拔要求和"诚信、勤奋、创新、实效"的团队理念,通过引进和培育,打造了一支学术型和技术型兼备、善于团结协作、富有奉献精神和创造力的高层次专业人才队伍。其负责的国家硅基LED工程技术研究中心团队现有110余位成员,研发工作所需"材料、芯片、器件、设备"四个环节都有品德好、理论扎实、实验训练有素的专业人才。本次获奖的主要成员包括来自南昌大学、晶能光电(江西)有限公司和中节能晶和照明有限公司等6人。

再次,推行企业化的科研工作模式。江风益教授采取"关键技术科研人员攻关,操作实验交给工人和生产线"的方法,教会工人做"研究"。科研人员把实验程序编好交给工人,工人每天按3班轮班,24小时实验不停歇,第二天一上班数据就摆在桌上了。通过这种轮班倒和协作制,高效率地推进了研发攻关的进程。

最后,引进风险投资,实现产业化。2006年,江风益教授以自己领导的南昌大学教育部发光材料与器件工程研究中心为技术依托单位,利用自主研发的核心技术,联合一些创始人,引进风险投资(VC),共同设立晶能光电(江西)有限公司,开启了硅衬底LED技术的产业化之路。江风益教授通过产学研用一体化机制和战略联盟平台,积极将科技成果向产业转化,取得了令人瞩目的经济效益和社会效益。

4　硅基发光,中国创造

2014年10月7日,瑞典皇家科学院宣布:日本的赤崎勇、天野浩和中村修二等3人因发明"高效蓝色发光二极管"获得2014年度诺贝尔物理学奖。这3位科学家的突出贡献在于20年前突破了在蓝宝石衬底上制备高光效GaN基蓝光LED的两大核心技术,即过渡层生长技术和p型GaN激活技术,从而解决了两大难题,即"如何获得器件质量的外延材料和空穴导电的p型层"。近20年来,基于蓝宝石衬底的GaN基蓝光LED技术和产业发展迅猛,成为目前市场上的主流技术路线,为日本日亚公司等所垄断。同时,基于碳化硅(SiC)衬底的 GaN 基蓝光 LED 技术在少数厂家(如美国的 CREE 公司等)得以实现,这一技术因 SiC 衬底价格昂贵而被称为"贵族技术路线"。这两条技术路线的主要贡献者即日本的赤崎勇和美国的 Carter 分别获得日美两国最高科技奖,即日本天皇文化勋章和美国总统技术奖。

上述两条技术路线的核心发明专利分别被日、美等国的 LED 大公司所垄断,对我国的 LED 产业发展形成了强大的专利壁垒。江风益教授及其团队研发的"硅衬底高光效 GaN 基蓝色发光二极管"为全球 GaN 基蓝光 LED 第三条技术路线。他们在衬底加工、外延生长、芯片制造和器件封装等环节均发明了适合硅衬底高光效蓝光 LED 生产的关键核心技术。芯片核心部件(被称为"中国芯")每一层都有专利保护,拥有自主知识产权,自成体系。包括:(1)衬底加工技术;(2)生长综合过渡层;(3)制备 n 型 GaN;(4)生长有源层(量子阱);(5)生长 p 型 GaN;(6)激活 p 型 GaN;(7)制备反射镜及互补电极;(8)外延层转移到支撑硅基板;(9)n 型 GaN 表面粗化;(10)氮极性的 n 型 GaN 表面制备 n 型电极等。其中(1)、(2)、(7)、(8)、(10)等单元技术为本项目的原创技术并全部获得发明专利;(3)、(4)、(5)、(6)、(9)项技术属于借鉴了前两条技术路线基础上的二次创新单元技术,部分获得发明专利,部分属技术诀窍。迄今已经获得授权的国内外发明专利 68 项,其中美国发明专利 19 项。硅衬底 GaN 基 LED 是半导体照明技术的升级版,具有性价两方面的优势。例如,因薄膜型 LED 芯片单面出光所特有的光线方向性强和空间色品质一致性好的性能,具有其他衬底多面出光芯片不可替代的优势。团队所取得的硅衬底 GaN 材料选区生长、互补电极、双面钝化、外延层转移、GaN 台面边缘湿法刻穿和高反向击穿电压的硅衬底 LED 制备等硅衬底高光效 GaN 基蓝光 LED 制造系列技术,冲破了日美等发达国家形成的 LED 专利壁垒,有力地提升了我国 LED 技术在国际上的地位。

不仅如此,江风益团队通过晶能光电(江西)有限公司在国际上率先实现了硅衬底 LED 芯片的产业化,使我国成为世界上唯一实现硅衬底 LED 芯片量产的国家,我国因此占据了硅衬底 LED 领域技术和产业化两大高地。该公司现已成为国际上第一家并到目前为止唯一一家实现了硅衬底 LED 批量生产的公司,拥有用户 340 多家,芯片产品成功地应用于路灯、球泡灯、射灯、手电筒、彩屏、数码管等领域。2012~2014 年,上、中、下游公司实现新增销售额 111039 万元,新增利润 11744 万元,新增税收 1287 万元,新增就业人数 1300 多人。

近年来,晶能光电(江西)有限公司获得了国内外业界的高度关注和认可:2009 年,在全球率先实现硅衬底小功率 LED 芯片的量产;2011 年,被麻省理工学院《科技创业》杂志评为"2011 年世界最具创新力公司 50 强";2011~2012 年,先后获得江西省技术发明一等奖和国家工信部信息产业重大技术发明;2010~2012 年,连续 3 年被全球清洁技术集团和英国《卫报》共同评为"全球清洁技术 100 强企业";2012 年,在全球率先实现硅衬底大功率 LED 芯片的大规模量产,入选国际半导体照明联盟(ISA)"全球半导体照明 2012 年度新闻"事件;2014 年,美国能源部在《固态照明研究与发展制造蓝图报告》中写下:"晶能光电是硅衬底 LED 技术的最早实践者,并在 2012 年 6 月开始量产功率型硅衬底氮化镓 LED 裸芯";2016 年,获得中国国家技术发明一等奖。

5 多发光,少发热

常言道:"有一分热,就发一分光,尽一份力。"但在国家硅基 LED 工程技术研究中心的墙上,却非常醒目地写着"多发光,少发热"六个字。作为该中心负责人,江风益教授解释说,这六个字有特定含义:一是指专业技术的浅显道理,即发光二极管(LED)的发光与发热是成反比的。要想多发光,就必须少发热,这样才能节能,这是技术发展永恒的主题。二是为人处世的经验要求,即要多做实事,少头脑发热。

"多发光,少发热"六个字,不仅是他领导的中心(所)和公司的核心理念,也是他的座右铭,更是他砥砺人生的真实写照。科学研究是一个耐得住寂寞、远离浮华喧嚣的过程,科学精神则是"多发光,少发热"的严谨追求和原创劳动。针对创新创业工作的艰辛和复杂,他强调说:创新创业要想取得成功,必须有所为,有所不为;必须能吃苦、能吃亏、能淡定——在受到误解和非议时"脸皮厚一些",不轻言放弃;必须大力弘扬 24 个字,即"坚定信念、艰苦奋斗、实事求是、敢闯新路、依靠群众、勇于胜利"的井冈山精神。他不仅是这样说的,也是这样做的。在江风益教授身上体现的那种"咬定目标,持之以恒;不断学习,善于思考;默默耕耘,甘于奉献;不畏艰难,勇于创新;精益求精,永攀高峰"的创新创业精神,很好地诠释了其"多发光,少发热"的人生信条和追求。

马克思说:"在科学的道路上没有平坦的大道可走,只有不畏艰险沿着崎岖陡峭的山路攀登的人,才有希望达到光辉的顶点。"江风益教授及其团队又将向提升光的电光转换效率和光品质方面的世界性难题(如黄光 LED 技术等)和 LED 生长设备 MOCVD 系统的研制开发等提出挑战,迈开新的探索和创造的步伐。同时,将为江西省委、省政府做出的重大决策——打造千亿元级产业集群"南昌光谷"的建设发挥创新引领等重要作用,不断提供新技术和新产品。

案例使用说明:

一、教学目的与用途

1.本案例主要适用于大学生创新创业基础课程教学。

2.本文是一篇描述荣获 2015 年度国家技术发明一等奖的南昌大学江风益教授及其团队创新创业经历和创造成功的教学案例,其教学目的在于引导学生加深对创新创业者品质和创造、创新、创业成功的关键成功因素的理解,掌握创造、创新和创业所需的基本素质要求,积极培养自身的创新精神、创造力和创业意识。

3.通过本案例的介绍,我们不仅可以分享江风益教授孜孜以求的创新创业经历,更要学习和领悟他那种"咬定目标,持之以恒;不断学习,不断思考;默默耕耘,甘于奉献;不畏艰难,勇于创新;精益求精,永攀高峰"的创新创业精神和"少发热,多发光"的人生信条。

二、启发思考题

1. 创造、创新、创业三者的关系如何?
2. 透过江风益教授创新创业和创造成功的案例,你可以得到哪些启示?其成功的关键因素有哪些?
3. 如何理解"多发光,少发热"的人生道理?
4. 在硅基蓝光LED方面,"中国芯",中国造。因此,江风益教授团队的主要成员、晶能光电(江西)有限公司CEO王敏博士自豪地说:"在中国,DVD的覆辙不会在LED产业上重蹈了!"为什么?
5. 习近平总书记指出:多年来,中国一直存在着科技成果向现实生产力转化不力、不顺、不畅的痼疾。你认为存在哪些"痼疾"?如果你拥有某种专利技术,将如何进行科技成果转化?

三、分析思路

创造,即"做出前所未有的事物",强调其独创性或首创性。创新,从过程来看,主要着眼于"创"字,整个过程都具有创造性;从结果来看,主要着眼于"新"字,所创造的成果必须是新颖的。创新的本质就是"改变或创造"。创造和创新都具有"新颖性"这一共性,但创造本身并不是创新,只有把创造成果引入经济系统并产生价值或效益,才是创新。创新不仅具有一定的新颖性,而且还具有市场上的价值性,即创新的"成果效益"。创新是具有"成果效益"的创造,是系统化的创造。创新有不同的形式,包括原始创新、集成创新和引进消化吸收再创新。其中,原始创新是难度最大的,这种创新可以称之为创造。

创业的本质是有价值的商业机会与富有创业精神的创业者之间的结合。创业企业的发展,并非由孤立事件简单决定。创业者做出的决策受到外部政策环境和所能整合资源及自身能力的影响。在创业过程中,创业战略常常需要不断演进,要保持商机、资源和创业战略三者之间的动态匹配。

创新创业者是指具备创新意识、创新精神和创新思维,拥有一定的独特能力,并能通过机会识别和创造性整合资源来建立新的市场和顾客群,并为之提供新产品或服务的创业者。他是拥有一定独特技能和素质的创业者、创新型创业者和创业型创新者,是具有一定创新精神、创业意识和创新创业能力的创业者。

本案例分析主要是以江风益教授科技成果的获奖背景为引子,从创造、创新、创业三者关系的视角叙述了他带领团队进行创造、创新和创业,并取得成功的经历和过程,揭示了其关键成功因素和启示,刻画了他作为一个创新创业者和创造者的优秀品质。

四、关键要点

1.关键知识要点:(1)创造、创新和创业的含义和关系;(2)创新创业者的含义和特质;(3)创新的形式;(4)创业商机、资源与创业战略的动态匹配模型。

2.关键能力要点:(1)创新创业机会的识别;(2)创新创业企业的演变过程分析;(3)创业过程中投资者的选择。

参考文献:

[1]国家科学技术奖励工作办公室.国家科学技术奖励工作办公室公告[EB/OL].http://www.nosta.gov.cn/web/detaill.aspx? menuID=25&contentID=1111,2015-06-24.

[2]江风益,刘军林,王立,等.硅衬底高光效GaN基蓝色发光二极管[J].中国科学:物理学·力学·天文学,2015(6):19-36.

[3]梁红兵.江风益:用"硅基发光"诠释"中国创造"[N].中国电子报,2009-07-21(4).

[4]刘菁,沈洋.让"中国芯"照亮世界:记国家技术发明奖一等奖硅衬底蓝光LED技术攻关路[EB/OL].中国青年报,2016-01-09(3).

(撰稿人:南昌大学 彭迪云)

王文京的软件服务王国

摘要:

本案例以用友公司的发展经历为背景,描述了王文京在几次企业发展关键时期展现出的洞察能力、创业精神和管理技能。

关键词:

王文京;用友公司;创业精神

0 引言

从1988年以5万元借款与苏启强先生合伙创办用友软件公司开始,在王文京的领导下,用友公司从两个人的软件服务社逐步发展成为中国最大的财务软件公司、中国最大的管理软件公司、中国最大的独立软件厂商。用友财务软件市场占有率居中国第一,用友管理软件市场占有率居中国第一,用友 ERP 市场占有率居国产品牌第一。

1 辞职创业

王文京于 1964 年 12 月 15 日出生于江西省上饶县,毕业于江西财经大学。

1988 年 12 月 6 日,只有 24 岁的王文京和现任连邦董事长苏启强从国务院机关事务管理局辞职,在中关村海淀南路一个居委会租了 9 平方米的房间,用借来的 5 万元资金开始创业。辞了职的王文京,成了待业青年。一开始,他们以成本最低的企业形式个体工商户注册了"用友财务软件服务社",白天出去做软件推销或者上门给用户做服务,晚上回来编程序,每天忙到十一二点。

王文京喜欢上做企业是因为他认为做企业是一个创造的过程,而且发挥创造性的余地很大。"企业往什么方向发展,怎么管理,招怎样的人,以及大家做什么,这些都可以实现自己很多的想法。""通过做企业可以团结一批人一起做共同的事情,这种感觉比较好。"做企业也有做企业的难度,做企业也有做企业的苦衷,王文京认为最重要的是要调整心态。"做企业的人一睁开眼睛看到的就是问题、困难和压力,但如果你认为问题、困难和压力是一个企业领导人职业生涯中不可或缺的一部分,企业领导人的职责就是要处理问题,要解决困难,那么,你就不会感到辛苦了。"

用友真正在市场立住脚主要靠 1990 年发布的两个产品:一是王文京开发的"90版"用友账务软件;一是苏启强负责开发的 UFO 财务报表软件。1991 年,用友成长为财务软件全国第一,并占据第一的位置一直没有下来过。

2 公司上市

1997 年,用友成立的第九个年头,上市计划被正式写进了用友的发展规划。此时用友已经是中国最大的财务软件公司了,年销售额超过 1 亿元。董事长王文京在接受媒体采访时说:"用友要在 1997 年年底启动资产经营,为上市做好准备,力争在 2000 年上市。"到 1998 年下半年,用友上市进入了实质性的操作阶段。

用友最初的目标是到香港主板上市,但王文京和用友的高层们有一个预感:国家一直在强调科技兴国的战略方向,在政策大环境中,对用友这样的高科技企业也是很支持的。因此在上市融资的问题上,国家也应该会有一些支持。

事情不出所料,在 1998 年的 10 月、11 月间,国家科技部就推荐用友以第一批高新技术企业的身份在内地主板上市。得到消息后,用友董事会马上调整了上市的方向——把在香港上市调整为在国内主板上市。1999 年 12 月初,用友完成了企业的改制工作,设立了股份公司,进入辅导期,向中国证监会提出上市申请,申报相关材料。到 2000 年 9 月底,用友上市的准备工作基本完成了,中国证监会的审查工作也基本上完成了。实际上,用友可以按照当年计划的那样,在 2000 年 10 月正式上市。

就在这个时候,国内盛传二板(创业板)市场即将推出的消息。根据当时披露的情况看,二板市场的运作规则比主板市场更加市场化一些。用友高层认为,作为一个市场化的企业,也许用友更适合到二板市场去上市。所以用友再次调转船头,申请到二板市场上市。

此后的三四个月,用友公司积极地为二板上市重新准备资料、文件,但是二板市场却总是"只听楼梯响,不见人下来"。这个时候,与用友类似的软件企业基本上都已经得到了各种各样的资本支持,有的取得了境外的风险投资,有的由国内上市公司参股,也有的在海外上市,而用友还是在靠自身的积累发展。"我们能等多长时间?这是一个机会成本的问题,"王文京认为,"我们判断,这个机会成本太大了。整个产业正处在一个高速成长的阶段,对用友来说,今年拿到资金支持和明年拿到资金支持的效果是不一样的。早点拿到钱的话,我们的产业价值可以更大,和在创业板上市可能带来的好处相比,早一点上市的好处更大。"因此在 2001 年春节前,王文京和用友高层就初步拟定:转回主板上市。新年之后,看到创业板还没有推出的迹象,用友第三次调转船头,返回主板上市。

2001 年 5 月 18 日,"用友软件"在上海证券交易所正式挂牌,成为国内 A 股市场的上市公司,从此用友获得了产业和资本的双轮驱动,王文京也由此跻身于各种富豪排行榜的前列。

3 二次转型

2001 年上市后,用友掀起一轮并购热潮,其中对 ERP 厂商的并购直接助推用友的第一次业务转型。然而,收入增长缓慢成为用友近年发展的瓶颈。在此背景下,2007 年年初,用友携手日本移动运营商 NTT DoCoMo 作为移动商务的战略合作伙伴,拓展中国移动商务市场。

用友选择移动商务业务正是瞄准了即将到来的 3G 数据业务,这也是王文京的全局意识。用友自 2007 年下半年起就将兼并收购作为公司的关键业务,为第二次转型做长足准备。王文京表示,公司未来的并购乃至资本操作原则,将围绕用友的两大主业管理软件和移动商务进行。

2008 年 2 月 27 日,用友正式对外宣布成为微软首家全球独立软件开发商合作伙伴(Global ISV),这也是微软在中国的第 8 家全球战略合作伙伴。

王文京说:"用友成为微软 Global ISV,将深度利用微软全球领先的技术与平台架构,结合用友在中国及亚洲地区企业应用设计和客户服务的优势,与微软展开全面合作,进行联合创新,为客户提供世界级的企业应用产品、解决方案和服务;同时,微软将与用友分享其产品发展方向和规划,提供深度技术开发支持,对用友新产品开放性能测试实验室,并对相关产品进行认证,使用友的产品保持业界领先的技术地位。"

在用友携手微软之前,用友已经和 IBM 建立了良好的合作关系。用友的产品现在主要有两个平台,一个是微软的.net,还有一个是 IBM 的 J2EE。用友与 IBM 的合作主要在高端产品领域,而与微软的合作主要在中低端产品领域。

显然,与两大巨头的合作带来的好处不仅是得到了良好的开发平台,在一定意义上还为用友提供了对抗 SAP、Oracle 等老对手的强大武器。

王文京认为,"在大型高端应用上对手们进入早,模型建立丰富,在开展全球化业务上也更成熟",用友在新产品、新技术的挖掘等方面并不落后国际厂商,通过和微软的合作有助于推动新的商业模式的建立,"希望建立起新的竞争优势"。

4 再次变革

2015年1月31日,王文京在首届中国企业互联网大会以及用友2015伙伴大会上,宣布将自己一手创办的用友软件,更名为用友网络。"2014年是企业互联网元年,2015年将是企业互联网进入实质性发展的一年,未来5年将是中国企业互联网市场爆发性成长的黄金时期。"王文京说。

2010年以前,用友曾连续6年在ERP(企业资源管理软件)市场占有率第一。但是,自2010年以后,软件行业开始出现整体下滑趋势,尤其是在海外市场。2012年,用友发布的年度财务报告显示,用友软件全年营收仅增长2.7%,同时,净利润同比2011年下降29.3%,创下了近10年以来最低的纪录。

"互联网化已经成为企业发展的新常态。通过互联网化,企业可以重新定义自身的运营模式、产品服务,甚至改变一个个传统行业。可以预见,未来所有的企业将成为数据驱动的企业,成为互联网企业。"王文京说。

"在经历了以浏览器和信息门户为代表的第一次浪潮,以搜索引擎、电子商务、网络游戏为代表的第二次浪潮后,现在进入以移动终端、社交网络、互联网金融和企业互联网为代表的第三次浪潮。"王文京说。用友正在向企业互联网转型,而这种转型的成功,在王文京看来,必须打造一个成功的企业互联网生态圈。

在核心关键应用方面,用友通过合资成立友金所,主要进行P2P业务,这其中包括对合作伙伴、渠道商提供资金借贷支持;在通信领域,用友拿到虚拟运营商牌照,已经为企业级客户提供通信应用服务。不仅如此,用友的应用还包括畅捷通的工作圈、优普的企业空间、畅捷支付、易代账等。而在平台方面,用友推出了开放iUAP平台,据了解,通过该平台可以将企业内部的运营管理数据与已有的互联网应用连接起来,而且企业可以依据这个平台开发全新的企业内部或基于互联网的应用。

王文京希望用这些新产品的互联网特性黏住新老用户,迅速得到市场认可,打通用友的"任督二脉",打造企业互联网的生态圈。

但是,对于用友这样根植于渠道的传统软件管理厂商,转型并不像换个名字那样简单。用友在互联网的环境下如何转型,将是王文京面对的新的挑战。

案例使用说明:

一、教学目的与用途

1.本案例主要适用于创业学、管理学等课程教学。
2.本案例对王文京创业过程中的几个重大事件进行了描述,展示了王文京在创建用友公司及公司发展过程中所体现的企业家独特的精神。教学目的在于使学生对创业者或创业企业家的创业过程、创新创业精神有所了解,并能从案例中提炼出描述创新创业精神的关键词。

二、启发思考题

1. 王文京具备哪些创新创业素质?
2. 在企业重大转折期,王文京起到什么作用?
3. 用友公司未来该如何发展?

三、分析思路

教师可以根据自己的教学目标来灵活使用本案例。这里提出本案例的分析思路,仅供参考。

1. 重点分析用友公司在各个发展阶段的转折时期,王文京身上所体现的创业精神,以及所起到的作用。
2. 对本案例的分析要结合当时的创业外部环境进行,必要时可以补充当时创业的背景资料。
3. 在列举出创业精神的要素后,要引导学生思考如何培养创业精神。
4. 引导学生更深入地思考用友公司未来发展之路。

四、关键要点

1. 王文京创业的动机在于他认为做企业是一个创新的过程。
2. 在创业成长过程中,要审时度势,联合合作伙伴共同发展,不断调整自身战略,建立新的竞争优势。

参考文献:
张小军.用友之父王文京:从软件作坊到软件大王[M].北京:中央编译出版社,2010.

(撰稿人:江西财经大学 梅小安)

第三章
创新创业精神的案例

呦呦鹿鸣 一鸣惊人——诺贝尔奖获得者屠呦呦和她的"中国神药"

摘要：

本案例以屠呦呦发明青蒿素荣获诺贝尔奖为背景，描述了屠呦呦发现和研制青蒿素的艰难历程与技术创新方法，其敢于试错、勇于创新、执着拼搏的科学精神，为创业者和创业团队进行技术创新带来启示。

关键词：

技术创新；创新精神；团队协作

0 引言

2011年9月，素有"诺贝尔奖风向标"之称的拉斯克奖将临床医学奖授予中国科学家屠呦呦，以表彰其在青蒿素研究中的突出贡献。评委会在介绍屠呦呦获拉斯克奖事迹时曾概括评述："她首创了造福千万人的抗疟治疗的新探索，今后还会长久有益于人类社会。她应用现代科技并严格汲取中医师5000年提供的经验，对21世纪做出了卓越贡献。"时隔三载，不负众望，屠呦呦终于摘得2015年诺贝尔生理学或医学奖的桂冠。这是中国的骄傲，也是中国科学界的骄傲，这标志着中医研究科学得到了国际科学界的关注和认可。

2017年1月9日，屠呦呦获得2016年度国家最高科学技术奖。2018年12月18日，党中央、国务院授予屠呦呦同志改革先锋称号，颁授改革先锋奖章。2019年5月，入选福布斯"中国科技女性榜"（共有50位女性登上榜单）。

屠呦呦之所以取得如此显赫的成就，与她严谨的态度、爱国的情怀、务实的作风是分不开的，与她敢于试错、迎难而上，敬畏传统、勇于创新，艰苦付出、执着拼搏的科学精神是分不开的，与当时"大军团协作"的历史条件也是分不开的。本案例梳理屠呦呦发现和研制青蒿素过程中的科学精神与技术创新方法，对后辈创新创业者及科技工作者有很大的启发作用。

1 青蒿素：抗疟疾"中国神药"

疟疾是世界性传染病，每年感染数亿人，并导致几百万人死亡。20世纪60年代,引发疟疾的寄生虫——疟原虫对当时常用的奎宁类药物已经产生了抗药性,影响严重。此后,在屠呦呦带领下,中国"523项目"研究人员成功提取了高效抗疟成分青蒿素。

青蒿素及其衍生物青蒿琥酯、蒿甲醚能迅速消灭人体内的疟原虫,对脑疟等恶性疟疾有很好的治疗效果。青蒿素类药物可口服,可通过肌肉注射或静脉注射,甚至可制成栓剂,使用简单便捷。但为了防范疟原虫对青蒿素产生抗药性,目前普遍采用青蒿素与其他药物联合使用的复方疗法。

作为"中国神药",青蒿素在世界各地抗击疟疾中展现出奇效。2004年5月,世界卫生组织正式将青蒿素复方药物列为治疗疟疾的首选药物。英国权威医学刊物《柳叶刀》的统计显示,青蒿素复方药物对恶性疟疾的治愈率达到97%。据此,世界卫生组织当年就在疟疾高发的非洲地区采购和分发100万剂青蒿素复方药物,同时不再采购无效药。

"中国神药"给世界抗疟事业带来了曙光。世界卫生组织说,坦桑尼亚、赞比亚等非洲国家近年来疟疾死亡率显著下降,一个重要原因就是广泛分发青蒿素复方药物。仅在赞比亚,由于综合运用杀蚊措施和青蒿素类药物疗法,2008年疟疾致死病例比2000年下降了66%。据世卫组织统计,截至2009年年底,已有11个非洲国家的青蒿素类药物覆盖率达到100%,另有5个非洲国家覆盖率为50%至100%。而在2005年,仅有5个非洲国家的青蒿素类药物覆盖率为50%至100%。

诺贝尔生理学或医学奖评选委员会主席齐拉特评价说:"中国女科学家屠呦呦从中药中分离出青蒿素应用于疟疾治疗,这表明中国传统的中草药也能给科学家们带来新的启发。"她表示,经过现代技术的提纯以及与现代医学相结合,中草药在疾病治疗方面所取得的成就是很了不起的。

2 呦呦鹿鸣

1930年12月30日,屠呦呦出生于浙江省宁波市。宁波是一座人文积淀丰厚、历史文化悠久的典型江南水乡城市。初闻屠呦呦的人,都会被她的名字所吸引。屠呦呦的名字缘起《诗经·小雅》的名句"呦呦鹿鸣",意为鹿鸣之声。而更让人津津乐道的是,"呦呦鹿鸣"的后半句"食野之苹",鹿儿所食的那株野草就是青蒿。人们惊叹于从取名开始,屠呦呦的命运注定要与青蒿连在一起。

作为家中五个孩子中唯一的女孩,屠呦呦一直接受着良好的教育。读中学时,屠呦呦成绩处在中上游,并不拔尖,但她有个特点,"只要她喜欢的事情,就会努力去做"。自幼耳闻目睹中药治病的奇特疗效,这促使屠呦呦报考了北京医学院(现为北京大学医学部)药学系,所选专业正是当时一般人缺乏兴趣的生药学。在她看来,生药专业最有可能接近探索具有悠久历史的中医药领域,符合自己的志趣和理想。大学四年期间,屠呦呦努力学习。在专业课程中,她尤其对植物化学、本草学和植物分类学有着极大的兴趣。1955年,屠呦呦大学毕业,被分配到卫生部直属中医研究院(现中国中医科学院)工作,从事生药、炮制及化学等中药研究,开始了她为之奋斗一生的事业。

3 一个"军民联合"的大项目

1967年,越南战争陷入拉锯战。当时,一种可怕的瘟疫席卷战区,杀伤力之大远胜于子弹炸药,造成的非战斗性减员是战斗性减员的4~5倍。这种古老的瘟疫正是疟疾。当时,对抗性疟疾的治疗是全世界棘手的难题。当时越南方面向中国求助。在这样一个特殊的历史背景下,1967年5月23日,全国7个省市、60多家科研单位、500多名科研人员组成的科研集体,悄悄开始了一项特殊的使命,代号"523",研究的指向明确——找到防治疟疾的新药。两年后的1969年,屠呦呦所在的中医研究院中药研究所也参与进来。那一年,屠呦呦39岁。她仅有大学本科学历,但也被召集加入"523"项目。因为具有中西医背景,而且勤奋,屠呦呦很快被任命为研究组组长,带领余亚纲、顾明国、钟裕荣等成员承担中医中药防治疟疾的研究工作。

实验过程漫长而复杂。屠呦呦他们埋头于那些变黄、发脆的故纸堆中,从系统地整理历代医籍本草入手,收集地方药志及中医研究院建院以来的人民来信,采访有实际经验的老大夫,寻找抗疟药物的线索,汇总了内服、外用、植物、动物、矿物等药方2000余种。当时实验条件十分艰苦,设备奇缺,实验室连基本的通风设施都没有。可想而知,要从几千种中草药中筛选出抗疟活性较好的药种绝非易事,其难度无异于大海捞针。屠呦呦曾这样描述:"我们调查了2000多种中草药制剂,选择了其中640种可能治疗疟疾的药方。最后从200种中草药中,得到380种提取物用于在小白鼠身上的抗疟疾监测,但进展并不顺利。"这其中,青蒿引起了屠呦呦的注意,它能有效抑制寄生虫在动物体内的生长,但疗效却不持续,为了找到答案,屠呦呦又一头扎进文献堆。

4 东晋药书助屠呦呦"磕"下诺奖

屠呦呦等研究人员的中医中药防治疟疾的研究工作历经数次失败,但他们始终坚信中药是个宝库,他们将目光锁定在中国传统文献。终于在1971年下半年,从东晋炼丹家葛洪《肘后备急方》一书中发现关于青蒿抗疟功能的描述,"青蒿一握,以水二升渍,绞取汁,尽服之"。古人为何将青蒿"绞取汁",而不用传统的水煎熬煮中药之法?屠呦呦意识到,高温提取可能破坏了青蒿中的活性成分。于是,她重新设计了实验过程,改用沸点较低的乙醚为溶剂。这个细节,成了解决问题的关键。1971年,屠呦呦课题组在第191次低沸点实验中发现了抗疟效果为100%的青蒿提取物。1972年,该成果得到重视,研究人员从这一提取物中提炼出抗疟有效成分——青蒿素。

在运用现代医学技术分离出青蒿的有效成分后,屠呦呦带领其团队对青蒿提取物的药理、毒理进行深入研究,为了确保用药的安全性,甚至不惜多次以身试药,发现青蒿提取物并未对人体产生任何副作用。这为后来青蒿抗疟单体的发现迈出了重要一步。但是,青蒿提取物虽具有抗疟作用,其药效却不十分稳定。起初,他们认为是青蒿的品种杂乱所致,经过确认,青蒿采收季节的不同会对青蒿提取物的效用有很大影响。1972年3月8日,屠呦呦作为北京中药组的代表,在全国"523办公室"主持的南京"中医中药专业组"会议上报告了青蒿乙醚中性粗提物抗鼠疟、猴疟的作用达100%。这一结果引起了与会人员的高度关注。会后不久,屠呦呦、戴绍德、曹庆淑等即赴海南省进行临床验证。与此同时,山东省、云南省等其他"523计划"研究组也快马加鞭,借鉴北京中药组的经验,对青蒿素的有效成分进行提取并进行临床实验。1972年,各地的临床实验结果证明:青蒿的乙醚提取中性部分对疟疾治疗是有效的。无疑,这一喜讯宣告了抗疟计划的新突破。随即,上级指示:要不断扩大临床验证,而且要尽快找到青蒿的有效成分。于是,屠呦呦率领钟裕荣等4人对青蒿素的有效成分进行摸索。由于经常和各种化学溶液打交道,屠呦呦身体很快受到损害,一度患上中毒性肝炎。即便如此,她仍然没有放弃,继续发扬艰苦作战的精神,日夜奋战。终于,小组成员钟裕荣等率先通过抽提物的层析得到青蒿中的有效单体,即"青蒿素Ⅱ"(后称为"青蒿素")。经多方合作,最终确定:青蒿素的相对分子质量为0.282kD,分子式为$C_{15}H_{22}O_5$,是一种含有过氧基团的新型倍半萜内酯,该结构突破了抗疟药必须含氮杂环的理论"禁区"。

5 从国内走向国际

1981年10月,由联合国计划部署,世界银行、世界卫生组织共同主办的第四届疟疾化疗研讨会在北京召开。屠呦呦以首席发言人的身份报告了"青蒿素的化学研究",引起了国内外代表的广泛关注。会议代表一致认为,青蒿素及其衍生物是中国科学工作者的发明,它的化学结构与抗疟作用和以往的抗疟药完全不同,对各种抗药疟原虫具有高效、高速、低毒的特点,是一个很有发展前途的新药。可见,青蒿素的发现和研制,是人类防疟史上的一件大事,也是继喹啉后的一次重大突破。它被饱受疟疾之苦的非洲人民称为"中国神药",屠呦呦也因此获得"青蒿素之母"的美名。

正如美国分子生物家、诺贝尔奖获得者戈德斯坦(Joseph Coldstein)所说:"生物医学的进展要经历揭示和创新两个阶段。"屠呦呦继发现青蒿素后,并没有就此止步,又继续承担了国家科委"七五"攻关课题"常用中药材品种整理和质量研究"的子课题"中药青蒿品种的整理研究",理清了中国药典长期以来把黄花蒿与青蒿误认为同一种药的问题,并从青蒿中分离鉴定了20多种化学成分,多系首次报道;通过客观存在的物质,她有力地指出了混乱品种不能充当青蒿入药的问题,又对青蒿的不同采收季节、不同药用部位进行化学成分研究,为合理用药提供依据;她还进一步结合青蒿的传统功效开展青蒿清热解暑、抗炎、抑菌、镇痛等方面的研究,为中药青蒿的传统功效提供科学依据。

在众多的成绩与荣誉面前,屠呦呦不骄不躁,仍不断追求,潜心探索:针对抗疟新药青蒿素的不足,如剂量大、复发率较高等问题进一步深入研究,经过反复论证与不懈努力,历时7年,终于研制出新一代抗疟新药——双氢青蒿素,其疗效之高为之前的10倍,并且具有剂量小、口服方便、安全、制备方便等优点,特别在降低复发率方面更具有显著优越性,被认为是"国际上治疗各型疟疾的较理想口服治疗药"。正是因为屠呦呦等人几十年如一日的执着拼搏,才使得人类在抗疟的道路上越走越远。

6 用260页的著作"说话"

其实早在2011年,屠呦呦就因发现青蒿素而获得素有诺贝尔奖"风向标"之称的美国拉斯克大奖,当时她被人们称为"离诺贝尔奖最近的中国女人"。她当时接受媒体采访时说,科学研究要实事求是,而不是为了争名夺利。

在多年研究生涯里,屠呦呦一贯保持低调。曾有媒体电话采访她,她并不正面回答任何问题。她说去看她的那本书就够了,"这是'十一五'国家重点图书,化工出版社出版,绿皮的,吴阶平作序,宋健题词。"

屠呦呦说的那本书是《青蒿及青蒿素类药物》。媒体曾评价,作为科学家的屠呦呦,只愿意用这本260页厚的学术著作来与世界对话,对于其他更多的,她似乎无话可说。在这本书中,有一页印制粗糙的新药证书复印件,那是中国新药审批办法实施以来的第一个新药证书——(86)卫药证字X-01号。这份由中国中医研究院申报获批的证书上,并没有屠呦呦的名字。

在拉斯克奖颁奖期间,陪同屠呦呦的美国国家卫生研究院疟疾研究室研究员苏新专认为,从青蒿到抗疟药,各种各样的人的贡献肯定少不了,但拉斯克奖并没有颁给整个组织,这是因为"作为一个鼓励科学发现的奖项,拉斯克奖倾向于只授予最初始的发现者"。在拉斯克奖评审委员会的描述里,屠呦呦是一个靠"洞察力、视野和顽强的信念"发现了青蒿素的中国女人。

谈及中医药,耄耋之年的屠呦呦曾说:"中医中药是一个伟大的宝库,经过继承、创新、发扬,它的精华能更好地被世人认识,能为世界医学做出更大的贡献。我们中国人的成果被国际认可,关键是真正解决了问题,挽救了许多生命,应该用现代科学手段不断认识中医药,这是我们这一代和下一代科研工作者的责任。"

案例使用说明:

一、教学目的与用途

1.本案例主要适用于创新创业基础、创新管理等课程。

2.本文是一篇描述诺贝尔奖获得者屠呦呦创新人生的教学案例,其教学目的在于使学生对创新思维和技术创新等问题具有感性的认识及深入的思考,并从马斯洛需求层次理论、技术创新等角度分析屠呦呦发现和研制青蒿素的艰难历程与技术创新方法。

二、启发思考题

1.谈谈屠呦呦研究发现青蒿素的艰辛过程是如何体现技术创新的。

2.从马斯洛需求层次理论的角度,谈谈屠呦呦为何能成功研发青蒿素。

3.屠呦呦成功的案例,可以给我们哪些启示?

三、分析思路

教师可以根据自己的教学目标来灵活使用本案例。这里提出本案例的分析思路,仅供参考。

85岁的屠呦呦,这个"离诺奖最近的中国人"终于圆梦,成为第一个获得诺贝尔生理学或医学奖的中国人。几十年来,不为人知的她,心态平和,认真干好科研工作,科研界称之为"屠呦呦精神"。

屠呦呦的成就事实上是将中西医结合,大胆尝试、勇于技术创新的结果。任何重大的科学研究的过程都不是一蹴而就的,需要科学家长期、扎实、艰苦地工作。屠呦呦在第191次试验时,并不知道还要经过多少次试错才能取得成功,但她坚信,只要不放弃,下一个再试一次,就有可能成功。正是这份坚持与勇气使人类在治疗疟疾的道路上迈出了一大步,从而拯救了全球数百万人的生命。这就是创新创业者应有的精神和品质。同时,在技术创新的过程中,既要发挥创造者个体的作用,也要提倡团队协同研究的合作氛围。"523计划"是一个由许多人、许多单位集体攻关的项目,从青蒿素的发现,到发现动物实验有效,再到药理、毒理、质量控制、临床试验、生产工艺等一系列研究过程是科学共同体团结协作的结果。

四、关键要点

1.科学发现是一个"从无到有"的过程,实现从无到有的突破,发挥创造性思维和技术创新正是实现科学发现的重要因素。在本案例中,屠呦呦的成功模式则在于即便是在这种任务驱动的模式下,也能够积极思考、深入分析,敢于试错、大胆创新,灵活地探索不同的药物研发路线,这是取得成功的关键因素之一。

2.进行科学研究的过程,会面临各种挫折,如果能够抱着必胜的信念,进行坚持不懈的探索,在合理的科学思维、逻辑分析以及顿悟的作用下,逐步达到"难受、忍受、接受、享受"的渐进式高级阶段,是每一个科学研究人员自我实现需求的内在驱动与激励。

参考文献:

[1]黄涛,王莹.让科学回归科学:屠呦呦获得诺贝尔科学奖的启示[J].科技导报,2015,33(22).

[2]张成岗.青蒿素研发及屠呦呦获得诺贝尔奖的启示[J].科技导报,2015,33(20).

(撰稿人:江西师范大学 陈文华 陈莉莉)

向巧院士：飞机心脏的顶级服务明星

> **摘要：**
> 本案例主要介绍向巧院士在工作上的努力与创新，描述了她的自主创新精神与锐意创新品质，以及利用自己所学理论知识联系第五七一九工厂的实际情况进行企业管理改革的经历。向巧对她所在的第五七一九工厂进行了技术创新、管理创新、制度创新和文化创新，研究制定出国内第一套大修技术和工艺标准，即"柔性化、小型化、便携化、集成化"整套外场地面保障设备等维修技术，并提倡"自主管理"和"以人为本"等理念。
>
> **关键词：**
> 创新品质；创新精神；管理能力；创业者素质

0 引言

向巧，1979～1983年在南昌航空大学（原南昌航空工业学院）金属材料与热处理工艺专业学习，现任中国人民解放军第五七一九工厂党委书记、高级工程师，中国共产党第十八次全国代表大会代表，南昌航空大学兼职教授。曾先后获得"全国劳动模范""杰出青年科学家""中国优秀企业家"等10余项省级以上荣誉称号。向巧以不懈的追求，创造了不平凡的工作业绩。2015年12月，向巧当选为中国工程院院士。为什么向巧会取得如此大的成就？为什么在她的带领下工厂走向了辉煌？她的创新意志的可贵之处何在？她的创新管理有何独到之处？这些都引人深思，向巧的案例对于正在发展的企业或正走在创业道路上的公司有很大借鉴意义。

1 改革创新的使命

（1）自主创新，不辱使命

从担任技术员到走上领导岗位，向巧始终胸怀为空军建设做贡献的崇高理想和航修人的使命责任。无论是担任一线技术员，还是走上领导岗位，向巧始终致力于技术自主创新。她主持和参与了多项发动机关键修理技术难题的研究，先后获国家发明专利2项、国家科技进步二等奖1项、全军科技进步一等奖2项、全军科技进步二等奖2项、全军科技进步三等奖2项、全军科技进步四等奖1项、国防科学技术进步三等奖1项,被空军装备部评为"有突出贡献的技术专家"。

2005年,工厂承担了我国自主研制的某新型飞机配装发动机及核心燃油系统控制装置自主大修科研任务。在缺乏技术资料和技术支持的情况下,向巧带领科研团队苦心摸索、反复实验,攻克了关键技术,研究制定了国内第一套大修技术和工艺标准,全面实现了可靠性增长,并完成自主大修数百台套,为国家节约了大量维修经费。

"别人认为干不成的事,你把它干成了,这就是成功,这就是创新!"工作中的向巧一直以来都有这样一股执拗劲。就因为这股执拗劲,向巧带领第五七一九工厂科研人员刻苦攻关,自主研发21项再制造技术成果,并陆续得到应用,自主创新了具有国际先进水平的军用航空发动机再制造技术体系,打破了少数西方国家的技术封锁,填补了国内空白,为发动机整机延寿提供了技术支撑,显著提高了航空发动机的修理质量,缩短了修理周期,为国家节约了巨额的经费。该项目获军队科技进步一等奖、国家科技进步二等奖。她受邀参与制定的两项再制造国家基础标准,已获国家质检总局和国标委批准。

2009年10月,向巧在某航空兵部队质量走访时,部队谈到将赴国外执行军事任务,但随行的维护保障工装设备却因数量多、体积大,为伴随保障带来诸多不便,希望工厂能帮助解决。面临时间紧、任务重、没有经费支持等诸多困难,回厂后,向巧立即组织技术力量开展攻关,先后9次到航空兵部队、科研院校走访调研,进行数据收集、测绘,短短几个月,便自筹资金创新研制出"柔性化、小型化、便携化、集成化"整套外场地面保障设备,成功为工装"瘦身",使随行保障的运输机数量减少三分之二,产生了巨大的军事效益。

任何成就都不是一蹴而就的,丰富的技术工作经验培养了向巧对技术独有的敏感和执着,担任厂长后,向巧更是不断探索具有中国特色自主创新机制模式的有力举措。

(2)锐意改革,追求卓越

向巧总是善于利用零碎时间,如饥似渴地学习。她认为"不学习,就会跟不上形势,就会落后于时代"。长期的学习积累使她具有敏锐的观察力和广阔的视角,也是她当了厂长之后在管理上有诸多创新的根源所在。通过深入学习和思考,向巧结合企业实际吸收、消化和融会贯通管理理念,逐步有了一套自己的管理方法。因此,她在2004年大胆实施流程再造,大刀阔斧地进行了一系列改革。当年年底便全线告捷:突破传统管理方式造成的生产瓶颈,全面形成某型新装备批量修理能力,确保部队战训。军民品产值、销售收入、利税同比的增长都在两位数以上。

在探索企业发展过程中,向巧带领工厂坚定不移地走军民融合发展的路子。一方面,他们将军企在技术、质量和管理等方面的优势,有效应用于与核心主业相关的民用产品,大力进军民航发动机维修、航空零备件制造和航空检测设备制造领域;另一方面,在与数家业内国际知名企业合作时,他们又结合企业实际,引进先进管理理念,借鉴成熟的管理经验,用于军品生产。

2009年,工厂荣获了"全国质量奖"。正当全体员工沉浸在成功的喜悦之中,分享胜利果实之时,向巧却劈头盖脸给大家来了一场"降温"——立即开展"检讨式反思"大讨论,人人参与"头脑风暴"。"主题就定为'话危机、找差距、定措施、迎挑战'。"向巧斩钉截铁地说。从北京拿奖回来,向巧干的第一件事就是让所有员工保持冷静,不要骄傲。

随着空军装备的转型建设,未来的装备维修势必会向小批量、多品种的修理模式转变。向巧敏锐地觉察到这一变化,不断追求,永不满足……

2009年年底,第五七一九工厂再次掀起新一轮的改革热潮,以全面实现柔性化生产、数字化修理为目标的第二次流程再造如火如荼地展开了。流程进一步得到优化,修理设备实现随需组合,矩阵式管理使工厂组织机构高度柔性化,现场管理实现标准化、精细化、形迹化、可视化。4个月后,成效显现:某新型发动机修理周期再次大幅缩短。

2012年伊始,为了筑牢装备修理质量,消除修理过程中的人为差错,向巧又有了新的思考。她向全体员工发出了"以自主管理为抓手,提升质量效益为目标,打赢与质量安全问题做斗争的人民战争"的号召,以最大限度地调动员工的自主性和积极性。同年10月,首批启动的厂级自主管理项目只投入了20余万元,就能盘活和产生超过4200余万元的经济价值。第二批立项的厂级项目中,以提升和改进产品质量为目标的项目数占到60%以上。

2 "以人为本"的文化创新

向巧深知,企业管理的最高境界是"无为而治",而"无为"的先决条件必须靠渊博的知识做支撑。因此,向巧用先进的企业文化推动企业向现代规范化、科学化迈进,为走向文化管理,她倾注了大量的心血。

在空军蓝天文化的引领下,向巧带领第五七一九工厂围绕"以人为本"的核心理念,将企业文化建设与提升工厂管理相结合,着力培育忠诚之魂、卓越之质、和谐之本,实施文化建设工程,形成了"三个固化于制、五个显化于视;三个内化于心、五个外化于行;培育三大特质、提升五大效益"的企业文化。

为了增强全员的质量意识,向巧运用的方法可谓独具匠心。他们构建质量文化,年年开展"质量文化周";月月进行质量形势分析,在员工中刮起"质量风暴";贴近实际的案例探讨、质检成果发布、征文演讲比赛等特色活动,吸引了众多员工踊跃参加……

在厂区主干道上,还有一面"质量警示墙",图文并茂地记载着重大飞行事故,时刻警醒员工"飞机质量就是要保证百分之百"。其中,向巧倡导的质量理念尤为引人注目:"产品如人品,质量不好就是人品不好!"文化的涓涓细流,悄悄渗入了每个员工的心灵深处。

该厂的文化广场中心有一条宽六米、长百米的"星光大道",上面密密地铭刻着诸多手印。手印取自3000多名在职员工、离休老干部和退休职工,寓意每一名创业者、建设者都是企业的功臣和明星,都应被载入企业的史册。每年新员工进入工厂都要在"星光大道"前聆听前辈们创业、建业的故事。该厂道路两旁设有数十座文化灯箱,一个个质朴的形象跃然其上,有的是工厂的劳模,有的是年度技术技能专家,还有的是技能大赛的优胜者。各个分厂还纷纷设立"分享角",召开现场交流会,以员工名字命名工作法、先进班组和优秀精神……

在向巧的影响下,第五七一九工厂尊重员工的主体地位和首创精神,将隐性知识显性化,显性知识制度化,使技术创新和管理创新深深扎根于员工的创造性实践之中。2010年6月,时任中共中央政治局常委李长春同志视察该厂时指出:"企业的管理井井有条,企业的技术精益求精,企业的文化昂扬向上!"

和谐的企业文化,为工厂科学发展注入了持久动力,企业呈现出一派蓬勃生机与欣欣向荣之景,先后获得"全国文明单位""全国五一劳动奖状""全国模范劳动关系和谐企业"称号。

3 当选中国工程院院士

2015年12月7日,中国工程院官方网站公布消息,解放军第五七一九工厂向巧当选中国工程院工程管理学部院士。

向巧不断学习、刻苦攻关、锐意创新,用党的创新理论武装头脑、指导实践、推动工作,创造性地提出了符合企业自身实际的"五个统筹""保持五个先进性"等理念,引领企业科学发展,以流程再造和卓越绩效模式两个变革性管理工具为载体,推动企业全面管理创新,带领员工全面超额完成生产经营任务,圆满完成奥运空中安保、国庆阅兵保障等多个重大专项任务。她倡导"成为飞机心脏的顶级服务者"的愿景,"给飞机心脏创造新的生命,为航空发展贡献不竭动力"的使命,"诚、新、快、实、和"的核心价值观,"情系蓝天,追求卓越"的企业精神,用独具军队特色和航修特质的企业文化助推企业和谐发展,工厂成为全军唯一、西南地区唯一的"中国企业文化建设示范基地"。同时向巧还取得了突出科研成就,先后多次获得中国人民解放军科技进步奖一等奖、二等奖等奖项,获得多项国家发明专利并出版相关专著。

挥戈蓝天,亮剑苍穹,保卫祖国领空的"制空权"必须拥有一支思想、技术、质量"三过硬"的航空装备维修保障队伍。在前行的道路上,第五七一九工厂这支航空装备保障之师面对未知的艰难险阻,从来未曾退却。向巧带领的攻坚劲旅,在中国特色的自主创新之路上,留下了一串串闪光的奋进足迹。

案例使用说明:

一、教学目的与用途

1.本案例主要适用于企业创新、创新精神等课程。

2.本文是一篇描述向巧锐意进取的教学案例,其教学目的在于使学生对自主创新和企业管理创新、思维创新等问题具有感性的认识及深入的思考,从创新角度去分析问题,并提出相应的解决方案。

二、启发思考题

1. 向巧的创新精神对你有哪些启发？
2. 你认为向巧对第五七一九工厂进行技术、管理、文化以及制度层面上的全面改革的原因是什么？成效如何？
3. 你如何看待向巧对第五七一九工厂的创新性管理？
4. 你认为向巧成功的根本原因是什么？

三、分析思路

教师可以根据自己的教学目标来灵活使用本案例。这里提出本案例的分析思路，仅供参考。

向巧多次将自主创新精神运用到技术、工厂管理、文化及制度层面，正是她的锐意创新促进了工厂的繁荣。在技术上，向巧多次参加关于修理技术难题研究，利用自己的学识成功地研究制定国内第一套大修技术和工艺标准，"柔性化、小型化、便携化、集成化"整套外场地面保障设备等维修技术；在工厂管理上，向巧结合企业实际吸收、消化和融会贯通先进的管理理念，对工厂大刀阔斧地改革，促使军民品产值、销售收入、利税同比增长，并且提出"军民融合发展""柔性化生产、数字化修理"等发展举措，推动工厂进一步发展；在制度上，向巧创新性提倡"自主管理""提升质量效益""与高校携手培养专业人才"等举措，促进了员工自主管理与发展，并且为航空动力维修事业培育人才储备主力军；在文化上，向巧提倡"以人为本"，巧妙地将企业文化建设与提升工厂管理相结合，实施文化建设工程，并且经常举行各种文化活动，通过"质量警示墙""星光大道""分享角"等传播企业文化，这些创新方式有效地使技术创新和管理创新深深扎根于员工的创造性实践之中。正是向巧的锐意创新精神，使得她带领的攻坚劲旅，在中国特色的自主创新之路上，留下了一串串闪光的奋进足迹。

四、关键要点

1. 锐意创新的品质是向巧取得成功的关键所在。(1)管理上，向巧引进企业先进的管理理念，并结合实际对工厂进行一系列大刀阔斧的改革，突破传统管理方式造成的生产瓶颈，有效地实现工厂的全面发展。(2)技术上，向巧自主研发新技术，并多次参加关于修理技术的难题研究，利用自己的学识深入探究，为国家做出了众多贡献。(3)文化上，向巧提倡"以人为本"，将企业文化建设与提升工厂管理相结合，并开展众多文化活动以促进员工自主创新，提高员工自我学习能力，进一步带动工厂发展。(4)制度上，向巧提倡"自主管理""提升质量效益"，主动调动员工的积极性，为员工搭建学习发展的平台，有效地促进了员工发展。

2.高超的领导者素质成就了向巧的创新管理风范。领导素质指在先天禀赋的生理和心理基础上,经过后天的学习和实践锻炼而形成的在领导工作中经常起作用的基础条件和内在要素的总和。正是因为向巧的领导魅力,使她在管理、技术、文化和制度上不断创新并取得辉煌成就。

3.有效的团队管理及密切的团队合作助推了向巧的成功。团队管理指在一个组织中,根据成员工作性质、能力组成各种小组,参与组织各项事务,以提高组织生产力和达成组织目标。团队合作指的是一群有能力、有信念的人在特定的团队中,为了一个共同的目标相互支持、合作奋斗的过程。向巧在处理任何技术难题时都与自己的团队一起分工合作,及时有效地解决难题。注重并加强对团队的管理,是向巧事业取得成功的重大保证。

参考文献:

[1] 陈劲,郑刚.创新管理:赢得持续竞争优势[M].2版.北京:北京大学出版社,2013.
[2] 陈晓辉.创新战略与标准战略互动作用的思考[J].中国标准化,2014(10):96-99.
[3] 李士,徐治立,李成智,等.创新理论导论[M].合肥:中国科学技术大学出版社,2009.
[4] MENDOZA R U, THELEN N. Innovations to make markets more inclusive for the poor[J]. Development Policy Review,2008,26(4):427-458.

(撰稿人:南昌航空大学 余长春)

褚时健:影响中国企业家的企业家

摘要:

本案例以褚时健由"烟王"逆袭为"橙王"的86年风雨人生为背景,描述了一个曾经登顶"中国烟草大王",却不幸从人生巅峰跌落谷底,遭遇牢狱之灾、丧女之痛,经历种种打击却没有被摧毁的耄耋老人,如何"触底反弹"逆袭为"橙王"的事迹。这一案例为创业者直面残酷现实提供了借鉴。

关键词:

创业精神;二次创业;烟草大王;褚橙

0　引言

褚时健(1928~2019),1994年被评为全国"十大改革风云人物",是中国最具争议性的财经人物。1979年,刚刚摘掉"右派"帽子的他受命执掌濒临倒闭的玉溪卷烟厂(红塔集团的前身),通过18年的努力使"红塔山"成为中国名牌,使玉溪卷烟厂成为亚洲第一、世界前列的现代化大型烟草企业。

曾经的"中国烟草大王"从人生的巅峰跌入谷底,身陷囹圄,名利尽毁。2002年罹患严重糖尿病的他,几度昏倒在狱中,只得保外就医,那时他已一无所有。2003年,他向朋友东拼西凑,在哀牢山承包了2000多亩荒地,开始了第二次创业,耄耋之年东山再起,老骥伏枥,志在千里。

褚时健再次成为大家感兴趣的话题,是因他种出中国味的"褚橙","触底反弹"逆袭为"橙王",成为"影响中国企业家的企业家"。

1　坎坷人生

褚时健,1928年生于云南省玉溪市华宁县一个农民家庭。少年时父亲去世,母亲忙于家务和地里的农活,褚时健支撑着家里的小酒坊,承担了自己和弟弟妹妹们的学费和生活费。

1949年,参加云南游击队,任指导员。

1959年,31岁的他被打成"右派",带着妻子和唯一的女儿下农场参加劳动改造。

1979年10月,51岁刚刚摘掉"右派"帽子的褚时健出任玉溪卷烟厂厂长。

1990年,被授予全国优秀企业家终身荣誉奖。

1994年,被评为全国"十大改革风云人物"。

1995年2月,被匿名检举贪污受贿。之后被判无期徒刑,剥夺政治权利终身。

2002年春节,因为罹患严重的糖尿病获批保外就医,并且限制在老家一带活动。

2003年,75岁的褚时健二次创业,与妻子马静芬承包哀牢山2000多亩荒山种橙。

2008年,减刑至有期徒刑12年。

2011年,刑满释放。

2012年11月,褚时健种植的"褚橙"通过电商开始售卖,并首次大规模进入北京市场。他再次成为拥有35万株冰糖橙的亿万富翁,逆袭为"橙王"。

2014年12月18日,褚时健荣获由人民网主办的第九届人民企业社会责任奖特别致敬人物奖。

2018年,云南褚氏果业股份有限公司成立,90岁高龄的褚时健任董事长。

2　知天命之年,第一次创业

1979年,51岁的褚时健临危受命出任玉溪卷烟厂厂长,当时玉溪卷烟厂只是云南数千家默默无闻的小烟厂之一。他在这破败的烟厂里,开启了跨越式的革命。

对一个在生产一线工作过近 20 年的资深企业人来说,他对于"工欲善其事,必先利其器"有切身的体会,更新生产设备是提升利润的关键点。1984 年,褚时健抓住国家允许部分企业可以贷款外汇来引进先进设备的机会,决定申请贷款 1000 万美元的资格,用于引进一条德国生产线及追加几台英国卷接机。在申请会议现场,褚时健发现其他企业根本没人敢要这些外汇贷款,于是他趁会议中场休息时,把同去出席会议的总工程师拉出会场,冲进附近一家小餐厅,拿着筷子,蘸着米汤,在餐桌上把如果追加贷款工厂还贷的各种数据一一列出并计算。当米汤汁铺满了大半个桌面时,褚时健起身回到会场,告诉上级领导:我们申请 2300 万美元的贷款资格。

这几乎是一个逆天的申请,全场人都替褚时健担心,只有他自己毫无畏惧,在写下了"三年还清贷款,税利每年递增一亿元"的保证书后,褚时健如愿了。

有了先进设备的带动,褚时健开始和原料较劲,他把农民的烟田变成烟厂的"第一车间"。褚时健常常自己一个人叫上司机就前往下面种植烟草的县视察,其他烟厂的人三天看一个县的烟叶,褚时健一天就可以看三个县的烟叶情况。褚时健对烟叶成熟后的斑点分布都非常在意,拿到一张烟叶,随便一摸一闻,他就能知道烟叶的生长时间为多长。

褚时健大胆改革,带领红塔集团崛起并步入巅峰。玉溪卷烟厂从 1979 年最初的 27.5 万箱,到 1996 年增长到 225 万箱,平均每年递增利税 43.93%,最高一年的利税达到 228 亿人民币,是很多贫困省份利税总额的几倍。1988 年 7 月,玉溪卷烟厂已名列全国利税上缴企业排行榜第五位;到了 20 世纪 90 年代中期,玉溪卷烟厂的年利税达到 200 多亿元,占云南财政收入的 60%,稳坐中国烟草第一把交椅。玉溪烟厂生产的"红塔山"香烟成为最紧俏的商品,玉溪烟厂成为财富的代名词——"印钞工厂"。玉溪烟厂在其他行业尚对洋品牌高山仰止的时候,率先实现了国货强大的梦想。褚时健用市场业绩创造了神话,他本人旋即被推入神话的中心,时称"中国烟草大王"。

3 古稀之年,第二次创业

2002 年春节,70 多岁的褚时健因为罹患糖尿病,办理了保外就医,活动限制在老家一带。妻子马静芬被关押了几年后健康状况也并不理想。遭受这场人生劫难之后,这个家庭的每一个人都有了切肤的伤痛:老夫妇经历牢狱之灾;女儿故去;儿子远走他乡;孙女独自在国外求学;外孙女无人照顾,在朋友家生活了几年后也出国读书。

灭顶之灾没有把他击垮,他向朋友借钱在哀牢山承包 2000 多亩荒山种植"褚橙",白手起家开始人生第二次创业。

75 岁的褚时健和妻子在橙园搭了工棚,吃住都在那里。褚时健大概是一旦投入到事业中,就会浑然忘我的人。从 2000 多亩荒地开发出来种上橙苗开始,他就成为一个细心钻研各种农业种植书籍的人,一个有空就去地里看土质的人,一个到处请教农科人员、不断改善肥料配比的人。

这个没什么爱好的老人,买来书店所有关于果树种植的书,一本一本地看。在四处求教和钻研书籍后,褚时健改善了种植方法。在他看来,最好的橙子不应该仅仅只有甜味,还应该带有一丝微酸,果汁停留在嘴里的时候,能够让人感到一种自然的滋味,"水分也要充足,果皮也要能够用手剥开,这才是一个好橙子"。

橙子挂果时,褚时健年年都会遇到不同问题,果树不是掉果子,就是果子口感不好。6年后,第一批褚橙挂果,口感偏酸,并不好吃。褚时健并没有着急销售,而是四处寻找让橙子更好吃的办法。

为确保二次创业的成功,他对质量把关极严,品种不好的、个子太小的、质量不好的橙子,他都让农民摘掉,这是怕别人说:这是褚时健种的橙子,如果差了,丢脸,也坏名声。

经过摸索,褚橙的酸甜比保持在符合中国人口味的"1∶24"。创造出中国口味的褚橙2010年上市,很快就风靡昆明的大街小巷。当时有媒体报道称"褚橙"十二三元一公斤的出厂价,比昆明市面上十元四公斤的普通橙子高出数倍,可是不出云南省就卖完了。这几年,云南市面上其他大小品牌的橙子都会避开"褚橙"上市。

2012年和2013年,"褚橙"先后通过电商走进"北上广"三大城市,"励志橙"受到了众多网友的热捧,"北上广"更是上演着排队购橙的盛况。褚时健的橙子已经卖到了川渝、东南沿海、西北,以及遥远的新疆和内蒙古。

褚时健的果园越做越大,2008年的纯利润是1800万元。2009年,果园的产量比头年提高了1000余吨。2014年,他的果园年产橙子8700吨,利润超过3000万元,固定资产8000万元,跟他种橙的120户农民,每年可以挣3万到8万元。这个带着强烈褚时健精神色彩的果园,走到了其二次创业以来的顶峰。

85岁的褚时健从"烟王"逆袭为"橙王",只要谈及"褚橙",便神采奕奕,硬朗而充满活力。2014年12月18日,褚时健荣获由人民网主办的第九届人民企业社会责任奖特别致敬人物奖。这个中国最具争议性的财经人物,曾经的"烟草大王",如今闭关十年磨一剑,逆袭成为"橙王"。

案例使用说明：

一、教学目的与用途

1.本案例主要适用于创业精神、创业基础等课程。

2.本文是一篇描述一个古稀之人在人生低谷"触底反弹",第二次成功创业的教学案例,其教学目的是通过了解一个成功创业者如何直面残酷现实,"触底反弹"强劲逆袭,理解"衡量一个人的成功标志,不是看他登到顶峰的高度,而是看他跌到谷底后的反弹力"的内涵,从而感性认识企业家精神,激励学生的创业激情。

二、启发思考题

1. 褚时健七八十岁创业成功靠的是什么？
2. 为什么说褚时健是中国最具争议性的财经人物？
3. 褚时健被认为是"影响中国企业家的企业家"，在他身上体现出哪种中国企业家精神？
4. 你怎样理解创业任何时候都"为时不晚"？

三、分析思路

教师可以根据自己的教学目标来灵活使用本案例。这里提出本案例的分析思路，仅供参考。

根据本案例的叙述，有人认为褚时健第二次创业选择种"褚橙"，是因为心理不平衡。褚时健自己也说过类似的话，"现在的国企老总一年收入几百万、上千万，我也不想晚年过得太穷困"。也有人说，褚时健是想证明自己。他老伴马静芬也曾说："以前社会上有很多人说，你褚时健搞烟厂搞得那么好，那是因为政策好，云南烟得天独厚，烟厂交给挑扁担的都成。他做果园，就是想否定这个。"

不管世人怎样评说，褚时健到85岁仍未丢弃自己的性格标签。褚时健曾说："我这个人的性情就是不服输，用句时髦的话说，'看重自我价值的证明'。人一辈子都要干事情，任何境况下，都要有所作为。只要活着，就要干事，只要有事可做，生命就有意义。""我这一生的追求很简单，不管是给国家干还是为自己干，我都有一个不变的追求，沾着手的事情就要干好，大事小事都一样。"

四、关键要点

1. 褚时健第一次创业是作为一名国有企业的掌门人，他充分利用当地得天独厚的自然条件和政策支持，大胆改革创新，把破落的地方小厂打造成创造利税近千亿元的亚洲第一烟草企业。

2. 褚时健第二次创业是一个身在狱中、罹患重病保外就医的古稀老人，他白手起家，借钱承包老家哀牢山的荒山种"褚橙"。85岁时创造出中国口味的"褚橙"，让曾经的"烟王"触底反弹逆袭为"橙王"。

（撰稿人：江西警察学院　谢金梅）

李玲玲：中国女大学生创业第一人

摘要：
本案例以"中国女大学生创业第一人"在创业道路上的成长为背景，描写了创业者在创业初期、创业挫折期、创业平稳期的心态变化，这一案例对创业者在创业过程中保持创新精神、创业激情具有启发作用。

关键词：
女大学生；创业失败；创业精神

0 引言

李玲玲被称为"中国女大学生创业第一人"。她于17岁发明了"高杆喷雾器"并首次获国家专利，大三时已经拥有7项专利，她发明的防撬锁在第七届中国专利博览会上获金奖。她曾拿到10万元的创业风险基金，注册了天行健科技开发公司，但不到一年时间就倒闭。在经历第一次创业失败后，她仍然保持创业激情与动力，通过创新产品的研发和市场的对接，重新步入创业正轨，并在创业道路上稳扎稳打，一步一个脚印。目前，李玲玲任武汉市"天使投资创业导师"，武汉海纳科技、武汉美钰人生珠宝公司董事长，武汉银融信息软件产业园有限公司执行总经理等职务。创业精神能对我们的创业过程产生怎样的影响？"中国女大学生创业第一人"案例对许许多多正走在创业路上的创业者是有启发意义的。

1 女大学生创业第一人

李玲玲，湖北宜昌人，华中科技大学新闻系毕业，先后任武汉天行健科技开发有限责任公司总经理、武汉海纳科技有限公司董事长、武汉市"天使投资创业导师"、武汉美钰人生珠宝公司董事长、武汉银融信息软件产业园有限公司执行总经理。她曾荣获"亿利达"青少年发明奖（由诺贝尔奖获得者杨振宁亲自颁发证书奖牌）、第七届中国专利技术博览会金奖、"挑战杯"中国首届大学生创业计划大赛优秀奖、中国大学生"五四"奖学金，拥有7项实用新型专利，是湖北省十大杰出青年之一。

李玲玲当年也因专利技术获得了大学生创业风险投资,开始创业之路,成为"中国女大学生创业第一人"。公司创办后,因内部利益关系错综复杂,最终李玲玲与投资公司合作关系破裂,公司随即陷入资金困境,不久宣布倒闭。在聚光灯关注下的"中国第一位女大学生老板"不到一年的时间,局面发生逆转,甚至有媒体以"造神运动的失败"来形容李玲玲的创业境遇。面对着巨大的压力,她不愿轻言放弃,于是她又注册了自己的科技公司。

这一次没有巨大的风险投资,也没有媒体的镁光灯,她安静地签署完协议,心中只有一个信念:我的专利是有用的,我不是花瓶,我愿意从零做起。具有创新和创业精神的她创办了自己的网站——"大学生创业网",注册成立了武汉海纳科技有限责任公司,主要从事大学生素质拓展推广项目、软件开发、网络工程以及专业技术的开发和销售。不管怎样多元化发展,她始终没有忘记把自己的专利转化为实用型产品的心愿。当时李玲玲还有一个以专利为核心技术的海纳防盗门厂,她把自己的门锁技术改进后顺利地将这一技术应用于防盗门的生产。产品市场反映不错,她由此打开了创业的局面,防盗门也成为公司的核心业务,最终公司成了一家行业内小有名气的防盗门企业。随后,李玲玲化身"创业导师"出现在大学生创业指导讲座中。在青桐汇女性创业者专场上,李玲玲站在讲台上分享创业的抉择。2013 年,李玲玲把原来的公司交给职业经理人打理,和合伙人斥资千万元投资珠宝行业,致力于翡翠玉器的经营。

现在李玲玲应该算得上是一个颇有资产的成功女企业家,同时操盘多个项目,旗下员工超过 500 人。多年的创业积累,让她身上又多了"湖北省创业十大领军人物""武汉天使创业团导师"等新标签。经受住了鲜花和掌声的考验,同时也经受住了风雨和坎坷的磨砺,还有什么能阻碍一个创业者前进的脚步呢? 16 年,一个女人最美好的青春都交给了最初的创业抉择,李玲玲也完成了她的蜕变。

2 "金点子女孩"合作创业受挫

1999 年,年仅 21 岁的李玲玲在华中科技大学念新闻系,她热爱文学,梦想成为吴小莉一样的记者。

不过,文科出身的她从小爱动脑筋,遇到问题喜欢自己想办法解决,从小到大倒腾过不少小发明。17 岁那年,她因发明了"高杆喷雾器"而获奖,由诺贝尔奖获得者杨振宁亲自颁奖。大三时,她已经拥有了 7 项专利,其中一项防撬锁专利在第七届中国专利博览会上被评为金奖。经过媒体报道后,李玲玲成为学校的"金点子女孩",她和她的实用性专利也引起了一些公司的注意。

李玲玲依靠着她的两项发明专利注册了属于自己的武汉天行健科技开发有限责任公司。她注册公司的 10 万元资金不是自己打工挣的,也不是父母资助的,而是由一家风险投资公司提供的,因此她成为全国第一位接受风险投资的在校大学生。

双方协议,担任董事长和总经理的李玲玲,独立负责公司的经营活动;投资公司监督风险金的使用并承担全部投资风险,同时为天行健公司无条件提供贷款担保,如果李玲玲创业失败,他们将不再追索风险金以及收益。也许双方的合作在一开始就埋下了矛盾和失败的种子。2000年7月,不到一年的时间,李玲玲与投资公司已是矛盾重重,从股权纠纷到融资渠道和产品开发的分歧,终于导致李玲玲和投资公司合作破裂。投资方停止注入资金,而双方协议中约定的60万元资金最终仅到账10万元,缺少了股东支持的她只能勉力支撑公司运营。最终公司陷入瘫痪,账面资金仅剩800元,宣告破产。

3 逆境中独立创业成功

不到一年的时间,局面发生如此逆转,甚至有媒体以"造神运动的失败"来形容李玲玲的创业境遇,她面临着巨大的压力。执拗如她,却不愿轻言放弃,于是她又注册了自己的科技公司。这一次,为了支撑公司的运营,她同时做起了多个不同的项目:办创业网站,做大学生教育培训,还有依托自己专利的防盗门制造,等等。

公司的教育培训业务刚开办没有任何名气,又没有钱投广告,李玲玲只好带着员工半夜到各大学校刷海报。那一年,趁着深夜武汉各大高校校园的保安和门卫已经睡熟了,她就带着员工出现在高校的宣传板下,提着糨糊桶,把车当云梯,一堵墙一堵墙地刷海报,确保第二天别人贴广告时不会被完全覆盖。就这样,公司开始有了一些业务。

2003年,公司的发展面临着一些无法突破的障碍,如何让公司进一步发展,以她当时的知识和经验都无法解决的,所以李玲玲选择到武汉一家公司打工,希望从中寻找答案。回忆这一年的打工经历,李玲玲说:"在打工时,我看到很多东西是老板看不到的。角色的转换,让我从不一样的角度了解了更多以前看不到的东西。我意识到对管理者来说,企业的发展是需要从多方面来考虑的,自己当初的很多想法都很片面,需要沉下心来,脚踏实地地走好每一步。"

不管怎样多元化发展,她始终没有忘记想要转化自己的专利的心愿。从2004年开始,李玲玲把主要精力放在防盗门和装饰装潢上面。"在商界,诚信是最宝贵的!"李玲玲为了保证产品质量,曾经推掉过200多套防盗门的集体订单,也婉拒过浙江多家企业"贴牌"扩张的要求。遇到钢板价格上涨,一些防盗门生产商纷纷降低标准,改用薄钢板生产,而李玲玲仍坚持原来的规格。"公司有三个月没有任何利润,但产品的信誉就是这样建立起来的。"

2006年,在江夏的"海纳"工厂里,是一片繁忙的景象,年仅28岁的李玲玲,带着近百名员工生产通过自己专利转化的防盗门。她曾经是中国最早"吃螃蟹"的人,7年间,她的经历比一般的同龄人更坎坷,也更精彩。

经过十多年的发展,她的公司渐渐站稳脚跟,公司也由低谷时期的4个人发展为160多人的稳定团队,产值达几千万元,涉足防盗门等多个领域。

回顾自己初次创业的挫折,李玲玲说,当初走上创业的道路是自己的爱好和外部良好机遇的结合,就像一粒沙进入蚌壳内,而后历经漫长艰辛的由沙变珠的过程。这条不平坦的创业之路,有荆棘,有挫折,但不管怎样,她都会坚定地走下去,希望生成一颗美丽的珍珠。创业不应该成为瞬息即逝的流行色,而应该成为水到渠成的一种需求。

4　成功的女企业家

2013年,李玲玲把原来的公司交给职业经理人打理,和合伙人斥资千万元投资珠宝行业,涉足翡翠玉器经营。"哪个女人不爱风花雪月?哪个女人不爱阳春白雪?"李玲玲说,"我花了十年的时间,才终于摆脱了很不喜欢的事情。"

虽然她毫不掩饰自己对于珠宝的喜爱,不过她明确表达了投资这个行业是因为看好这个行业的商机。随着珠宝公司的发展壮大,她在2014年年底又操盘起一家商业地产公司。

新的公司在起步阶段,她自称忙得"一塌糊涂",有时一天连开好几个会议。不过,在她那装修得古色古香的办公室,除了长得繁盛的花草,一张泡茶的矮桌,门口对着的书桌上还摆放着笔墨纸砚,一叠纸墨迹尚新。与此同时,一个百万元的单子也在她笔下悄然签订。

案例使用说明:

一、教学目的与用途

1. 本案例主要适用于创业教育、创业精神等课程。
2. 本文是一篇描述"中国女大学生创业第一人"的教学案例,其教学目的在于使学生对创业过程中的挫折做好心理准备,并对作为创业者如何保持自身的创业精神,以及创新如何作为核心竞争力等问题进行深入的思考。

二、启发思考题

1. 你如何评价"中国女大学生创业第一人"的创业经历?
2. 你如何看待李玲玲创业初期的选择?
3. 分析"中国女大学生创业第一人"的初创受挫和创业成功的原因。
4. 如果你是李玲玲,在创业路上应该如何保持自身的创新精神?

三、分析思路

教师可以根据自己的教学目标来灵活使用本案例。这里提出本案例的分析思路,仅供参考。

根据本案例的叙述,"中国女大学生创业第一人"李玲玲,在17岁时发明了"高杆喷雾器"获国家专利,大三时已经拥有7个项目专利,发明的防撬锁在第七届中国专利博览会上获金奖,受到社会媒体关注和投资公司的青睐,拿到10万元的创业风险资金,注册成立天行健科技开发有限责任公司。但不到一年时间,李玲玲与投资公司却是矛盾重重,从股权纠纷到融资渠道和产品开发的分歧,终于导致李玲玲和投资公司合作破裂。李玲玲在经历第一次创业失败后沉淀反思,仍然保持创业激情与动力,继续注册公司,到企业打工磨炼,保持经营诚信和创新力,引领创业,通过专利转化成功创办防盗门企业。经积累沉淀后,她保持旺盛的创新创业动力,16年打拼创业之路逐步平稳,终于成为一名成功的女企业家,同时操盘多个项目,旗下员工超过500人。如今她已成为"湖北省创业十大领军人物""武汉天使创业团导师"。在创业道路上难免遇上挫折,但是她不忘初心,始终坚持创新创业的信念,不断反思调整,依靠创新的核心竞争力和持之以恒的创业精神,在创业之路上走稳走远。

四、关键要点

1.创业精神是创业者永葆激情和动力的基础,富有创业精神有助于我们在创业路上越走越远。在本案例中,正是由于李玲玲本身所具备的创业精神,让她在16年的创业过程中获得了鲜花和掌声,同时也经受住了风雨和坎坷的磨砺。现在她依然在创业的道路上坚持着,且向多元化发展。

2.创新意识是提高创业效果的关键因素之一,正是得益于专利技术的创新转化,李玲玲的创业之路才峰回路转,可见创新意识对创业成功具有举足轻重的作用。

参考文献:
王新文.大学生全程就业指导[M].南京:南京大学出版社,2009.

(撰稿人:江西现代职业技术学院 周亨炉)

第四章
创新创业团队的案例

微软中国的团队建设

> **摘要：**
> 　　本案例以微软中国的团队建设为素材,描绘了团队建设的过程。这一案例为创新创业团队的组建和管理提供了可借鉴的方法和理念。
> **关键词：**
> 　　微软中国;高科技企业;团队建设

0　引言

欧美等国家率先发展知识经济,很多欧美高科技企业已经在这方面做了大量实践。美国微软公司是其中杰出的代表,它的成功依赖于多种因素,其中之一是它在基层管理团队建设方面的举措。微软中国承袭了这个优点,微软中国在基层管理团队的人员选拔、团队互补、共同愿景、相互信任、风格塑造、激励和持续建设等方面进行了不懈努力,打造出了一支高绩效的基层管理团队,为整个公司的业务发展提供了有力支撑。

微软中国的发展历程是当代中国高科技企业成功发展的一个缩影。微软中国公司不仅仅是因为其领先的技术而成功,更重要的是其卓越的管理使得企业呈现出长期不懈的创新能力。而这样强大的创新能力恰恰是基层管理团队高效运作,带领一线优秀员工创造出来的。十多年来,中国涌现出了一大批高科技企业,其中不少企业利用科技创新奠定了良好的基础,占领了一定的市场份额,逐渐发展壮大。而对于这些初具规模的高科技企业,仅仅依赖一两个卓越的领导者和一两个拳头产品是难以持续发展的。因此,营造良好的企业文化,吸引优秀人才,保持企业创新能力,对高科技企业尤为重要。一个高效的基层管理团队是其中至关重要的环节和基石。本案例通过介绍微软中国在基层管理团队建设的成功经验,希望能给中国高科技企业及创业者提供一些启示。

1　微软中国

微软于1992年在北京设立代表处,1995年成立微软(中国)有限公司。在中国,微软始终以与软件产业共同发展为目标,加强与政府、合作伙伴和客户的密切联系,通过资金、技术、人才和市场等多个方面支持国家的信息化建设,推动信息产业和知识经济的发展,实现共赢。十多年来,微软中国的规模不断壮大,分支机构和业务覆盖全国,涵盖基础研究、产品开发、市场销售、技术支持和教育培训等多个层面。当前,微软在中国有5000多个合作伙伴。中国已经成为微软全球最重要的战略市场之一,微软中国也已成为微软除美国总部以外机构设置最全面、功能最为完备的子公司。作为负责任的企业公民,微软致力于成为中国政府可信赖的合作伙伴,通过自身的技术优势帮助解决国家发展过程中的首要问题和社会需求。微软与政府有关部门及其他机构合作,利用软件和信息技术支持中国的医疗卫生体系改革、教育改革和环境的可持续发展,同时积极推动缩小数字鸿沟,以帮助各层次、各地区的人们挖掘自己的最大潜能。企业是讲求团队运作的,比尔·盖茨先生和他的微软公司能在今天称雄于软件王国,这与他致力于打造学习型的激情团队是分不开的。微软最成功的不是做软件,而是建立团队。

2 微软中国公司基层管理的优秀团队

微软公司作为一家高科技企业,创新、发展是其核心动力。在创新、拓展的同时,随着业务发展,员工人数和管理团队也不断增多。当前,微软公司的基层管理团队是一支十分年轻且具有活力的团队,大部分成员在30岁左右,普遍受过良好的高等教育,工作积极主动,敢于迎接挑战。而团队的凝聚力、协助性十分卓越,他们大多从一线员工中选拔出来。从微软的产品研发、战略调整、业务整合扩张的速度和周期上,我们都可以感知微软自上而下的管理十分有效,其中基层管理团队所起的桥梁作用不可忽视。正因为有这样高效优秀的基层管理团队,企业才能吸引并保留那些优秀人才,才可以使优秀人才在微软这个平台充分发挥其创新能力,才能使企业的战略目标得以实施,才能使业务蒸蒸日上。

微软对一线员工的组织不局限于简单的群体,不满足于"1+1=2"的群体绩效。这是因为作为高科技企业,员工的创新能力作为重要的生产要素对业绩有着巨大的影响力。微软崇尚团队协作,认为协作良好的团队可以使团队成员相互促进、互补,激发创新能力,使整个团队表现出"1+1>2"的效果。反之,涣散、保守的团队可能使成员相互产生负面影响,约束创新能力的发挥,甚至会造成"1+1<2"的局面。作为基层管理者,其重要使命之一就是打造协作良好的团队。同时,保持团队的合理流动性也十分重要,一个运作良好的团队如果人员流失太快,其成员的协作水准很可能由于新成员过多、成长不及时而降低,团队文化也难以延续,最终使团队绩效下降。如果团队的人员流动性过低,作为一线的团队,很可能缺乏革新动力,有时会进一步削弱团队的创新能力。因此,保持团队的合理流动性对于高科技企业的基层管理者也是努力方向之一。

3 基层管理团队的组合与互补

作为一个高绩效的团队,其成员往往体现出互补性。基层管理团队成员都身处基层,他们本身都负责一些具体业务的执行,同时需要面对训练团队、完成绩效等多种事务。在微软,由于公司组织十分庞大,跨部门协作是经常性的需求。怎样寻找能够相互促进、相互配合的人员以构建一个基层管理团队,往往依赖具体的场景和业务类型,除了性格因素外,团队成员的经验、能力、职业背景也需要相互协调。在微软中国公司,基层管理团队的互补与配合体现在许多不同方面,比如文化背景、年龄、性别等。这主要取决于具体的业务需求,根据实际情况而定。从一线员工到基层管理者,不同文化背景的互补十分重要。而在用户体验部门,由于女性天生的细腻对于用户体验和关怀比较占优势,所以女性员工的比例显然高于其他部门。为了实现基层管理团队的互补与配合,团队的领导者需要对每个成员有全面的了解。除了面试或推荐人给予的信息外,微软员工的职业发展与评估框架也起十分重要的作用。框架里记录了各成员的业绩、经验和能力。当基层管理团队的成员需要调整时,如果新成员来自本部门,部门经理就十分清楚其职业发展的历程,会更有把握判断新成员在团队中的角色,从而充分发挥新成员在团队中的作用,实现互补与配合。

4 塑造高绩效团队的秘诀

保证微软中国团队和谐的重要因素之一是交流。在这方面,微软中国更有自己的特色。微软人认为,交流是沟通的核心,是解决问题的有效途径,也是团队精神的体现。在微软,沟通方式有 e-mail、电话、个别讨论等,而"白板文化"是最典型的。"白板文化"是指在微软的办公室、会议室,甚至休息室都有专门的可供书写的白板,以便不同人员随时记录某些思想火花或一些建议。这样有什么问题都可及时沟通,及时解决。另一值得一提的交流方式是在老板和员工之间。公司里有"一对一"的谈话习惯,老板定期找员工谈话,谈话内容很随意,可以不涉及工作,只是谈理想、谈生活,甚至谈孩子。"白板沟通"和"一对一"谈话都对微软团队的和谐起到了很大作用。

微软在总结国内企业管理中存在的问题时,将企业分成三个不同阶段:处于第一阶段的企业有一个神人、超人,所有的规章制度都是由他说了算;第二个阶段的企业把决策者的思想变成了规章制度,然而,规章制度的管理要设计并实施,监督的成本很大,员工可能不喜欢这种规章制度;第三个阶段则是对文化的管理。微软中国公司的前任总裁高群耀说:"岗位可能只有一个,涨薪也许会让你高兴 15 分钟,但人作为社会人,会有很多需求,比如自信心、成就感、被大家认可的感觉等。业绩好的时候希望听到赞美,希望领导知道;心烦意乱的时候,希望找人倾诉。如果满足了他们'内在的需求',激发出其内在的热情,则会产生长期的激励效果。"

微软的团队精神是微软文化管理的重要组成部分。团队精神激发了人们内心中美好的一面,团队的力量帮助大家实现工作目标,获得个人价值,团队沟通让微软员工在企业内部获得社交需求的满足。

案例使用说明：

一、教学目的与用途

1. 本案例主要适用于团队建设等课程。
2. 本文是一篇描述微软中国团队建设的教学案例，其教学目的在于使学生对企业团队建设等问题具有感性的认识及深入的思考，从公司高度重视、完善的组织架构支持、一整套行之有效的制度与措施、一致的文化建设等方面提供团队建设的解决方案。

二、启发思考题

1. 微软团队建设的特征是什么？
2. 你认为管理一群优秀的、有鲜明个性和主见的人应注意什么？
3. 我国企业可否借鉴微软团队建设的经验？为什么？

三、分析思路

团队是一种为了实现某一目标而由相互协作的个体组成的正式群体。现代企业的竞争就是团队间的竞争，就是团队协作能力的竞争。精诚合作的团队精神是企业成功的保证。因此，微软中国公司从创业之初就注重高效团队的打造。团队合作精神是微软价值观的核心，也是比尔·盖茨高度重视的重要品质。微软有六个核心价值观：一是正直、诚实；二是对客户、伙伴和技术满怀热情；三是尊敬他人、以诚相待；四是勇敢面对挑战和征服挑战；五是自我批评、不断提高、追求卓越；六是忠于职守。在确定了这种价值观后，微软的员工会以强烈的合作意识开展工作。

相互信任是高绩效团队的核心基础。没有信任，就没有成员的高绩效，当然也不可能塑造高绩效团队。共同参与，保证了团队成员各司其职。公司需要高效的团队协作来使信息得到广泛的共享，让每一个员工的工作都可以"建立在大家共同努力的基础之上"。要做到这一点，一方面靠丰富的知识储备，另一方面还依赖于员工彼此之间信息的充分交流。

微软人认为，交流是沟通的核心，是解决问题的有效途径以及团队精神的体现。激励机制是塑造高绩效团队的保证，这种激励机制的优化，激发了员工的创造性和敬业度，而这些正是微软这种知识性公司赖以持续发展的动力所在。微软公司正是特别重视基层团队的管理建设，并以此保证长期的创新能力，取得了很大成功。

四、关键要点

1.团队建设不是一锤子买卖,不能够一蹴而就,更不能放任自由。微软基层管理团队的建设是长期性、持续性的。一方面,微软通过系统化的会议、活动、培训、考核来维护团队,保持团队活力和凝聚力。另一方面,微软也创造条件为基层管理团队的成员提供更广阔的学习交流天地,为基层管理者的自身发展与提升提供更多的渠道。在本案例中,微软中国一套行之有效的制度和措施是团队建设持续发展的保障。

2.作为制度健全的公司,任何事情的发生和延续都应该有章可循,应来自公司的组织架构与制度。组织架构决定了公司的基本运作框架模型,而制度则是对框架模型的细化。有了框架与细则,企业才能在设定的方向与轨道上发展与运行,才可以实现企业的战略与愿景。

参考文献:

[1]坦纳.团队建设与员工管理[M].张羽,译.北京:机械工业出版社,2010.

[2]朱铁一.创新型团队组织建设[M].济南:山东大学出版社,2014.

[3]王志乐,蒋姮.2009'跨国公司中国报告[J].决策与信息,2009(8):63-64.

[4]王梓峻.高科技企业基层管理团队建设研究:以微软公司为例[D].上海:复旦大学,2008.

(撰稿人:江西应用科技学院 兰东东)

俞敏洪和他的"中国合伙人"

摘要:

新东方创立之初,俞敏洪与徐小平、王强共同经营,一人管一块"责任田"。2001年后,公司因架构不合理、权责不清、利益冲突造成高层动荡危机。几年后危机平息,并利用华尔街上市,公司运作向市场化、企业化方向不断推进。这是一个中国民营企业发展的模板。这一案例为创新创业团队的组建和管理提供了有价值的借鉴。

关键词:

新东方;创业团队;领导力

0 引言

2015年5月,由陈可辛执导的《中国合伙人》在全国上映,电影里三位主角与新东方的"三驾马车"俞敏洪、王强、徐小平有着不可分割的关系。该电影是他们创业的一部分写照,不过电影毕竟是艺术,来源于生活,高于生活,并不完全等同于事实。《中国合伙人》热映,大家对故事原型俞敏洪和新东方的关注达到一个高点。剧中新梦想上市解决了合伙人之间的冲突,实际中的新东方又是什么样的呢?作为美国上市的中国教育第一股,新东方堪称教育界航母。纵观新东方20余年的发展历程,从一间十几平方米的小屋、仅有13名学生的托福班开始,到成为目前在全国60多个城市设立了近百所学校及近千家学习中心,年营业额70亿元人民币的大型上市教育产业集团,其发展速度乃至质量,一度超乎公众想象。无论是发展速度还是发展质量,都离不开公司团队一路披荆斩棘、坎坷突围的精神和切实的步履。无论作为产业规模巨头,还是率先上市的产业集团,其扩张之路和可持续发展的问题,都必然成为公众关注的焦点。那么,业绩飙升后创始股东间的分崩离析和互相伤害,必然引发专业人士的思考和叩问:这个创业团队出了什么问题?他们的创业纠纷可以给后来者带来哪些启示?俞敏洪和他的"中国合伙人"案例,对于许许多多正走在创业路上的公司,或可借鉴。

1 "草莽英雄"共同创业

1994年年底,新东方只有俞敏洪一个人主要负责TOEFL和GRE考试培训。因为善于营销品牌,新东方学校已经粗具规模。1995年,新东方学生已经达到1.5万人的规模。俞敏洪意识到新东方将是他终生的事业,仅凭一己之力难以把握面临的更大发展,便邀请国外留学好友徐小平和王强加盟,也就是外界常说的新东方"三驾马车"时期。徐小平加盟新东方后,迅速成立了新东方出国留学、移民咨询处,为学生进行人生规划;王强提出用美语思维训练学员,并和杜子华共同开创了新东方听力口语部;杜子华则开创了中国首家"英语电影听说班",创立并讲授"英语900分句",还开设了"YSE口语班"、TSE考试辅导、治疗英语语言疾病的语言提高班。1997年,俞敏洪的大学同学包凡一和何庆权正式加盟新东方,他们两人成立了新东方写作中心,后来写作中心逐步发展成新东方图书事业部。胡敏从1995年开始一直在新东方兼职,1998年他设计成立了新东方国内培训部,推出四级、六级、考研英语班培训,又率先创办了雅思考试培训部……这些人名义上都是新东方的副校长,但不在学校拿工资,而是在自己的地盘上,多劳多得,少劳少得。

这样,新东方从最初的英语辅导班摇身一变成为提供多品种英语教育服务的机构,综合性、立体化的课程培训使其实力更加雄厚,前景更加广阔。而且这些精英都是天才型人物,他们带着创业的激情,把每一部分课程都做到最好,在行业内产生了巨大的震动。新东方从此不再仅仅是一个学校,而是成了一个响当当的品牌。

2 艰难成长中的新东方

1991~1995年,第一阶段,也就是新东方的夫妻店阶段。

1991年,俞敏洪从北大辞职,在中关村第二小学租了间平房当教室,靠着一张桌子和一把椅子开始了自己的事业,做起了英语培训班,主要经营TOEFL和GRE考试培训,当时只是夫妻店阶段的英语辅导班。

1996~2000年,新东方进入了第二阶段,也就是朋友合伙、团队创业阶段。

经常把《曾子》中的"用师者王,用友者霸,用徒者亡"挂在嘴边的俞敏洪深知伙伴和团队的重要性。俞敏洪想起了海外的兄弟徐小平、王强和包凡一,他不远万里,前去邀请他们回来一起建设新东方。这些海外兄弟怀着创业的激情和对自由的憧憬来到新东方。靠着这种梁山聚义的"草寇"方式,借着当时英语学习热和出国热,新东方开始如野草般疯狂生长。

2001~2004年,新东方进入了第三个阶段,迎来最痛苦的时刻,用俞敏洪自己的话说,就是打架阶段。

这一阶段新东方要把合伙人变成股东,进行拆分改制,完成真正的股份改革。这其中最头疼的是利益问题。做大了,股份怎么分?新进入的市场怎么分?"创业之初的伙伴们在新东方日进斗金后,不再像以前一样安于自己的分成,逐渐产生了利益纠葛。由于以前没有一套机制来规定剩余利益的归属,大家开始了争执和吵闹。"王强、徐小平先后向俞敏洪递交辞职书,新东方"三驾马车"中的两驾要脱离组织。俞敏洪曾经的上铺兄弟包凡一也提出辞职,吵着要求退股。2004年,另外两大支柱胡敏、江博也相继出走。曾经的盟友纷纷"造反",新东方快到土崩瓦解的边缘,俞敏洪到了创业最艰难的时刻。但新东方最终没有崩盘。"我比较像刘备,常常用眼泪来赚取其他管理者的同情,我的柔弱个性在新东方内部起到了黏合作用,任何情况下我都不会走向极端。这是新东方没有崩盘的重要原因。"俞敏洪这样总结当时的危机。

2005年年初起,俞敏洪认为渡过危机的新东方进入了第四个发展阶段——国际融资阶段。经过成功的机构改造,俞敏洪带领新生的新东方团队完成了涅槃重生。

3 团队整合多艰难

在新东方的发展初期,一人一块责任田这种"诸侯割据"的格局是一种松散的合作形式。当时的新东方没有正规的财务报表,也没有规范化的管理模式,由于是各自负责各自的业务,实际上连最基本的控制体系也没有,主要靠个人的自觉性。从2000年到2004年,新东方学校注册成立了新东方教育集团,新东方在发展时因架构不合理、权责不清、利益冲突,俞敏洪和他的合伙人经历了无数次激烈争吵,无数次要到崩溃的边缘。当时外界纷纷传闻,俞敏洪独揽大权的举动遭到创始人王强和徐小平的不满,甚至传言他们相继离开了新东方。

首先是权利,俞敏洪45%的绝对控股地位开始受到怀疑,一些股东认为俞敏洪是独裁,自己变成了他的雇工;其次,利益问题是最激烈的争夺;最后,小股东们"逼宫",对俞敏洪加以制衡。

俞敏洪在其他股东之间积极奔走,做工作。最终,这场争斗以徐小平被开除出董事会收尾。

4　借上市实现规范化运作

伤筋锉骨的内部改革,让经受折磨的新东方股东们终于有了一个比较明晰的结果,散伙的危机得以解除,公司开始努力建立新的价值观和规则。从此,新东方进入了一个发力前行的新阶段。2006年,新东方教育科技集团在美国纽交所上市,新东方成为第一家在海外上市的中国民营教育培训公司,同时它也算得上是中国第一家在海外上市的以消费经济为驱动的传统企业。新东方的成功上市成就了俞敏洪20亿人民币身家的"中国最富有的老师",另外,新东方涌现出了多个百万、千万和亿万富翁。新东方在完全不懂股份制和资本的时候,就进行了股份制改革。新东方上市后可以使其内部组织结构更加完整和透明,企业制度几乎就不由新东方来定。美国关于上市公司管理的法规对每一个制度都有明确的规定,新东方很自然地就照着规范化企业制度迈进。

案例使用说明:

一、教学目的与用途

1.本案例主要适用于创业团队等课程。

2.本文是一篇描述俞敏洪和他的"中国合伙人"共同创业的教学案例,其教学目的在于使学生对团队建设、团队创新素质与创造力开发、团队领导与管理等问题具有感性的认识及初步的思考,从价值理念彼此认同和技能互补等角度分析问题,并提出解决方案。

二、启发思考题

1.俞敏洪和他的"中国合伙人"从进北大起互相认识三十多年,关系从师生、同学变为合伙创业,你如何看待这种关系?

2.你如何看待俞敏洪和他的"中国合伙人"在草莽英雄时代的团队建设?

3.分析俞敏洪团队架构不合理、权责不清、利益冲突而引发的高层动荡危机的主要症结。如果你是俞敏洪,将如何营造友好信任的团队气氛?

三、分析思路

教师可以根据自己的教学目标来灵活使用本案例。这里提出本案例的分析思路,仅供参考。

根据本案例的叙述,新东方"三驾马车"俞敏洪、徐小平、王强三人是在俞敏洪第三次高考考取北大后结识的。从师生、同学到创业合伙人,这些北大的同事兼好友,与俞敏洪在思维上有着一定的共性,比选择其他合伙人能更好地理解并认同俞敏洪自己的经营理念。另外,这些人的特质恰恰符合企业业务扩展的要求,他们术业有专攻,业务能力强,每个人能独当一面。俞敏洪与这些人一起创业,必然相互影响。扬长避短,坦诚相见,这是团队凝聚力形成的重要保障。新东方初级发展阶段是"诸侯割据"格局的松散合作,虽然未加入到企业管理的法则中去,凭着采取对邓小平时代包产到户制度的效仿,各承包一块业务,除去费用和成本,最后剩下的钱都是自己的。创业初期,这种做法有利于充分激发大家的激情和主动性,将企业损耗降到最低,使企业迅速发展起来。在很多企业的发展历程中,都经历过类似的阶段。老总完全放权,各部门独立运作,这是一种特殊的、在某阶段又必要的经营方式。随着新东方的发展壮大,公司低级的划分适应不了日益完善的企业需求。重新分配利益和权责时,由于缺乏正规的财务报表、规范化的管理模式及基本的控制体系,又进一步埋下了隐患,利益纷争期历经无数争吵,以至于严重到"逼宫",导致的结局是徐小平离开董事会。这场面可以说是徐小平和俞敏洪"关系错位"带来的必然结果。如果能够尽早采取科学良好的管理体制,使新东方所有权与经营权分离,管理者职业化发展,建立起垂直管理体系,俞敏洪和他的"中国合伙人"则可以尽早实现规范化运作。

四、关键要点

1.团队本质上是一种通过成员之间高度积极、自觉的协作来实现群体统一目标的组织形态。团队建设的根本方法是提高团队凝聚力,发挥团队精神的作用。在本案例中,由于创业人员具备团队的七个核心要素:人员、目标、互动、信任、合作、志愿和能力,团队建得以通过建设团队的优良品质,实现团队价值最大化。

2.有效的团队沟通可以极大激发团队凝聚力及团队成员的积极性;团队沟通有倾听、叙述、决策等多方面内容,每一项都有其技巧所在。团队沟通很重要的一点就是要巧妙化解团队冲突,营造良好氛围。

参考文献:

[1]孙蕴洪.新东方俞敏洪生意经[M].北京:中国画报出版社,2010.

[2]朱铁一.创新型团队组织建设[M].济南:山东大学出版社,2014.

[3]里风.新东方不败传奇:记新东方教育科技集团董事长兼总裁俞敏洪[J].经济视角(上),2009(10):18-19.

(撰稿人:江西应用科技学院 兰东东)

雷军和七个合伙人的创业传奇

摘要：

本案例以小米公司为素材，阐述了该公司的创业团队的成功之处和员工管理上的具体做法，为创业团队的选人、用人等提供有价值的借鉴。

关键词：

小米；合伙人；团队建设

0 引言

小米公司成立于2010年4月，是一家专注于智能产品自主研发的移动互联网公司。"为发烧而生"是小米的产品概念。小米公司首创了用互联网模式开发手机操作系统，发烧友参与开发改进的模式。据市场调研公司IDC于2015年第二季度发布的数据，小米手机全球出货量列第4位。

2018年7月9日，小米集团在香港证券交易所正式挂牌上市。2019年7月，《财富》杂志发布2019年世界500强排行榜，小米首次登榜，排名468位。

作为"人类历史上达到百亿美元销售、百亿美元估值发展最快的公司"（徐小平语），小米4年600亿背后的用人之道有何特殊之处？

答案是：合伙人的重要性超过了商业模式和行业选择。

1 小米故事

（1）创始人：大名鼎鼎的雷军

1992年，雷军参与创办金山软件，1998年出任金山软件CEO，1998年创办了卓越网。

2007年，金山软件上市后，雷军卸任金山软件总裁兼CEO职务，担任副董事长。之后几年，雷军作为天使投资人，投资了凡客诚品、多玩、优视科技等多家创新型企业。

2010年4月6日，雷军选择重新创业，建立了小米公司，并于2011年8月16日正式发布小米手机。

2011年7月，雷军重返金山执掌网游与毒霸。

2011年7月11日,雷军正式担任金山软件董事长。

2014年2月,雷军首次以280亿元财富进入"胡润全球富豪榜",跃居大中华区第57名,全球排名第339位。

2018年10月,雷军被中央统战部、全国工商联推荐为改革开放40年百名杰出民营企业家。

(2)公司初创:小米工作室

2010年4月,雷军的师弟李华兵给雷军发了一封邮件,推荐一个从德信无线出走的无线业务团队,他们希望做一款独立的手机硬件,得到了雷军的支持。随后这个团队更名为"小米工作室",也就是小米公司的前身,而他们的计划目标就是制作一个完整的手机体系——"小米手机"。小米手机将尝试在全球复制电商模式。

(3)团队扩大:小米科技

雷军费尽心思让小米成为一家无限完美的公司,他将小米工作室改名为"小米科技"。谷歌中国研究院原副院长林斌担任公司总裁,微软中国工程院原开发总监黄江吉和北京科技大学工业设计系原主任刘德担任副总裁。

2015年6月,移动芯片老大高通中国掌门人王翔加盟小米。

2 小米核心舰队

(1)构建奢华核心舰队

小米估值的跳跃之路,那就像一个"多级跳",能够成就如此速度的,是小米公司那七个堪称超豪华的联合创始人团队。他们是金山软件的董事长和著名的天使投资人雷军,谷歌中国工程研究院的副院长林斌,Google 高级工程师洪锋,微软工程院首席工程师黄江吉,金山软件人机交互设计总监、金山词霸总经理黎万强,摩托罗拉北京研发中心总工程师周光平,来自世界上顶级设计院校 Art Center 的工业设计师刘德。

雷军是如何组织起这样的联合创始人团队,怎么找到这些合作伙伴,又是如何说服这些合作伙伴来和他一起创业的呢?

一直以来,雷军始终认定投资就是投人,在雷军的众多投资项目中,雷军最为看重创业团队的素质。他投资的团队需要具备以下综合素质:

能洞察用户需求,对市场极其敏感;

志存高远且脚踏实地;

团队里最好是两三个优势互补的人在一起;

互联网领域的创业者一定要有技术过硬,并能带队伍的技术带头人;

团队需要具备在低成本情况下的快速扩张能力,并且最好有创业成功经验。

小米科技正是以此打造出了奢华的创始人团体,并成为小米在商海中乘风破浪飞速前进的核心舰队。

①核心舰队之"雷军号"

雷军从2006年就开始了对移动互联网公司的投资,第一家是乐讯(lexun.com),2007年雷军又投了 UCWEB 和一系列的公司。2007年1月,苹果公司发布了 iPhone

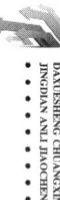

一代，2007年6月产品正式上市，雷军第一时间就买回来使用。按照雷军的话说："我很受刺激，觉得手机居然还可以这样做！"雷军怕自己的体验不具代表性，他干脆买了20部iPhone回来，送给了20个朋友。三个月后雷军发现，只剩下他和另外一个朋友在用。雷军这时候觉得，iPhone做得太超前了，很多细节没做好，不好用。但是苹果的iPhone打开了雷军的思路，雷军发现未来的移动互联网将会是软硬件一体化的体验，软件将帮助硬件发挥更大的作用。而单独做软件，其实将会受到很大的局限。雷军从那个时候开始就在想：谁能做出一台更好用的手机呢？

在2007年、2008年的时候，中国的移动互联网还不像今天这样红火。但是雷军已经看到了移动互联网就是未来，尽管当时很多人只是认为，雷军不过是为了他投资的UCWEB等项目做宣传罢了，但是实际上当时雷军就已经认定，手机在未来很长一段时间之内，将会替代个人电脑成为大家最常用的科技产品。移动互联网在中国真正开始其实是在2009年、2010年，雷军先行几年，他已经开始思考，如何去做一台属于自己的手机了。

到了2009年年底，雷军说他觉得自己已经快40岁了，想干点事情，因此开始认真考虑如何把手机做出来。雷军说他在这件事情上是先下定决心去做，然后才去考虑如何做的。让雷军下定决心的是他感觉到了这个行业里一些未来的变化趋势，他看好的就是手机会替代个人电脑，以及手机工业的进一步互联网化。雷军觉得，他的手机之梦时机终于成熟了，他要开始为了这个梦想组建队伍。

②核心舰队之"林斌号"

林斌是谷歌中国工程研究院副院长、工程总监、Google全球技术总监，全权负责谷歌在中国的移动搜索与服务的团队组建与工程研发工作。他曾是微软工程院的工程总监，可以说是当今软件产品和互联网产品技术领域里数一数二的人物。

雷军认识林斌是在2008年，当时林斌想推动Google和UCWEB之间的合作。雷军惊讶地发现，林斌有发自内心的对产品的热爱，林斌在Google工作非常投入。从那个时候起，雷军经常去找林斌聊天，两个大男人经常在一起挑灯夜战，聊到深夜一两点钟。聊着聊着，两个人从合作伙伴聊成了好朋友。

有一次，雷军和林斌聊天时，林斌透露说："我想出来自己创业了，做一个互联网音乐的项目，你看怎么样？"

雷军听后大喜，对林斌说："别做音乐了，小米投点钱，让别人干就可以了，没意思。咱们一起做点更大的事情吧！"就这样，人们都亲切地叫他Bin的林斌，第一个登上了雷军的小米战船。

③核心舰队之"阿黎号"

阿黎就是黎万强，这个广东人喜欢人们叫他阿黎。

阿黎2000年大学一毕业就加盟了金山软件，历任金山软件的人机交互设计总监、设计中心总监和金山词霸事业部总经理。在金山10年的职业生涯里，他从一个设计师成长为一个百余人规模的事业部的领导者，这其中既有阿黎自身的努力，也有雷军对阿黎的提携。

和雷军10余年的共事关系让他们的私交非常好。当时正是2009年年底，阿黎决定辞职离开金山,他找到已经是亦师亦友的老领导雷军,告诉雷军说他打算自己创业,要去做商业摄影:"你觉得我这个创业方向怎么样?"

雷军说:"我这里也有个方向,要不你来跟我一起干?"

阿黎说道:"没问题。"

雷军反问阿黎一句:"你知道我要干吗?你就这么答应了?"

阿黎说:"你要做手机。"

雷军笑了。

④核心舰队之"KK号"

黄江吉,人们都叫他KK。KK还不到30岁就成为微软工程院的首席工程师。但是已经在微软工作13年的KK,面临一个选择:是创业还是留在微软继续干?留在微软,是留在中国还是去美国?

已经决定和雷军合作的林斌曾经是KK在微软的同事,林斌了解到KK所面临的选择,于是把KK介绍给了雷军认识。

当时在北京知春路上的翠宫饭店、豹王咖啡,雷军和林斌两个人一起拉着KK聊天。雷军丝毫没提创业的事儿,就是和KK一起聊各种电子产品,从手机到电脑,从iPod到电子书。三个人一聊就是几个小时,雷军毫无保留地展示了自己作为一个超级产品发烧友的素质。KK当时就震惊了:"当时我以为只有我是Kindle的粉丝,但是没想到雷军比我更了解Kindle。当时为了用Kindle,我还自己写一些小工具去改进它,结果没想到雷军也是这样地疯狂,他甚至把一个Kindle拆开,看里面的构造是怎么样的。"

那天,他们一共聊了四五个小时。KK已经能够判断出,对面坐的两个人是要做点什么事情的。虽然KK还不知道他们具体要做什么,但是在临走之时,KK说道:"我先走了,反正你们要做的事情,算上我一份!"

⑤核心舰队之"洪锋号"

说到洪锋,用雷军的原话就是:"你接触他,你会压力很大,他没有表情,他随便你说,你不知道他怎么想的,但他是一个绝顶聪明的人。"

洪锋在上小学的时候就开始学习计算机,编写程序来解决实际问题。洪锋最令人惊奇的经历就是他在Google用20%的业余时间,和几个人一起做了Google 3D街景的原型。洪锋在美国Google的时候是高级工程师,后来回到中国,在谷歌中国,他又是第一产品经理。他所主持开发的谷歌音乐,成为谷歌中国为数不多的饱受赞誉的产品。

这样的一个人,他很强势。林斌说洪锋很强,雷军想要见见洪锋,算是面试吧。但是没想到,实际上成了洪锋来面试雷军。

洪锋准备了上百个问题来问雷军,越问越细致,越问越难。雷军发现洪锋提的问题比他们自己提到的问题都要细致,雷军也就越来越想要拉洪锋入伙。雷军终于明白,其实对于洪锋,不是雷军在想办法找他一起创业,而是洪锋在面试雷军作为一个老板靠不靠谱。

雷军告诉洪锋:雷军是谁,他打算怎么做手机,还有小米能给洪锋什么。

末了,洪锋说:"这件事情够好玩,梦想足够大。或者你可以说这件事情足够的不靠谱,因为它太疯狂了。你觉得这个事情从逻辑上是靠谱的,但是从规模上和疯狂程度上来说,是绝对的不靠谱。这很有挑战性,我决定来挑战一下。"

⑥核心舰队之"刘德号"

本来,刘德并不在雷军的人才规划体系里面。雷军不认识刘德这样的人,而且,雷军甚至认为他根本请不起刘德这样的人才。

然而凑巧的是,洪锋的太太认识刘德的太太,洪锋认识雷军之后,就想到了刘德这个 Art Center 毕业的牛人。当时刘德在美国过着优哉游哉的中产生活,安逸得不得了。洪锋故作神秘地跟刘德说:"来和几个朋友聊聊天。"在 2010 年 5 月,因为回中国办事而到北京的刘德,抽空来到了当时在北京北四环边上银谷中心大厦的小米公司,见到了雷军、黎万强,和后来才正式加入小米的林斌和黄江吉,大家从下午 4 点一直聊到 12 点。

聊完之后,刘德说:"这事儿挺好,我又能帮上你什么呢?"雷军说:"小米想拉你入伙。"但是对于刘德来说,如果和雷军共同创业做小米,意味着要放弃他在美国开办的公司、在美国的舒适生活,已有的一切正常生活轨迹都要放弃,而小米这个事情,也只是有可能成功而已。

而雷军在聊完之后,当晚根本就没睡着,他有些纠结:他觉得小米还没到做一款有世界水准的、顶级工业设计的手机的时候。雷军觉得对于刚刚启动才一个月的小米来说,顶级设计还有些遥不可及。

不过刘德回美国后,他开始仔细思考这个机会。"这么多年来我都是自己干的,非常累,就是因为没有一个好团队。"刘德说,"我非常愿意加入这个团队,因为找到一个好 team 太难了!"

第二次来北京时,刘德主动给雷军打了电话,双方再次沟通。最终,"小米选择了刘德,刘德选择了小米,这是一个双向选择。"雷军说。

为了加入小米,刘德下了很大的决心,放弃在美国的工作和生活。后来,刘德除了完成了小米手机的设计之外,还肩负起了小米手机供应链的工作,那简直是雷军的意外之喜:"我很庆幸洪锋能介绍刘德给我认识。刘德现在幸福不幸福我不知道,反正有了刘德,我是非常幸福的。他做得非常出色!"

⑦核心舰队之"周光平号"

至此,雷军找到了能够做手机系统的人、做手机软件的人、做手机设计的人,就是还没有找到能够把手机做出来的人。作为软件行业和互联网行业的大佬,雷军和林斌在硬件制造领域都没有什么特别深的人脉。当 2010 年 7 月 1 日小米公司开始准备启动硬件项目的时候,这个项目还没有一个专业的人才加入。

雷军说:"很多人跟我讲创业公司招人困难,所以业务搞不起来。我认为这就是借口。其实那是你作为老板还不够努力。"在 2010 年的夏天,3 个月时间里,雷军见了超过 100 位做硬件的人选。雷军、林斌、KK 等人动用了他们所有的关系来找搞硬件工程的人才。最夸张的一次,和一个理想人选 7 天时间面谈了 5 次,每次 10 小时,但是很遗憾,最后因各种原因而没有达成共识。没有办法,雷军和林斌就继续找人……

这期间,有朋友介绍了周光平博士。当时雷军判断,这个55岁的博士,从1995年开始就在摩托罗拉工作的资深工程师,肯定是不会出来创业的。雷军当时倾向于去找一些年轻一点的合作伙伴。但是在2010年9月一个周五的晚上,雷军又一次面试毫无结果,还是找不到合适的能够负责小米手机硬件的人选,他几乎绝望了。林斌说:"要不,试试看周博士吧。"周六,雷军约到了周博士。

周一,周光平博士到雷军的办公室去聊天,按照计划,他们准备面谈两个小时。谁料两个人见面以后居然都感觉相见恨晚,谈话一发而不可收。雷军和周光平,就在银谷中心小米的办公室里,从中午12点一直聊到晚上12点,从互联网聊到硬件设计,从用户体验聊到手机发展趋势,两个人连出去吃饭的时间都舍不得花,从中午到深夜,叫了两次盒饭来解决……

随后,雷军很兴奋地告诉林斌:"周博士有戏!"

过了几天,雷军正在外地出差,林斌打来电话:"周博士同意了!"

至此,雷军的小米创始人拼图终于完成了。

雷军在介绍小米的经验时曾说过这样的话:"小米要做的事情的确很复杂,但是回头来看,小米整个的创始人团队,平均有15年的国际和国内一流公司工作的经验和背景,基本每个人都可以管好几百号人,所以小米不是大学刚毕业20来岁做这个事情,而是大家都有极其丰富的经验,比如周博士这一辈子都在做手机。而且这里我想再说明一下,我自己创办了金山软件跟卓越,林斌参与创办了微软研究院和Google工程院,周博士参与创办了微软研发中心,小米有这几个人的经验合在一起,相信大家就理解为什么小米可以做成。"

(2)打造豪华战舰阵容

合伙人制替代雇佣制,企业将会爆发式增长。

真格基金创始人徐小平在某次演讲中着重强调了合伙人的重要性,他表示:"合伙人的重要性超过了商业模式和行业选择,比你是否处于风口上更重要。"

创业其实是个高危选择,大家看到成功的创业公司背后都倒了一大片。不少今天很成功的企业,当初都经历过九死一生。现在大家看到的明星公司,如淘宝、支付宝和天猫等,其实最有价值的是背后的团队,尤其是马云和他的18个联合创始人。

做老板的要负责把整个班子团队搭好,小米今天的合伙人班子是各管一块,如果没有什么事情的话,基本上都不知道彼此在干吗,也不会管彼此。大家都是自己的事情自己说了算,这样保证整个决策非常快。

雷军在团队的激励问题上,奉行的是王阳明"天理即人欲"的理念。实际上这就是一个让人爽的问题,员工爽就好,不要追求什么条条框框,也不要生搬硬套。听听他们到底想怎么爽,怎么给予他们参与感、成就感,怎么给予他们足够的激励。无外乎就是爽,员工爽,他就会自我燃烧。

雷军创办小米的时候,心态很平和、很开放。他已经做了20年企业,也是中国最著名的天使投资人之一,早已功成名就。他做小米是梦想驱动的,就是想做一个足够伟大的公司,一件足够伟大的事情。所以在这种时候,从合伙人到小米核心员工,他都给了足够的利益上的保证、授权和尊重。

小米合伙人、核心员工在刚加入小米时,雷军就跟他们讲明白了期权问题,把很多事情都摆在桌面上。今天人才竞争这么激烈,没有足够的利益驱动,纯粹讲兄弟感情的话,其实很难。比如小米客服工作,只要工作半年以上,工作表现得好,就给期权。小米将团队的利益和个人利益捆绑在了一起。

徐小平也曾说过:"不要用兄弟情义来追求共同利益,这个不长久,一定要用共同利益追求兄弟情义。不能纯粹为了理想去追求事业,但你的事业一定要有伟大的理想。这样的合伙人制度才能长久。"

小米的团队运用合伙人模式,在共同的利益和共同的理想驱使下,逐步发展壮大。

案例使用说明:

一、教学目的与用途

1. 本案例主要适用于创业团队等课程。

2. 通过阅读、分析和思考小米案例,使学生对企业团队合伙人制、用人管理等问题具有感性的认识和理性的思考,引发他们思索合伙人制会对自己今后的创业带来怎样的影响。

二、启发思考题

1. 你认为雷军在组建创业团队时为什么会选择这几个人作为合伙人?

2. 合伙人制最大的优势是什么?

3. 你认为好的合伙人应该具备哪些条件?就现在的情况而言,你有可能成为一个理想的合伙人吗?请说说你的理由。

4. 假如你准备创业,请根据你的创业方向,做出你的合伙人选择方案。

三、分析思路

本案例适用范围较广,可以应用在创业团队管理、人力资源管理、团队建设、激励机制等多个方面的教学,教师可以根据具体的教学目标灵活使用本案例,有侧重地进行分析,下面是本案例的参考分析。

从本案例中可以看出,小米的创始人构建团队时,在人员的选择上是经过深思熟虑的,他们每个人都是能在各自专业领域中独当一面的人物,丰富的从业经验和强悍的专业能力使小米团队具备了以合伙人模式发展的基础。小米在人员选择和使用上遵循最专业和最适合两条原则,共同的理想和创业心态则是推动小米战队合力前行的动力。

在公司经营发展中,小米公司并不是只谈梦想不谈实际的柏拉图公司,在员工的激励上也不是只讲情义不讲利益。他们通过明确的期权分配,把个人利益捆绑于公司利益之上,将团队和个人的理想奋斗现实化,保证了创造精神所必须依赖的物质基础能持之以恒地筑牢,更切合人性化地、更具有实际意义地实现了创业理想和创业成就,使合伙人和员工自觉产生为公司拼搏就是为自己拼搏的企业参与感,协同一致地推动小米跳跃式进阶。

四、关键要点

1.合伙人团队组建的基础是共同的理想和创业心态,彼此应具有相近的价值观和互补型的创业能力、性格。在本案例中,合伙人的正确选择使小米公司异军突起,业绩非凡。

2.好的合伙人团队应具有科学合理的利益分配方式,合伙人之间要会分享,只有实现经济利益和荣誉的分享,才能实现在面对困难和坎坷时能同生共死。总之,合伙人就是同甘共苦的统一体。

参考文献:

[1]黎万强.小米口碑营销内部手册:参与感[M].北京:中信出版社,2014.
[2]马斯洛.马斯洛论管理[M].邵冲,苏曼,译.北京:机械工业出版社,2013.

(撰稿人:江西电力职业技术学院 朱建华)

"西少爷"的创业团队纷争

摘要:

本案例以"西少爷"肉夹馍的创业团队为素材,描写了该创业团队在创业合作"蜜月期"、创业初见成效后,因"管理冲突"导致合伙分拆、对簿公堂的经过。这一案例为创业团队的组建和管理提供了有价值的借鉴。

关键词:

创业;创业团队管理;企业绩效

0 引言

"西少爷"是由数十名毕业于西安交通大学的互联网、金融等领域从业者发起,以关中肉夹馍为核心产品的餐饮品牌,一度走红,但其更令人关注的是因股权分配问题引发的散伙纠纷。几个毕业于"985"高校西安交大的年轻人,都是曾在百度、阿里巴巴、腾讯互联网公司工作的IT男,他们合伙创业,坚持"古法烤制"原则,以互联网思维和现代连锁经营方式经营关中肉夹馍等传统美食,并注册"西少爷"商标,"西"源于西安,朝向西方,他们立志做一个国际化的品牌。如果说,这些反差极大的元素融合在创业故事中,注定要引起媒体和公众的热切关注,那么,业绩飙升后创始股东间的"网络檄文"和对簿公堂,股东间的分崩离析和互相伤害,必然引发专业人士的思考和叩问:这个创业团队出了什么问题?他们的创业纠纷可以给后来者哪些启示?"西少爷"案例,对于许许多多正走在创业路上的公司,或可为前车之鉴。

1 公司背景

孟兵、宋鑫、罗高景三人在2012年年底的西安交通大学北京校友会上认识(那时袁泽陆尚未加入)。已在投资机构工作三年的宋鑫,有了想要出来创业的想法,于是通过校友会的关系认识了有技术能力的孟兵等人,三人一拍即合,准备合作创业。

2013年4月,名为"奇点兄弟"的科技公司成立了。由于孟兵承担了主要的产品研发工作,因此孟兵、宋鑫、罗高景的股权分别为40%、30%、30%。

2013年10月,由于业绩不佳,孟、宋、罗三人不再坚持之前的项目,开始转做肉夹馍,袁泽陆也在这时候加入,形成"西少爷"四个创始人的阵容。

2014年4月8日,西少爷第一家店铺在位于北京宇宙中心的五道口开始营业。当天中午,西少爷就卖出了1200个肉夹馍。"互联网思维"让这个10平方米的小店创下了100天卖出20万个肉夹馍的纪录。

2014年5月,各种媒体相拥而至,门庭若市,孟兵以创业明星的姿态登上各类媒体讲述创业故事。

2014年6月,"西少爷"创造全球最高坪效(坪效即每坪的面积可以产出多少营业额)。

2014年7月,全流程标准化体系建成,"西少年"完成蜕变。

2014年8月,第一家分店成功入驻商场,"西少爷"开始了连锁之路。

2014年9月,第二家分店顺利入驻中关村购物中心,紧邻肯德基,给了"西少爷"打造全球连锁品牌的自信。

2014年10月,创业街店开业。在这个拥有国际影响力的一流创业孵化服务机构的街区,"西少爷"成为每一个创业者的典范,在这里随处可见创业者们边吃肉夹馍边工作。

2014年11月,第100万个肉夹馍售出。

2014年12月,朝阳大悦城店开业,"西少爷"成为全新的潮流趋势。

2015年1月,"西少爷"不忘初衷,重新打造五道口总店,将10平方米扩大至200

余平方米。

2017年,"西少爷"被中国烹饪协会评选为"中国快餐新锐品牌",入选"中国快餐百强企业"。

2018年3月,"西少爷"创始人孟兵发布了"西少爷"全球新品牌Bingz以及系列国际化战略。

2 工作积怨

2014年11月13日,随着"西少爷"创始人之一宋鑫在知乎网上发布一篇名为《西少爷赖账,众筹的钱怎么还》的文章,指责CEO孟兵将其"逼"走,并拖欠早期众筹股东的钱,这家明星创业公司股权利益的纠纷由此浮出水面。在静默一天之后,14日晚间,"西少爷"官方以另外两位创始人罗高景、袁泽陆的身份发布公开信回应宋鑫的指责,称其全文均属污蔑。主要当事人孟兵则以"新品研发"为由,表示不再对该事做进一步的解释说明。这本来有可能是一家前途无量的明星创业公司,却在公司刚刚走上正轨时,创始人团队分崩离析。

从4月8日开业,到6月中旬宋鑫离开,在短短两个月里,这家由四名合伙人创办的明星创业公司为何分崩离析?

回忆起三人的第一个项目时,罗高景在公开信中是这样写的:"还记得去年和宋鑫一起去天津出差的时候,一起住在30元一间的昏暗旅馆里,灭蟑螂,写方案。现在想起来真是五味杂陈,我们曾经是如此信任的朋友。"

共苦经历并没有阻止矛盾的产生。5月份,孟、宋之间便开始争吵,在罗高景看来,宋鑫没有工作成果是争吵的直接原因。"2013年5月,我、孟和宋创业做科技公司时,我和孟兵几乎每天都熬夜通宵写代码、赶方案,但宋却经常熬夜看小说、打游戏,基本上是我们俩养着他一个人。于是决定让宋去尝试跑业务、做BD,结果一单都没成。"

这一说法遭到了宋鑫的否认。他在接受记者专访时称,自己学土木工程出身,因此不会IT技术,但对销售工作已经尽力。"通常是我们三个人一起出去跑业务,都是我负责敲开每一家公司的门,之后再由孟兵跟经理谈业务。"

业务的持续低迷,导致了孟、宋的矛盾升级。没有订单的七八月份,两人在位于石景山的出租屋里发生了一次又一次的争吵。宋鑫认为产品本身存在问题因此才会卖不出去,而孟兵则将责任归结为销售不力。

彼时,孟、宋两人已经表现出了对彼此的不满。

随着"西少爷"的走红,孟、宋之间的不满在一片红火之下被暂时地"和谐"掉了。

3 矛盾升级

4月7日晚上,在"西少爷"肉夹馍开业前夕,四人花了1388元买了一瓶飞天茅台,当时他们想如果有一天肉夹馍一天能卖出一千个,就把这瓶酒给喝了。而在8日开业的当天中午,"西少爷"就卖出了1200个肉夹馍。

带着火爆的销售业绩加上"互联网思维"的外衣,孟兵以创业明星的姿态登上各类媒体讲述创业故事。西少爷开业不到一周,便有投资机构找来,并给出了 4000 万美元的估值。

四个人认为这时候需要引入投资来扩大业务,但就在引入投资、协商股权架构的过程中,孟、宋之间的矛盾被彻底激发。

5 月初,"西少爷"四人开始与投资人商讨有关投资的细节。据袁泽陆介绍,当时孟兵提到为了公司以后在海外的发展,希望组建 VIE 结构,他的投票权是其他创始人的三倍。由于孟兵的口气比较随意,袁、宋、罗都没有太在意。但不久后,孟兵在他们拟好的正式合同里,增加了组建 VIE 结构、增加孟兵投票权这两项,并通过邮件转发给他们,"当时我们都感到很意外"。

宋鑫的说法略有差异。宋鑫表示,在与投资人共同协商时孟兵并没有提出三倍投票权,他直至看到那封邮件才知道孟兵给自己增加了投票权。"早上高景躺在床上翻手机,看到那封邮件,就拍我的床把邮件给我看。当时我们俩都特别震惊。"

宋鑫担忧的是,孟兵的投票权超过了 50%,那么宋鑫自己则处于一个被动的地位,可能会因为孟兵的决定而被出局。袁泽陆也感到不满,感觉自己的权力被削减了。

按照孟兵的解释,当时之所以会提出三倍投票权,是因为在公司决策过程中需要有一人能够保证话语权,以便于公司的管理和决策。但宋鑫称,当时孟兵给他的说法是,孟兵自己没有安全感,暗示担心被夺权。

而为何会在没有另外三个合伙人明确同意前,在合同中增加了该条款?孟兵没有直接回应,而是称"以袁泽陆的回答为准"。袁泽陆是这样说的:"可能当时投资人向他提了这样一个建议,依照我对孟兵的了解,他跟我们这么提了一下,我们以为他随口一说就没有表达出反对,而他可能以为我们默认了。"

随后在 5 月中旬,袁泽陆、罗高景做了让步,表示 2.5 倍投票权可以接受。袁泽陆希望双方都下一个台阶,所以提出了 2.5 倍的提议。

孟兵妥协了,说没问题,但宋鑫没有同意。

宋鑫给出的方案是,如果是投资人的意思要增加孟兵的投票权,并保证自己 30% 的股权不变,那么他就同意。但在袁泽陆、罗高景看来,去见投资人不是一个好的处理方法,这意味着将内部矛盾公开化。

此时,袁泽陆对宋鑫的不满也已产生,"孟兵在很多时候会做出让步,但宋鑫不顾大局只顾自己,有些自私,那个阶段公司事情进展很慢"。

4　冲突爆发

整个 5 月,引入投资的事情一直僵持着。在这个情况下,在 5 月底 6 月初,宋鑫回西安学习豆花的制作,这成为他后面出局的导火索。

"原本计划三五天就能回来的宋鑫,却花了整整 11 天时间在西安,关键是最终也没能搞定小豆花配方。"在"西少爷"的官方声明中如此写道。

过长时间的学习再度引起了另外三人的不满,他们决定要将宋鑫除名。袁泽陆称:"学豆花这个事只是一个导火索,关键是我们的经营理念出现了分歧,宋鑫阻碍了公司的进程,在那种情况下,不能够再继续合作下去了。"

不久,宋鑫被要求离开"西少爷"。宋鑫是如此描述当时的情景:"他们三个一大早就出去了,在下午的时候给我发了条微信,说股东决定我必须离开,当时我都懵了。晚上又收到一条短信,说房子是属于公司的,我必须搬出去。"

整个股东的通知,都是由微信完成,之所以没有面对面进行沟通和决议,袁泽陆给出的理由是因为担心孟兵和宋鑫两个人当面打起来。

之后,四个人在"西少爷"五道口店附近的咖啡馆坐下来谈了几次,但都不欢而散。

孟、袁、罗三人给出的方案是,27万加2%的股份,买回宋鑫手中30%的股份。"这27万是宋鑫之前在公司工资的4倍,4倍的投资回报应该也可以。"

但宋鑫要1000万,理由是当时"西少爷"的估值有4000万,他可以分得四分之一。"这根本是不可能的。"袁泽陆如此说道。

于是公司内部股东的冲突演绎成互联网上的公开讨伐,内部矛盾社会化了。

5 没有结束的纷争

四个人分成了"3+1"之后,就都各自重新注册了两家新公司——袁泽陆、孟兵和罗高景三个人注册了"奇点同舟餐饮管理(北京)有限公司",宋鑫单独注册了"北京林之泉餐饮管理有限公司"。宋鑫与"西少爷"分手后另起炉灶为"新西少爷",并于当年获得了新东方创始人俞敏洪的洪泰基金数百万的天使投资。

2015年1月,定时炸弹再次响起,以未保障股东知情权为案由,宋鑫将他之前和孟兵等人一同创立的奇点兄弟计算机科技有限公司告上法庭,而大红大紫的"西少爷"也正是该公司旗下的品牌。宋鑫方面起诉的案由则是股东知情权纠纷,具体要求是提供公司自成立之日起至当时的账目、合同及对外合作等方面的资料情况。

接着,孟兵和罗高景又向法院起诉宋鑫,要求宋鑫向他们转让所有股权。而与此后屡获资本青睐的"西少爷"不同的是,"新四少爷"逐渐销声匿迹,并于2015年6月关闭了最后一家门店。

案例使用说明:

一、教学目的与用途

1. 本案例主要适用于创业团队管理课程。
2. 本文是一篇描述"西少爷"创业团队纷争的教学案例,其教学目的在于使学生对企业团队管理和股权融资等问题具有感性的认识及初步的思考,从价值理念相近和性格、技能互补等角度分析问题,并提出解决方案。

二、启发思考题

1. 你如何看待"西少爷"创业团队的纷争?
2. 你如何看待宋鑫(网络讨伐和对簿公堂)的做法?
3. 分析"西少爷"的创业团队问题产生的主要症结在哪。
4. 如果你是孟兵,面对这些纷争你将如何决策?

三、分析思路

教师可以根据自己的教学目标来灵活使用本案例。这里提出本案例的分析思路,仅供参考。

根据本案例的叙述,孟兵、宋鑫、罗高景三位创业伙伴相识于校友集会,因为有共同的就业经历和创业意愿而决定合作创业,之前大家并未有太多了解。三人之前的专业和职业背景主要是工科和技术,没有较为系统的创业培训和训练。三人在注册"奇点兄弟"科技公司时,按照4:3:3的比例分配股份,在股权配置和个人领导力方面没有形成或商议形成一个有利于决策的机制。在早期的经营中,个性、工作态度、专业分工等已经形成积怨,但由于生存压力,团队内部没有机会通过组织有效沟通消除前期的不满和埋怨。袁泽陆加入创业团队后,公司从一个科技公司开始转为研发、生产和销售"古法烤制"的西安肉夹馍等产品的互联网餐饮企业,但未见重组团队进行股份重新配置,意气用事、创业艰难和缺乏创业管理经验拖延了制度的同步跟进,进一步埋下了隐患。面对快速的业绩上升和突如其来的社会关注,放大了的利益期待和实际的支付能力导致了最后的决裂,加上内部问题的社会化,给成长中的企业和品牌带来了较大的伤害。如果能够谨慎选择合作伙伴并组织有效的股东沟通,"西少爷"应能更好地形成合力,抱团成长。

四、关键要点

1. 相近的价值观和互补的创业能力、性格是创业团队组建的基本原则。在本案例中,由于创业团队成员间缺乏比较深入的了解,技能互补性不强,最终导致冲突和分裂。

2. 有效的团队应正确管理认知性冲突和情感性冲突,并通过及时地进行沟通避免冲突,提升效率。

(撰稿人:江西师范大学 陈文华)

第五章
创新创业机会的案例

"非常小器"——指甲钳中的大商机

> **摘要：**
> 本案例以"小器王"梁伯强的指甲钳专卖公司"圣雅伦"为例，分析了该公司创始人如何从小小的指甲钳中发现巨大的商机，将低端平民产品打造成走高端路线的自主品牌。
>
> **关键词：**
> 商业机会；创业精神；品牌战略

0 引言

梁伯强聚龙集团旗下的中山圣雅伦有限公司卖的产品为指甲钳，而且该公司只卖指甲钳。他的指甲钳有个别致的名字，叫"非常小器"，梁伯强说，他要当一个给全世界剪指甲的"小器之王"。在做指甲钳之前，他的聚龙集团是全国排行第一位的人造首饰生产集团，当时他的产品行销60多个国家和地区，产值最多时年逾6000万，在小五金行业处于龙头地位。然而，梁伯强与同时代的创业者比还相差很远，这让他耿耿于怀。树立一个响亮的品牌一直是他的梦想，但从什么地方突破，他一直没有找到答案，直到看到一张破旧的报纸，朱镕基总理的一句话彻底改变了梁伯强后半生的命运，他从那时起决心专注做指甲钳。"小器之王"现在已经成为全国指甲钳行业的领军人物，在全球指甲钳行业中位居第三。他是如何从便宜的指甲钳中创造巨大的财富的？他传奇的致富经历或许可以给许多中小企业带来启示。

1 背景介绍

梁伯强，现任圣雅伦有限公司董事长，高中学历，1962年生于广东小榄镇，1978年为国有企业工人。1987年，梁伯强在香港注册了聚龙有限公司，将中山小榄作为生产基地，不断扩大生产，产品也由单一的人造首饰扩展到旅游纪念品系列。到1996年，梁伯强已经在世界各地开了6家公司，资产增值到上亿元。虽然已成为当地人眼中数一数二的暴发户，但是梁伯强却并不满足于此。

1998年起，在梁伯强看到指甲钳这一行业的巨大利润后，开始专一生产指甲钳。

2　在总理的批评中寻觅商机

1998年,梁伯强在报纸上读到一篇文章,文章中提到当时的总理朱镕基在一个关于轻工业的会上说了一句话:"我从来没用过一个好的指甲钳。"总理要求轻工企业努力提高产品的质量,开发新产品。梁伯强看了这则"过时"的新闻以后,非常兴奋。凭自己做了十多年五金制品的经验,他认为这其中一定有文章。国家总理日理万机,一个小小的指甲钳能够引起他那么大的关注,这说明指甲钳并不小,其中有无限发展空间。

他马上搜集了一大堆国内和国外生产的指甲钳来研究,结果发现国货造型单一,生产粗糙,而韩国、日本、德国的产品精致、实用而且款式新颖,二者根本无法相提并论。进入市场经济以后,国内生产廉价日用消费品的企业几乎是最早出局的。于是,这个市场就基本上被家庭作坊式的个体户占领了,诸多产品通过义乌这样的小商品集散地流入各种低端的渠道。大家忙于价格战,结果就是偷工减料,质量始终处于低水平。梁伯强得出一个结论:这个行当大有可为,因为这个产业的全球市场容量高达60亿元,而且利润远比外人想象的要丰厚。但问题是世界上还没有一家企业真正"看得起"这个行当。由此,他开始了他的"小器之王"的创造之路。

3　精益求精铸"小器"

"做品牌就要有打持久战的准备。"梁伯强说。从产品而言,款式要贴近时代,要有时尚感,产品外观要不断更新。

1998年,梁伯强投资1000万元,请来了广州指甲钳厂的技术副厂长李国雄、杭州张小泉剪刀厂高工张声寰等一批业内的技术精英,引进了一批加工设备,在借鉴国外的生产工艺和设计的基础上进行革新,尤其是对刃口进行了技术改进,将传统的挤压型改为剪刀型,从而提高了锋利度。11个月之后,第一批"非常小器——圣雅伦"指甲钳问世,并在1999年的全国百货订货会上力压韩国产品,一炮走红。

产品要满足消费者需求,产品的品质要有绝对的保证。为了做到这一点,梁伯强在企业内部制定了一套比"国标"还要严格的内控标准。2000年3月15日,重达35吨、价值200多万元的总计285万个单件的"非常小器"被梁伯强亲手销毁。这批产品质量虽然符合国家1992年颁布的质量标准,但是,它不符合"非常小器"的内控标准。"非常小器"内控标准的15项技术指标是要达到或超过国外著名品牌的。

做品牌必须增加产品的附加值,他认定指甲钳就像女孩子的挎包或者发夹一样,只要注入文化含量,完全可能提升附加值并引起消费冲动。梁伯强就在产品的细节和文化含量上下功夫,强调产品的个性化和环保概念。比如,"非常小器"就有专门的婴儿指甲钳,指甲钳面是平的,比成人的要短一半,这样的设计充分考虑到婴儿指甲的特点,避免剪到婴儿的肉,产品一推出市场就成了妈妈们的爱物。

从产品的外观上,要满足消费者不同的个性需要。小孩的指甲钳就用活泼的卡通设计,女士的护理指甲钳就设计成时尚的浪漫色彩。在指甲钳上加一个小套子,避免指甲壳溅到眼睛里,既方便,又环保。

虽然圣雅伦已是国内指甲钳第一品牌，但大众对其认知度似乎还不够。梁伯强认为，渠道建设是个难题，如果去一家家大商场进行推广，不是很容易。现在，公司在一级城市建立了自营专卖店，出售圣雅伦高档产品。为了进入义乌这样的小商品批发市场，圣雅伦将广告语"非常小器"剥离出来，发展成为一个子品牌，专门指代中低端产品，而高端产品仍然沿用"圣雅伦"。

4 让指甲钳成为第二张名片

指甲钳"非常小器"虽是国内指甲钳第一大品牌，但仅仅只是行业品牌，作为大众消费品，没有大众的认知，产品很难推广。而指甲钳的单位价格低，如果像其他商品那样采取广告轰炸的形式，虽然能在短时间内迅速提高知名度，但产品的成本也会随之提高，从而在价格上失去优势。

刚开始，梁伯强也采取和传统厂家一样的渠道模式，走全国批发的道路，卖产品，卖功能，但是效果不是很理想，市场开拓非常艰难，人家只认韩国货才是高档货，把"非常小器"归为低档的国产货范畴，导致"非常小器"的日子还不如那些国产货。因为成本比其他国产货高，梁伯强的产品处在尴尬的地位。

梁伯强后来认识到了问题所在。"如果仅仅只是把指甲钳当成一个个人护理工具，那要是想卖出10万个指甲钳，即使是放在北京王府井生意最好的商场里，十万人排队没日没夜地买，也需要整整十天。从这个角度来说，产品的质量越好，寿命越长，销售越不乐观，对企业也越不利。可见，按照传统方法，这市场根本没得做。"梁伯强说。

由于经常出席各种公众场合，梁伯强总结了一个事实：一个人每天可能会收到大量名片，也会发出大量名片，名片的目的就是想让人知道你，记住你，但这其中很少会有被拿出来看第二次的。在梁伯强脑海中又闪现出一个念头——让指甲钳成为人们的第二张名片。梁伯强将想法付诸实践，对于第一次使用这个产品的人，梁伯强几乎都是免费奉送。

圣雅伦的业绩证明了梁伯强策略的正确性。在名片指甲钳投产之前，圣雅伦的年销售额是8000多万元，而生产名片指甲钳4个月后，年销售额就达到了1.5亿元。从接到订单的第一天起，每天工厂就要生产5万个名片指甲钳。现在，仅这一个产品，每天圣雅伦要做20万个。

5 塑造自主品牌

只有塑造出自己的品牌，才能得到长远的品牌利益。

和很多国内企业一样，"非常小器"这几年依靠生产成本低的优势，以优质的产品打入国际市场，跻身世界前三名。然而，"非常小器"在同行同等低价的国内却没有什么市场。由于劳动力成本同样低廉，加之消费者心理不成熟，见便宜就买便宜的，导致企业大打价格战。而指甲钳在功能上的差别并不大，品质上的差别也不是很容易就能辨别。一些国内厂家起步低，高品质的做不出来，只能降低价格。这些企业没有明确的产品定位，也没有长远的品牌意识，为了抢占更多的市场份额，不惜以牺牲产品的品质为代价,采用劣质原料,减少生产环节,以降低生产成本,实在不行了就干脆不做这个市场,如此急功近利,结果毁了一个产业。

梁伯强认为解决问题的方法还是品牌的塑造。如何进行品牌推广?如何解决品牌与成本之间的矛盾呢?圣雅伦公司新任总经理陈卫建提出了"品牌工程"和"造血工程"同步走的设想。"造血工程"是将"非常小器"两百多个品种中相对附加值较少的产品走低端批发市场,通过减少中间环节,将其中的利润还之于消费者。一方面大大提高受众面,另一方面销量的增加会带来丰厚的利润。而"品牌工程"则是从指甲钳延伸出来的个人护理用品,走高端路线,继续在宾馆、大商场销售,塑造"非常小器"的品牌形象。

案例使用说明:

一、教学目的与用途

本案例描述创业者梁伯强从总理对指甲钳的批评中寻觅商机,塑造品牌,成功创业的事实,使学生培养从抱怨和批评中发现商机的思维习惯,进而为创新创业做好准备。

二、启发思考题

1. 梁伯强为何决心专注于生产指甲钳?
2. 梁伯强从哪些角度提升其产品的价值?
3. 为了推广自己的产品,梁伯强用了哪些战略?

三、分析思路

教师可以根据自己的教学目标来灵活使用本案例。这里提出本案例的分析思路,仅供参考。

梁伯强偶然在报纸上读到一篇文章就发现了指甲钳的大商机,立马想到指甲钳可以有所作为。我们首先要学习善于发现商机。梁伯强在决定做指甲钳企业后,并没有马上展开筹建,而是先对这一行业进行考察。国内市场的不景气并没有击败他的决心,国外制作精良的指甲钳让他燃起了斗志。他将国外的技术引进,创造了自己独一无二的指甲钳。从产品外观、内在品质等多方面进行了产品价值的提升,满足消费者需求。如果我们能够学习梁伯强从发现到创造再到推广这一系列创业模式,这将对创业发展有很大的帮助。

四、关键要点

1.商场中缺少的不是商机,而是发现商机的眼睛。这还不够,要将商机转化为财富,不仅需要一颗聪明的脑袋,更需要脚踏实地、真抓实干,并专注于此。

2.要将自己的产品打造成为独一无二的、附加值高的产品,就要有自己的品牌。品牌具有巨大价值。

参考文献:

[1]林伟.义乌小商品市场的成功发展给批发业的启示[D].成都:西南财经大学,2005.

[2]赵仕红.我国企业的品牌战略研究[D].南京:南京理工大学,2008.

[3]陈锡挺.做发现商机的有心人[J].邮政研究,2011(2):56-59.

(撰稿人:江西师范大学 张曼云)

总理点赞的米粉创业者——"伏牛堂"张天一

摘要:

本案例以总理为"伏牛堂"米粉的创立者张天一点赞为背景,描写了创业者张天一在家乡传统产业中发现商机,创立"伏牛堂"米粉并取得成功的事例,分析了张天一创业成功的原因。这一案例对创业者激发创业动机和寻找商业机会提供了有价值的借鉴。

关键词:

伏牛堂;张天一;创业动机;创业机会

0 引言

在中关村创业大街,有一家叫"伏牛堂"的米粉铺,该餐饮企业主要经营湖南常德牛肉米粉,在短短的半年时间内,便被外界视为与雕爷牛腩、黄太吉等齐名的互联网餐饮品牌。公司也获得了一批顶级投资机构如险峰华兴、真格基金、IDG等的投资。2014年,伏牛堂的估值已达数千万元,已卖掉11万碗常德牛肉米粉,把这些米粉的长度接起来,大概能绕北京六环一圈。创立"伏牛堂"这个品牌的是北大创业营的青年代表、"米粉硕士"常德小伙张天一,他在家乡牛肉米粉传统产业中找到商机,利用"互联网+"和现代资本运作创成大业,对传统饮食业的转型升级进行了有益的探索。李克强总理来到北京中关村创业大街考察时,看到张天一的衣服上印有"霸蛮"两字,就问:"'霸蛮'是什么意思?"张天一解释:"'霸蛮'是湖南方言,拼命三郎的意思。有一句俗语叫'吃得苦、耐得烦、霸得蛮',印在衣服上做品牌口号是希望自己的创业团队也要有这样的精神。"总理听完之后微笑着表示肯定,还说创业者就应该这样。那么,"伏牛堂"企业是如何壮大的?张天一创业成功的原因又是什么呢?在张天一身上有哪些优点值得借鉴?

1 法学硕士的"米粉经"

选择牛肉米粉作为创业项目,法学硕士张天一是经过深入分析和调研的。

首先,这是家乡的味道,米粉遍布常德的大街小巷。其准备工作主要在前期,牛肉、牛骨汤要提前约10小时熬制好;等到真正操作的时候,全过程不超过30秒,某种程度上具备了标准化操作的可能性。而雕爷牛腩、黄太吉等餐厅的成功,也给了张天一很大的鼓舞与启发——餐饮业在移动互联网时代有很大潜力可挖。

为了拜师学艺,张天一和合伙人走街串巷,吃遍了常德的米粉。随后,他们又开始进行标准化提炼:用小秤一勺一勺地称量每种配料的分量,又通过常德餐饮协会邀请到当地最有名的几家米粉店的主厨品尝,最后才制作出产品配方。

"那时候我有个诨号叫'阿香婆'。"张天一笑着说,创业之初,店里的牛肉都是自己炒制的,每天要忙到深夜,衣服上充满了牛肉味儿,右手也变得格外强壮。

就在张天一创业后的一个多月,国家出台了"大学生创业引领计划",鼓励和支持更多的大学生创业。"硕士粉"的故事被报道后,张天一成了媒体和大众追捧的对象。慕名而来的顾客蜂拥在小店中,以至于不得不限量销售。

2014年6月25日,第二家"伏牛堂"开业,店面面积扩大到180多平方米。

2014年6月27日,北大法学院毕业典礼倒计时的前一天,张天一独自一人,在店里盘点创业以来所有的营业数据。1.4万碗!"这样一个数字,让我知道,至少有些东西是踏踏实实的。"他立下了一个目标:到年底卖出10万碗粉。11月中旬,目标达成,比他的计划提前了一个半月。

在创业带来的奇妙"化学"反应中,政策、市场无疑是催化剂。张天一认为,顺势而为,在对的时机做对的事很重要。近几年是中国创新创业环境最好的时期。一系列促进创新创业的政策陆续出台,在市场上,也有越来越多的投资机构、投资人开始将资金投向创业企业。

大学生创业,没有经验怎么办?张天一却认为,没有经验恰恰是"90后"最大的优势。在与青年创业者的交流中他发现,"90后"创业者更看重自我价值的实现,愿意做别人没做过的事。"我们做的是增量市场,而经验适用于存量市场,反而可能会成为束缚。"

对于张天一和他的团队来说,创业除了带来财富上的增值,更大的改变来自精神层面。"创业经历的事情,可能在职场上需要好几年才能按部就班地接触到。现在短时间内就体会到了,这感觉真的很棒!"

2 改变世界从"米粉艺术"开始

按张天一的说法,餐饮业在中国一直是比较"土鳖"的行业,累、脏、乱,而且卑微。但是中国餐饮业一年的产值是多少?3.5万亿美元,比互联网行业可能还要高一点。但是为什么中国没有自己的肯德基、麦当劳?没有自己的巨型连锁餐饮企业?是技术操作的问题吗?当张天一重新回到餐饮行业,重新思考起当年的理想时,他发现技术完全不是问题,中餐也完全可以像西餐一样实现工业化的标准生产。"问题的症结在于人,没有人真正热爱这个行业。这个行业不缺钱,缺的是尊严。"

为了做好伏牛堂,张天一吃遍了常德大街小巷几乎所有的米粉,吃到"这辈子再也不想碰米粉"。一开始,店里只有张天一和3位合伙人。牛肉自己切,自己炒,自己炖,米粉也是自己进货,自己泡,自己发,自己煮……所有的工作都是自己做。他们一面是创业者,一面也是最朴素的体力劳动者。

凌晨两点,张天一安静地守在一锅牛骨汤前,这里面藏着第二天上百位食客味觉"冒险"的全部秘密。米粉汤头要鲜嫩,就得用牛骨提前10个小时熬制。张天一想用一道简单的美食告诉中国人,餐饮不仅仅是商业,更是一门不断追求极致的艺术。

3 做具有人文思维、受人尊敬的企业

在伏牛堂,就餐时间并未出现预想中的火爆场面。张天一很坦然,他认为以前那种火爆的场面是"不正常的好",现在才是立得住的"正常的好",目前每天单店的流水在8000元到10000元之间。他说,创业最忌讳的是"成功者心态",尤其是餐饮行业,更要稳扎稳打,在没有准备充分的情况下疯狂开店、疯狂加盟是比较危险的。"伏牛堂的实体门店数量只要保持在一个能够承接住品牌影响力的范围内就好。"

"半年前,我们只是一家小店,现在我们已经成为一个公司。"张天一说,伏牛堂正在形成自己的企业文化,并明确了发展愿景,那就是,"不做中国的肯德基、麦当劳,而是要做一家受人尊重的餐饮企业"。

很多人认为,伏牛堂是一家拥有互联网思维的餐饮企业。张天一对此并不认同,"互联网只是手段,我们只有一个思维,就是人文思维。"体现在工作中,就是以人为尺度,让一切变得更好玩。

伏牛堂的员工,几乎全是"90后",他们一半是大学生,一半是进城务工人员。怎么激发他们的工作热情?张天一将工作流程游戏化,给每个工作任务设定经验值,员工完成任务后可以获得"牛币",用来换假期或向老板提要求。以前没人愿意干的活,现在大家都抢着干,张天一说,这证明游戏管理法起到了作用。

在伏牛堂的收餐台上,可以看到一张环保行动卡片。顾客用完餐,如果自己收碗,并将垃圾按照残汤、塑料碗、筷子、废纸的顺序分类投放,每次消费后盖一个章,盖满10次,可以换价值128元的"霸蛮衫"一件。这款为员工制作的服装,大受顾客欢迎,仅一个夏天就送出了1000多件。

伏牛堂以漫画的形式,将牛肉粉的配方在微信上公开。"没有人像我这样卖米粉,"张天一说,"为什么敢这么自信地公开配方,是因为我们真正的核心竞争力不在这张小小的纸片,而在开业以来积攒下来的几个微信群、几个QQ群的忠实顾客。"

在伏牛堂的商业模式里,通过问卷调查和支付入口端的数据采集,他们还原出了忠实顾客的"肖像":来自湖南及周边省份,70%以上是女性,"85后"占了81%。米粉就像一个引流器,将这些群体特质非常突出鲜明的人吸引聚集到了一起。

于是就产生了"霸蛮社"——一个在京湖南人的乐活空间。在霸蛮社里,没有老板、顾客、服务员的"标签",大家一起读书、看片、赏曲、吃饭、做公益,一起出去玩。玩着玩着,有的顾客变成了员工,有的员工离职后依然活跃在霸蛮社。

"我们的米粉是起点,而不是终点。"张天一认为,小众生意做到最后不一定小众,而是将成为某一类消费人群的入口。通过大数据挖掘的方式,可以制造一些吃粉之外的消费场景。"伏牛堂真正好玩的地方就在于我们有很多的想象空间,具体说,我们也不知道未来会成为什么,只是希望做出靠得住的米粉,这样,我们才有资格去探索未知的方向。"

4 做自己命运的主宰者

张天一坦言很后悔自己没有珍惜大学时赚到的第一桶金,那是创办"天一碗"留下的一百万元。当时太年轻,只知道去旅游、购物、挥霍,如果能够尽早建立理财的概念,后来创办伏牛堂也不会如此艰难。

"很多年轻人吵着要思想独立,在我看来,在经济没有独立的情况下,思想独立就是一句空话。"张天一说道。这个倔强的小伙子在给建议的时候依然带着对理想生活的执着追求。"可能我现在不能告诉你我日后具体想做什么,但我想要的生活状态是很明确的:我不会被动地让生活来选择我,而是有能力去选择生活。"

不是为了追求财富而创业,而是为了有能力去选择生活而努力赚钱。对于未来,张天一还有更大的计划与野心。

当黄太吉煎饼、西少爷肉夹馍、雕爷牛腩等一众"互联网餐饮品牌"都渐渐悄无声息,霸蛮(伏牛堂)米粉的"传说"还在,先后被华尔街日报、中央电视台报道宣传。2018年,伏牛堂正式更名"霸蛮",已在全国各地开了50多家店,卖了1000多万份米粉,融资5次近亿元,成为日销200万元、年入2个多亿的知名餐饮企业。对于未来,张天一有清晰的未来规划,正如他曾经说过"不管未来如何,用心把自己喜欢的事情做好,就已经是人们赢家了"。

案例使用说明：

一、教学目的与用途

1.本案例主要适用于创业学、创业动机分析等课程。

2.本文是一篇描述张天一的"伏牛堂"米粉企业成功创业的教学案例,其教学目的在于使学生对创业的动机、创业机会具有感性的认识及初步的思考,从激励水平、公平理论等角度分析问题,并提出解决方案。

二、启发思考题

1.你如何看待"伏牛堂"米粉的成功?

2."互联网+家乡特色饮食"使张天一找到了新的商业机会,你对此如何评价?

三、关键要点

1.本案例中,创业者张天一从家乡湖南常德最传统的特色饮食——牛肉米粉中找到了商机,运用互联网思维和现代融资手段促进传统产业升级。

2.张天一具有湖南人"霸蛮"的性格特征和创新创业精神,正是这种精神,让他勇于放下法学硕士的身段,积极思考创业致富,并从改造、升级家乡的特色传统产业中成功创业,实现人生价值。

参考文献：

[1]钟晓红.大学生创业教育[M].北京:北京理工大学出版社,2010.

[2]张涛.创业教育[M].北京:机械工业出版社,2007.

[3]刘平,李坚.创业学:理论与实践[M].北京:清华大学出版社,2009.

[4]王卫东,黄丽萍.大学生创业基础[M].北京:清华大学出版社,2015.

[5]王艳茹.创业资源[M].北京:清华大学出版社,2014.

(撰稿人:江西科技学院　周小丰)

航模"发烧友"的蓝天创业梦

> **摘要：**
> 本案例以在校大学生航模"发烧友"群体创办南昌市云悟文化传媒有限公司（以下简称"云悟公司"）的成长之路为背景，描写了公司团队的组建、对市场机会的把握和对企业未来发展方向的探索。这一案例有助于大学生对"兴趣圈"与"机会圈"进行识别和把握，了解社会行业特别是新兴领域初创公司的特点和发展，识别创业机会和打造核心团队，为大学生职业生涯规划和创新创业提供有益的借鉴。
>
> **关键词：**
> 兴趣；创业机会；云悟无人机

0 引言

在很多人看来，能将兴趣爱好与工作结合起来，是一件非常幸福的事情。事实上，并不是每个人都能如愿以偿。那么，如何正确认识和理解兴趣爱好，又如何识别社会行业特别是新兴领域的创业机会，使"兴趣圈"与"机会圈"相交并有更多重叠，并牢牢把握住更多可能，使之成为个人和公司发展的"沃土"呢？云悟公司的小伙伴，用实际行动和业绩很好地回答了这个问题。从航模"发烧友"到工作室，再到商业运营公司，云悟公司带给大家很多的启示：有对兴趣爱好的执着热爱，有对商业机会的识别和把握，有核心竞争力的形成，有对未来发展的思考，等等。如果你想知道更多的话，就一起走近"云悟"吧。

1 航模"发烧友"

人类有在空中自由飞翔的梦想，希望自己能像鸟儿一样，用自己的眼睛，从不一样的视角去发现和了解身边的世界。有这样几位航模"发烧友"，用小小的飞机当翅膀，放飞梦想，快乐地翱翔在蓝天白云之间。

陈有明，江西农业大学园林与艺术学院艺术设计2012级学生。他曾是江西农业大学"每一刻"影视工作室的创始人之一，业务做得有声有色。陈有明与无人机的结缘，始于2013年网上疯传的作品《俯瞰农大》。看到这个作品，陈有明觉得非常震撼,很不可思议。"航拍+传统影视",一个全新的想法开始在陈有明的脑海中酝酿!拿着工作室的分红,陈有明独自走上了航模组装、调试和试飞的征程。一个艺术专业的大学生,在电子方面一窍不通,从在淘宝购买零件,到一点点焊接,陈有明艰难地组装起了自己的第一架航模飞机。可是,成功的喜悦却在第一次试飞时摔得粉碎。欲哭无泪的陈有明没有放弃,他选择了一边学习,一边赚钱。在无人机论坛,他认识了南昌理工学院的"模友",继而找到了《俯瞰农大》的作者李海峰,还有史思明、闫真阔等小伙伴。陈有明发现,自己的航模世界就像眼前的蓝天一样,一下子变得美丽和宽广。

李海峰,江西农业大学老师,资深航模玩家。2005年开始制作无线电遥控飞机;2008年起,开设了"无线电遥控飞机的制作和试飞"公选课;曾尝试实际运用航模飞机,如在朋友的婚礼上,多次用遥控飞机将结婚戒指精准地送到新人手中。从2011年起,他在航模飞机上挂载摄像头和无线图传来实现FPV(第一人称主视角)飞行。从固定搭载到多轴旋翼飞机,从标清摄像头到超高清专业摄像机,从直接挂载到专业云台稳定器挂载,李海峰逐渐进入航拍领域。2013年,拍摄并制作完成作品《俯瞰农大》;2014年年初,和史思明、闫真阔一起,在南昌商学院成立航点模型社,开始承接专业航模业务。

就这样,几位航模"发烧友"走到了一起,从"单飞"到了有组织、有目的的专业航模飞行,也正式拉开了他们的无人机创业序幕!

2 第一桶金

2014年11月,参与江西二套"为爱前行"公益活动的航拍时,李老师和三个小伙伴一起,住帐篷,吃泡面,三天三夜,催生了"云悟航拍工作室"。为此,李老师拿出自己珍藏了多年的飞机。江西电视台的编导被大家的创业想法和拍摄作品所感动,继而推荐给江西三套航拍栏目组。在栏目组的帮助下,工作室已经能够顺利完成大部分航拍镜头,开始承接一些小业务。

2014年12月,工作室的小伙伴们惊喜地接到了中央电视台江西记者站的电话。原来,鄱阳湖进入枯水期,央视需要航拍一些镜头。当自己拍摄的内容最终出现在中央电视台的节目中时,小伙伴们激动了。2015年3月,婺源花海的内容又在央视《焦点访谈》播出。小小的无人机,就这样把众人的梦想送上了中国最高层次的电视平台!航拍宣传片马上被调整部署进入工作室的服务内容中。优酷视频网站上,醉美系列之《醉美乡愁社迳》《醉美铜鼓》等以及《婺源·江岭》《瑶湾航测》《山水弋阳·怪石林》《秀美圭峰》《看见南昌商学院》等陆续强势推出,美不胜收的江西山水和生态文明建设成果,牢牢地抓住了网友的眼球,点击量持续攀升。同时,通过制作婺源窑湾景区等宣传片,工作室很快挖得了第一桶金。

为了增强拍摄效果,工作室先后将赚来的三十多万元投入到装备更新升级中。高性能后期制作电脑、摄影器材还有更多的无人机,成为小伙伴们放飞梦想的"利器"。

3 720°全景①漫游

2015年4月,周冠城带来了720°全景项目。经过考察和讨论,大家发现,720°全景虽然有不少人在做,但多集中在沿海发达城市,江西基本没有,空中720°全景做得了的就更少了。就这样,航拍720°全景被正式列为工作室服务项目。对于工作室来说,航拍和全景技术都不是问题,难点在于如何相互结合,形成自己独有的空中720°全景图。经过整整一个月的努力,《蓝天下的校园——江西农业大学》正式推出,转发量迅速突破2万,点击量达到6万。江西农业大学官网的跟进,使小伙伴们信心大增。随后,720°全景"蓝天下的校园"系列之江西财经大学、南昌大学、南昌航空大学和江西师范大学等陆续与大家见面,反响强烈。

不一样的美丽和真实的情感共同发酵,助推了720°全景项目的发展。小伙伴们成功地拿下了来自上海等地的30多个城市空中全景业务以及100多万元的合同,赣州印象之学院篇、风景篇、建设篇,蓝天下的共和国摇篮——瑞金、金溪、会昌……也陆续与大家见面。全新独特的视角与传统传媒的完美携手,呈现了无与伦比的视觉盛宴!在江西农业大学建校110周年暨本科教育75周年之际,小伙伴们又适时推出了720°全景校史馆和风光明信片,作为献给学校和校友们最好的贺礼!

4 未来的天空

2015年5月,南昌市云悟文化传媒有限公司注册成立。11月,公司成功入驻江西北大科技园。同月,由团中央学校部、全国学联秘书处、中国青年报社、KAB全国推广办公室联合开展的"寻访2015年大学生创业英雄活动"评选结果揭晓,陈有明成功入选百强,名列全国第17位。

在江西北大科技园区三楼的办公室,略带腼腆的陈有明说起无人机,谈起云悟,聊到小伙伴们,眼神中透露着憧憬和希望,也带有一种同龄人少有的沉稳和淡定。陈有明说:在主营业务方面,随着"深交会"无人机专场的火爆,无人机市场"井喷",无人机迎来了第二次创业热潮,云悟公司同样面临着挑战和机遇。公司坚定着自己的发展方向,努力探索和开拓"无人机+"更为广阔的市场。今后的工作或许不再会像以前那么幸运,公司目前也面临着业务来源较窄,市场空间有待进一步拓展;团队专业结构不合理,大家都倾向于技术层面,缺少管理和市场推广人员等问题。进一步的发展会有不少的困难,也会遭遇"瓶颈"。但是,有国家创新创业的大环境,有新兴领域带来的机会,有李海峰老师和史思明、翟文灏、江山、徐宏睿、迟禾禾、苏泽云等14位小伙伴的共同努力,未来的天空一样会美丽和精彩!

---

① 720°全景,即视角超过人的正常视角的图像,我们这里说的全景特指水平360°、上下360°都能观看的,能看到"天、地"的全景。全景实际上只是一种对周围景象以某种几何关系进行映射生成的平面图片,只有通过全景播放器的矫正处理才能生成三维全景。

>> 案例使用说明：

一、教学目的与用途

1.本案例主要适用于创业学、职业生涯规划与发展等课程。

2.本文是一篇描述新兴领域初创公司的案例,其教学目的在于使学生对社会行业特别是新兴领域有一定的了解和认识,从而理解创业机会识别、团队建设和公司运营等知识要点,促进对自身职业生涯规划与发展相关内容的认识和理解。

二、启发思考题

1.如果你是云悟公司负责人,在二次创业前你会怎么做?
2.如何理解"兴趣圈"和识别"机会圈"?
3.初创公司如何进行市场推广和提升核心竞争力?
4.本案例对大学生创业有什么启示?

三、分析思路

教师可以根据自己的教学目标来灵活使用本案例。这里提出本案例的分析思路,仅供参考。

1.新兴领域有机遇,同样存在挑战。
2.环境探索:创业机会的识别、开发和实现。
3.自我探索:兴趣、能力、性格和价值观。
4.团队建设。
5.企业核心竞争力。

四、关键要点

1.初创公司的团队建设。
2.初创公司的宣传与市场推广。
3.职业生涯规划之自我探索和环境探索。
4.企业核心竞争力的打造。

(撰稿人:江西农业大学　黄小珊)

芒果青年：在高校服务创新中成长

> **摘要：**
> 本案例以"85后"大学生创业者姚智德的个人创业成长经历为背景，描述了姚智德利用读大学的机会，在校园里不断发现商机，开发多个创新创业项目，从万年县一个普通农家子弟成长为公司董事长，实现从在校创业实践到成功创新高校餐饮服务行业的跨越。姚智德个人在捕捉商业机会、整合商业资源、创新商业模式方面，显示了一定的商业禀赋，其创业经历对正在和即将创业的在校大学生具有启示意义。
>
> **关键词：**
> 创业精神；创业机会；创业资源整合；商业模式创新

0 引言

姚智德，江西省大学生十大创业典型，江西省教育厅特聘青年创业导师，2015年硕士毕业于江西师范大学政法学院。自2006年考入江西师范大学后，他一直坚持创业实践，先后创办了电脑维修中心、品格格子铺、洛可可西餐厅、芒果公寓等。2013年，他注册成立了江西芒果青年实业有限公司并担任总经理一职，吸引了来自上海、湖南的合作伙伴，专注于高校商业综合体品牌的设计、推广、管理，目前经营"芒果青年"品牌下的江西师范大学第二食堂，江西科技师范大学红角洲校区第一食堂、枫林校区第三食堂，江西财经大学南院食堂，泰豪动漫学院芒果青年街和贵州大学明德学院食堂，营业面积近25000平方米，为600余人提供了工作岗位，为700多名在校大学生提供了安全、方便的社会实践平台。截至2017年，已先后在赣、湘、贵等省份成功落地运营32个校园项目。芒果青年立足做校园综合服务提供商，让大学生校园生活更美好，致力于打造高校综合服务第一品牌。

2018年，姚智德带自己的成果参加第四届中国"互联网+"大学生创新创业大赛，经过激烈的角逐，9月12日，他的《芒果青年——打造中国校园服务综合体第一品牌》最终获得江西省金奖，并获"最佳带动就业奖"。

1 商人之子初露锋芒

谈起姚智德的创业经历，就不得不提他的成长环境，他生长在万年县的一个小山村，父亲是一位白手起家、颇有成就的商人。

20世纪90年代初，年仅5岁的姚智德就对父亲辛苦创业、发家致富的奋斗过程深有体会。"父亲是一个努力的人，对生活有着美好的向往，"姚智德回忆道，"刚开始的时候，父亲磨豆腐、养生猪。那时候都是用牛拉磨，到了过年过节需求量特别大，晚上经常通宵作业，每天起早贪黑非常辛苦。在有了一定的积蓄后，父亲又开始养鱼、做大米加工，他的努力与勤奋逐渐为家庭带来了财富，他也从一个普通的农民跃身为当地知名商户。"父亲的一言一行潜移默化地影响着姚智德，创业的种子在他心底慢慢生根发芽。

2006年秋季，姚智德考入江西师范大学城建学院工程管理专业，从小受家庭环境的影响，他喜欢折腾，也喜欢思考，所以他积极参加各种学生社团，锻炼自身各方面的能力。2008年下学期开学，他新买的IBM笔记本电脑被盗，不敢跟家里人说，于是想自己挣钱再买一台。为了挣钱，姚智德来到了一个学长在长胜园开的电脑维修店做兼职工作，脏活累活都主动干。那时一心想当老板的他，在那里积极主动做事，免费干了两个月，由于他并不精通电脑维修，学长不愿意和他合作。在当时电脑还是一个比较新的工具，维修具有一定的技术难度，姚智德认定大学生在这一行创业有相对的优势，最终他以他的真诚和较高的入股价打动了学长，两人一起合伙经营那家电脑维修小店。当时他投资1万元购买维修店50%的股份，而其中7000元是家里为他准备的学费。

2009年上半年，姚智德把维修中心的人气做上来后，以数倍的价格转让了电脑维修店，在另一处租了一个不到24平方米的店面。面对不菲的租金，他在想如何能让利润最大化，于是他想到了无进货压力的格子铺，他的商业禀赋和创意在经营格子铺过程中得到了充分的展示。在空间开发上，他将有限的空间分割成99个格子，按视角审美的原则将格子全部分层定价，收取不同的租金。通过海报宣传，很快将99个格子全部出租了，每月租金高达万元。姚智德一直就把格子铺定位于"杂"，99个格子陈列着各式各样的新奇玩意儿：布偶、首饰、化妆品、鞋、衣、袜等。他的格子铺前所未有的实，前所未有的杂，也是前所未有的火热。经营一年后，他又以数倍的价格转让了格子铺，他也开上了属于自己的第一辆车。

继格子铺后，姚智德又合伙开办了"品格生活馆"，为江西师大女生提供瑜伽练习场所，同时提供化妆、美容体验等服务。之后他又独资开了一家"掌柜女装店"，每天起早摸黑，忙得不亦乐乎。然而创业之路并非一帆风顺，服装店开张不到两个月，一场突如其来的大火把小店烧了个精光，损失近6万元。那个时候有人劝他放弃创业，而姚智德始终都不甘心。在遭受重大损失后，他重整旗鼓。师大二食堂三楼的店面转让出售，让姚智德看到了新的商机。姚智德和合伙人在此开了一家独具品格的"洛可可西餐厅"，为在校园飞扬的思想和创意提供了一个发展平台。这既是他回报母校的一种方式，更是他创业过程中一次新的选择，而他也因此成为校园青年创业的代表人物。

2 重回母校再萌创业梦想

转眼几年的大学生活过去，一帆风顺的姚智德在临近毕业时忽然有了一丝不如意。"不得不承认,大学这几年,我把更多的时间花在了创业上,对学业并没有留太多的心。"姚智德吐露了当时的心境。因为他读的专业是房地产发展方向,许多同学都在全国知名房企找到了工作,而他却还是守着几间小店。"学生时代做生意是创业榜样,但一进入社会,自己与千千万万的'个体经营户'没什么区别",这与姚智德对未来的美好憧憬有着太大的差距。

姚智德带着这种复杂的心情毕业了。在之后的两年里,他试图将自己的生意扩大,先后成立了航拍公司、教育培训等机构,但不如学生时代那般顺利,对行业的定位以及对社会需求的把握出现的偏差,让这个意气风发的小伙子开始陷入困境。"那个时候感觉人生特别灰暗。"姚智德回忆说。失败与焦虑让他失去了斗志,在经过一段时间的挣扎后,他沉淀下来重新梳理未来的方向,最后决定重新拿起书本,攻读硕士学位。

2012年,姚智德考入江西师范大学政法学院攻读硕士学位。重回母校的姚智德又像鱼儿入了水,冥冥之中似乎注定他与校园有着难以分割的情感,他的人生又展开了一段蓬勃的创业生涯。

入学后不久,江西师大第二食堂承包到期并对外发出招标公告,敏锐的商业嗅觉让姚智德感到这是一个机会。从1999年开始,国内所有高校后勤进行了面向社会的招投标改革,其中最主要的就是高校食堂,在姚智德看来这是一个肥沃的创业土壤。在母校摸爬滚打了四年,对高校运营体制与学生市场需求他非常有把握,他几乎没有犹豫就决定把这个项目接下来运作。而正是这没有想太多的一步,让姚智德开启了真正的事业起跑路线。

3 用商业地产思维创新高校餐饮服务

拿到食堂经营权后,姚智德并没有打算用传统的食堂经营方式来运作。他脑海中冒出了一个大胆的想法:用商业地产的方式来打造一个高校文化商业综合体,一个集快餐、特色美食、品牌餐厅、休闲娱乐、培训服务、创业园为一体的新概念大学综合体。

这个想法让姚智德兴奋不已。在接下来的日子里,他整合自身一切人脉与资源进行招商。不得不说,这些年来的创业为他积累了一些资源与经验,虽然在这个过程中历经艰辛与困难,但他仅用了两个月就将三层楼的商铺全部招满。综合体内入驻了中西品牌餐厅、文艺咖啡店、特色手工店、大学生工作室,还有他自己投资经营的连锁餐饮品牌"爱上蒸品""七千瓦咖啡"。与纯粹的商业地产不一样的是,芒果青年文商综合体除了提供餐饮、休闲场所,最大的特点就是组建了鹿鸣文化创意创业园。现在创业园拥有20个创业团队,参与创业的大学生有1000多人,项目涉及电子商务、教育培训、餐饮、服饰等多个领域。虽然已经毕业,姚智德仍时常去创业园指导正在创业的学生团队,并时常开设创业沙龙与师弟师妹们分享他的创业经验,为更多大学生提供创业实践演习场所。"我不想做商人,我只想做一个企业,做一名企业家。"姚智德说。因为在他看来,生意人、商人和企业家是有区别的,生意人以利润为本,一切为了赚钱;商人有所为,也有所不为;企业家则要有影响社会、为社会创造价值的能力,赚钱是一个企业家的基本技能,而不是所有技能。他希望用自己的能力将更多人的梦想孵化,与他们共同成长、共同获得满足,这其实也是他个人自我实现的一个过程。

这个大胆的想法给姚智德交了一个满分卷,第一个综合体当年即实现利润300万元,这样的成功无疑给了姚智德足够的动力,他的生意扩张也开始了。

4　小小芒果的腾飞裂变

芒果青年文商综合体在南昌这个城市慢慢打响了知名度,跻身行业前三的位置。因为项目地处高校市场,以学生为消费主体,相比市区万达等商业地产来说有绝对的价格优势,一些年轻人也更乐意避开热闹的都市,在他的芒果青年文商综合体里消磨假日。

"3至5年的时间,我要让'芒果青年'在新三板上市。"姚智德自信地说。为了这个梦想,姚智德和他的团队正竭尽全力,铆足干劲。

5　不忘初心,方得始终

在姚智德的微信个人签名上,他用了四个词来介绍自己:"农家孩子、硕士、创业者、实干派。"其中他最喜欢的一个词是实干派。姚智德说:"现在很多大学生、年轻人都不缺乏梦想,但是真正付诸实践、真正去做的人太少了,创业更需要执行力和实干精神。"他就是一直在做,踏踏实实地做,来实践自己的梦想。在创业的途中,他也不忘学习,学习如何维修电脑,如何选材,如何装修。"不会,没关系,学!"和我们一样,他很平凡,却让年轻的生命绽放得如此绚烂,如此夺目。

在国家大力提倡"大众创业、万众创新"的时代,姚智德给正在创业路上迷茫着的大学生做了一个好榜样。2014年4月,他获评江西省大学生十大创业典型;2015年12月,姚智德被聘为江西省青年大学生创业导师。人民网、中国日报网、江西日报、江西电视台、南昌电视台、江西凤凰旅游频道等多家媒体对他进行了相关报道。《人民日报》"文教周刊"的主编杨明方曾在姚智德开的洛可可西餐厅组织大学生创业座谈会,并报道他创办的大学生创业公益组织"七千瓦创业公社";在时任全国人大常委会副委员长张宝文组织的"大学生就业、创业政策"调研中,姚智德代表创业大学生做了发言,得到张宝文的称赞。

案例使用说明:

一、教学目的与用途

1.本案例主要适用于创业学、管理学课程,主要用来启发学生对创业机会识别、商业资源整合的深入思考。

2.本文是一篇描述姚智德个人创业经历的教学案例,其教学目的在于使学生对创业者的创业动机、创业精神有一定的认识和了解,掌握创业过程中创业机会识别、创业资源整合、商业模式创新等方法,从而促进自身创新创业能力的提升。

二、启发思考题

1. 你如何看待姚智德父亲创业活动对姚智德创业的影响?
2. 结合姚智德的创业经历,谈谈如何实现传统行业的创新。
3. 你认为姚智德成功创业的关键因素有哪些?
4. 你如何看待在校大学生的创业行为?

三、分析思路

教师可以根据自己的教学目标来灵活使用本案例。这里提出本案例的分析思路,仅供参考。

根据本案例的叙述,坚韧不拔的创业精神是创业者取得成功的关键。姚智德利用在江西师大读书的机会,不断尝试,在校园内成功开发了多个创业项目。从创业角度看,以他的年龄和履历,不仅取得了一定成绩,而且表现出一定的商业禀赋。这些不仅源自父亲创业活动的耳濡目染,也来自他个人坚韧不拔的创业精神,这是其成功创业的基础。在产业长尾和产业升级中捕捉创业机会,从中获取一定的商业价值,这是创办小微企业的有效路径。品格格子铺的创新开发、洛可可西餐厅的个性化设计以及高校文商综合体的创新,都很好地体现了姚智德对产业发展趋势和消费需求个性发展趋势的把握,善于识别与把握商业机会,这是他成功创业的关键。选择自己最熟悉的领域创业是一条捷径。姚智德在大学时期的个人创业经验和资源积累,使他灵敏捕捉高校商业机会,精准把握高校市场需求,灵活整合各类资源,为他成功创新高校传统餐饮服务业奠定基础,也是他成功的保障。

四、关键要点

1. 引导优秀创业学生认识产业发展趋势和消费需求个性发展的趋势,支持学生从产业长尾和产业升级中捕捉创业机会,发挥自身优势,选择具有较大机会窗口和成长性的创业项目。

2. 创业者能否成功地捕捉机会,进而推动创业活动向前发展,通常取决于他们掌握和整合的资源,以及对资源的利用能力。引导大学生创业者,一方面要借助自身的创造性,用有限的资源创造尽可能大的价值,另一方面更要设法获取和整合各类资源。

(撰稿人:江西师范大学 陈文华 陈莉莉)

第六章
商业模式创新的案例

Facebook：最具创新的社交服务网站

> **摘要：**
> Facebook（脸书）在极短的时间内迅速成为世界社交网站的龙头，秘诀在于创始人马克·扎克伯格勇于打破常规，大胆创新，通过不断提供新产品和服务以更好地为顾客服务。Facebook借力风险投资，迅速扩大规模，抢占市场份额，目标客户几乎覆盖全球，通过技术创新，为顾客提供新服务，创造了巨大的利润空间。该案例可为大学生探索和建立企业的商业模式提供有益的思路。
>
> **关键词：**
> 社交网络；电子商务；商业模式

0 引言

Facebook是美国的一个社交网络服务网站，于2004年上线，2012年上市成为美国史上规模最大的IPO（Initial Public Offerings，简称IPO，意为首次公开募股），市值接近1000亿美元。创始人马克·扎克伯格（Mark Zuckerberg）身家由此达300亿美元，成为全球最年轻的亿万富翁。2010年，Facebook被美国知名媒体Fast Company评为世界最具创新力公司。2017年2月，Brand Finance发布2017年度全球500强品牌榜单，Facebook排名第9。2019年7月，《财富》杂志发布2019世界500强名单，Facebook位列184位。从默默无闻到业内龙头，进而轰动全球，Facebook的成功之道是什么呢？

1 公司概述

Facebook创办人马克·扎克伯格是哈佛大学的学生。最初，网站的注册仅限于哈佛大学的学生，之后扩展到美国波士顿地区的其他高校，最终，所有人都可以注册。

Facebook的可贵之处是在经济大环境不佳的情况下，敢于冒险，锐意创新，实现了快速成长。Facebook的特点主要有以下几点：（1）创新的架构：Facebook的架构是用户自己的空间+社交互动的平台+商业应用，这点在全球还没有人能超越；（2）开放的平台；Facebook是唯一将源代码和第三方服务接口完全开放的平台，商用开发者可以最大限度地使用Facebook的用户资源;(3)真实的身份:Facebook的用户都是用真实身份注册和登录,真实的身份成就了真实的社交网络。2008年,Facebook用户数突破1亿,2010年用户数突破2亿,2012年突破10亿,2017年突破20亿。2018年,Facebook每天约有3亿活跃用户。

2 主要功能

(1)墙(The Wall)

墙就是用户档案页上的留言板。注册用户有权浏览某一个用户的完整档案页。自2007年7月起,用户还可以在墙上贴附件。

(2)捅(Poke)

Facebook提供一个"捅(Poke)"的功能,让用户可以丢一个"Poke"给别人。这个功能的目的是吸引其他用户的注意。现在"Poke"派生出新的功能,如"超级Poke",用户可以把Poke替换成任何动作。

(3)礼物(Gift)

2007年,Facebook新增了"礼物"功能。朋友间可以互送"礼物",收到的礼物以及所附的消息会显示在收礼者的"墙"上。

(4)市场(Marketplace)

2007年5月,Facebook又推出Facebook市场。所有Facebook用户都可以使用这个功能用以发布出售或求购广告。

(5)状态(Status)

状态,是让用户向他们的朋友和Facebook社区显示他们在哪里、做什么。

(6)活动(Events)

活动,是帮助用户通知朋友们将发生的活动,帮助用户组织线下的社交活动。

除上述功能外,还有广告服务、热门话题、提问功能、直播频道等。

3 备受追捧

2004年6月,PayPal的联合创始人Peter Thiel向Facebook投资了50万美元。当时Facebook成立才4个月,估值500万美元,这是Facebook获得的第一笔投资。8年后,Peter的投资回报率高达2万倍。2005年5月,风险投资公司Accel Partners向Facebook投资1270万美元。当时,Facebook的市值大约为1亿美元。Accel Partners目前是Facebook最大的外部投资者,拥有大约10%的股份。按照Facebook 1000亿美元的上市估值计算,其7年投资回报率达1000倍。2012年5月18日,Facebook正式在美国纳斯达克证券交易所上市。Facebook一直以高回报吸引了众多的投资者。2017年,Facebook市值4850亿美元,是目前世界上最大的社交软件,月活跃用户和日活跃用户数据都是全球第一,基本垄断了欧美的社交网络。

4 数据泄露

2018年3月19日媒体报道,"剑桥分析"公司(Cambridge Analytica)"窃取"5000

万脸书用户的信息,是这家社交媒体创建以来最大的用户数据泄露事件。2018年3月25日,扎克伯格在6份英国报纸和3份美国报纸上,采用道歉信形式为5000万Facebook用户信息被数据公司"剑桥分析"泄露和利用一事道歉。页面占据报纸广告页整版,采用简单的白底黑字,附有扎克伯格的签名和Facebook的蓝色标志。

2018年6月29日,有人指出一个名为"NameTests"的第三方测验应用让1.2亿名Facebook用户的数据面临泄露风险,这就使得Facebook数据丑闻进一步升温。

5 赢利模式

Facebook的赢利模式主要有三个方面:广告收入、增值服务、第三方应用。

(1)广告收入

实名制的开放平台:由于Facebook上的用户绝大多数都是真实身份,对于Facebook而言,可以清楚地知道每个用户的真实信息和上网的轨迹,这对广告商是至关重要的。

微软广告条:微软是Facebook上条幅广告产品的独家供应商,那些需要在Facebook页面上投放复杂广告的商家可以直接从微软购买。为此微软对Facebook注资了2.4亿美元。

传统广告:传统广告可以直接在Facebook的网页上面购买。

(2)增值服务

用户购买虚拟产品:Facebook用户可以直接购买虚拟产品,这方面每年有3000万美元的收入。这是比较重要的一种赢利模式。

付费调查问卷:Facebook将调查问卷结果发送给那些支付费用的人。

(3)第三方应用

从App开发商身上赚钱,Facebook现在就是一门心思做平台,不遗余力地培养App开发商,为App开发商创造最好的赚钱途径。App开发商可以向在Facebook上面免费租赁店面的商家兜售自己的玩具,以吸引用户。

案例使用说明:

一、教学目的与用途

1.本案例主要适用于有关商业模式设计、创新等课程。

2.本文是一篇描述Facebook商业模式的教学案例,其教学目的在于引导学生对企业商业模式等问题具有感性的认识及深入的思考,从企业发展、创新服务等角度分析问题,并提出解决方案。

二、启发思考题

1. Facebook 商业模式成功的关键因素是什么?
2. 你如何理解 Facebook 是创造需求,而不是满足需求?
3. 在"互联网+"背景下,社交网络如何提供更优质的服务?
4. 大数据时代数据安全如何保障?

三、分析思路

教师可以根据自己的教学目标来灵活使用本案例。这里提出本案例的分析思路,仅供参考。

一是伟大的成功源于伟大的创新。Facebook 始终强调创新,Facebook 前高管 Paul Buchheit 说,Facebook 每周都会发布新产品,如果想进行测试,每天都可以让代码上线,让特定的真实用户试用。这背后的理念是 Hacking 文化,就是不断精益求精。Facebook 大约每两个月都会举行著名的 Hackathon 活动。参加 Hackathon 的人包括律师,有时候也包括马克·扎克伯格本人。他们都会把自己的新点子、新项目提出来讨论。二是开放的市场。Facebook 的早期主要客户是学生,许多学生在上面能够分享心情日志、照片和视频,了解同学的最近动态,相互留言,与同学联系十分便捷。同时,你可以加入许多社区,和与自己兴趣爱好相同的人分享讨论,进行社交活动。三是丰富的第三方应用。比如,Zoho Online Office 可以将 Zoho 文档、表格、幻灯片演示和数据库导入 Facebook 中,在 Facebook 上进行文档的编辑处理工作。四是本土化与国际化的结合。Facebook 开始只对哈佛大学学生开放,两个月就扩展至整个波士顿高校,2004 年年底扩展为全美高校,随后又推出了高中版。在本土取得成功后,Facebook 将目标用户定位于全球互联网用户,继而将业务拓展至全球,从而奠定其社交类网站的霸主地位。

四、关键要点

1. 长尾市场理论。(1)价值链条传递是指企业向顾客提供产品或服务的同时,把产品或服务的价值传递给目标客户,目的是便于目标客户方便地购买和了解公司的产品或服务。互联网促成了长尾市场,聚合的空间存在无数差异化的需求,这为众多提供不同服务的企业提供了新的生存空间。(2)Facebook 数十亿的用户构成了一个巨大的长尾市场。开放平台为第三方的应用开发商提供了广阔的空间。第三方的应用开发商可以开发网上商店,向用户销售商品,可以开发旅行资讯服务,提供酒店、机票的预订等。这些应用成为 Facebook 这个社交网站中的小网站,这些小网站在 Facebook 上努力提供更多内容和服务的同时,也丰富了它们自己的商业内容和价值。

2. 互动的客户体验。线上线下一体化运作模式对于互联网企业具有相当的可移植性。它帮助网站长期留住用户,在用户心里留下对网站强烈的印象。

3.清晰的用户定位。互联网日新月异,要想取得成功,必须有"聚焦、保纯"的战略思维,对于与互联网关联度很高的用户,一定要保持高纯度,增加品牌的吸引力,给予用户"社区归属感"。

4.创新性集群思维。"互联网+"时代对创新有着更高的要求,社会化的网络交互平台提供了"网络社区概念"和"微经济"思维。Facebook通过将分散的社区聚集成群,形成规模效应,从而创造了更大的社区价值。

5.用户信息保护。开展数据安全的影响评估是欧美在数据安全保护上的共识,欧盟《一般数据保护条例》(General Data Protection Regulation,简称 GDPR)发布后,也发布了相关的安全影响评估的指引,如2017年12月发布的 *Handbook on Security of Personal Data Processing*。我国的个人信息安全影响评估国家标准《信息安全技术 个人信息安全影响评估指南》也正在征求意见稿阶段。用户的信赖是企业的生命。正如扎克伯格在声明中承认的那样,"我们有责任保护您的数据,如果我们不能,我们不配为您服务"。

参考文献:

[1]王铂.社交网站商业模式研究[D].哈尔滨:哈尔滨工程大学,2012.

[2]朱希文.社交网络平台下企业商誉构建行为模式研究:以脸书(Facebook)为例[D].上海:复旦大学,2011.

(撰稿人:景德镇陶瓷大学 王文生)

铜锣湾:中国摩尔(MALL)的探索者

摘要:

本案例以铜锣湾的商业模式为背景,描写了其采用摩尔模式取得成功,由摩尔模式引导疯狂扩张导致失利,然后通过补救,快速进行商业模式创新,实施"慢模式"重新取得成功的创业历程。这一案例为商业模式创新提供了有价值的借鉴。

关键词:

铜锣湾的商业模式;摩尔模式;资金链;创新

0 引言

铜锣湾在建立之初,只是深圳一个资金实力并不雄厚、名不见经传的民营品牌,通过创建中国式"摩尔",奠定了事业的基础。但事情的发展并没有预想般的顺风顺水,2006年铜锣湾百货在成都、重庆地区的合作出现变数,项目面临终止的危险。同时,铜锣湾在其他地区的购物中心或百货店也在某种程度上遭遇到了招商瓶颈。面对如此困境,铜锣湾做了新的发展规划,从原来合作、租用为主的快速扩张模式,转向自己建店、自己经营的"慢模式",取得了显著成效。铜锣湾的创业历程伴随着商业模式的成功与失败、坚守与调整。铜锣湾的摩尔商业模式为什么能取得快速成功? 导致摩尔(MALL)模式失败的原因是什么? 铜锣湾为什么最后又能走出商业模式失败困境? 铜锣湾的案例,为许许多多正走在创业路上的公司选择良好的商业模式提供了有价值的借鉴。

1 公司发展历程

1996年,陈智从美国引进"摩尔"概念。但苦于无人理解,于是他便租下深圳华强北一家电子厂房,用了3年多的时间,精心设计并建造起了中国第一个摩尔——铜锣湾华强北广场,用实物来证明自己的先进理念。为了将"摩尔"概念诠释得更加立体,陈智又借助华侨城建立的时机,廉价租下了当地的一块场地,机缘巧合地建立了第二个摩尔——铜锣湾华侨城广场。

2003年,从广东省内的阳江、江门、河源,北上到湖南株洲和呼和浩特,铜锣湾以惊人的速度完成了与众多二、三线城市的谈判活动。

2004年,铜锣湾集团已经在全国13个省、28个城市建立了商业网络,在北京、天津、长沙、武汉、重庆、大连等全国各地设点布局发展MALL产业。

至2005年,3年内,铜锣湾集团迅速建立起一个以"MALL"品牌为标志的铜锣湾广场和百货店连锁体系。

2006年,铜锣湾百货在成都、重庆地区的合作出现变数,项目面临终止的危险。

2006年,铜锣湾集团又引入印尼第一大财团力宝集团"救驾"。印尼力宝财团注资11亿元,控股铜锣湾百货业态板块,而铜锣湾将把扩张重点转向购物中心业态。

2008年,铜锣湾做了新的发展规划,最主要的调整是从原来合作、租用为主的快速扩张模式,转向自己建店、自己经营的"慢模式"。

2009年10月10日,铜锣湾集团正式入驻孝感,与湖北职业技术学院签订合作合约。

2011年3月17日,南昌铜锣湾(国际)广场破土动工,为了这个45亿元的投资,陈智已不下20次到南昌考察,可以看出陈智的谨慎。而在这之前,陈智建店从来都是"只看报告就拍板"。

2014年8月8日,铜锣湾集团董事局主席陈智与铜锣湾集团副总熊立荣到湖北省五峰县考察新县城规划建设及投资项目。

2 摩尔模式

为了将摩尔从理论变为现实,陈智成为精心钻研摩尔业态理论和经营模式的积极探索者。很多商业地产商把摩尔仅简单地理解为"集购物、休闲于一体的购物中心",并尝试自己开发和自己管理,结果多数都陷入了困境。陈智则认为,摩尔的产生是一个地区社会经济和环境发展水平对于现代商业业态的高级选择,投资非常庞大,投资回收期也是很长的。深圳铜锣湾是中国摩尔的始创者。

在铜锣湾全国性的摩尔运动中,平均的投资回收期都能控制在18个月之内,而在国外,摩尔实现盈亏平衡至少要在5年以上,其隐藏在背后的赢利模式无疑是业界最为关注的焦点之一。铜锣湾集团目前已经是中国最大的摩尔事业集群,成功因素首先在于其建立并不断升级形成了"运营平台"的能力,这是一整套的管理技术和管理体系,牵涉到方方面面的资源整合和复杂的运作。铜锣湾广场的扩张,是文化先行,将企业文化和当地的文化结合起来,把经营上的创新和管理上的统一同步推进,而并不是头脑一热就满地乱开花。其运营管理是按照国际化标准和技术经过多年积累、提升才形成的。

摩尔是一个专业而复杂的综合性复合商业设施,但其运营管理可呈现出高度统一协调的价值观和良好一致的服务品质。它不光是房地产开发,还涉及把商家引进来的过程,还有营运管理和营销概念,要考虑定位、专卖店品位等各方面整体的融合。其运营比单纯的物业或纯粹的百货商店要复杂得多,而且需要强大而有经验的团队、强势的品牌、丰富的供应商资源、雄厚的策划实力和创新能力、先进的经营理念、优秀的企业文化以及娴熟的管理系统。

采取摩尔模式显然是铜锣湾最初成功的重要原因,事实上,铜锣湾在后来的全国性扩张中也迅速地运用了这一"法宝"。然而,这一扩张过程也并不是一个简单的复制过程。

3 疯狂扩张

华侨城店之后,陈智开始了他"并吞"全国的计划。从2003年的3家店到2006年的50家,仅仅用了不到3年的时间,铜锣湾的扩张速度堪称惊人。在铜锣湾的布局中,有个特别的现象:它不仅进入了北京、深圳等一线城市和兰州、长沙、重庆、成都、厦门等二线城市,就是对唐山、株洲、常德、北海、金华、烟台、开封、芜湖、嘉兴等被认为商业土壤贫瘠的二线城市,一样甘之如饴,乐此不疲。在陈智看来,GDP达到350亿,人口超过50万的城市就有能力容纳MALL。在这样的"准星"下,至少有数百个城市能成为铜锣湾瞄准的金矿。布局的顺利,让陈智信心满满。"我们将会每年新增6~8家shopping mall购物广场和百货店。"在北京的签约仪式上,陈智豪气十足地说。

铜锣湾选择的是招商模式,众多供应商及其经销商的网络几乎覆盖着每个城市的每一条商业街道。不管铜锣湾在哪个中小城市"竖起大旗",他们都能短时间内聚拢起来。三线城市对于铜锣湾还有另外一种好处,不仅投资比在大城市要小得多,并且一旦进入,铜锣湾就具有独占性。正是这种"指哪打哪"的便利,赋予了铜锣湾模式强大的商业整合能力。

对于扩张的速度之所以毫不担心,对于外界的担忧之所以充耳不闻,是因为陈智始终坚信,铜锣湾有较为成熟的核心管理理念和手段,一般都是与当地的地产商或商业企业合作,自己投入的资金并不多,实现扩张主要依靠自身筹集资金并快速回收,银行贷款基本没有。加上铜锣湾品牌影响力日渐提高,投资建设一个 MALL,在 18~19 个月之后就能赢利,扩张并没有让陈智觉得资金特别吃紧。

4 "铜锣"破音

但事情的发展并没有预想般的顺风顺水。自 2005 年 1 月,集团旗下位于兰州、烟台、大连、河源的百货店相继歇业,主要原因是由于拖欠货款、工资等。2006 年,铜锣湾百货在成都、重庆地区的合作出现变数,项目面临终止的危险。同时,铜锣湾在其他地区的 shopping mall 或百货店也在某种程度上遭遇了招商瓶颈。

问题恰恰出在资金链上。对一切非正常速度扩张者,周边的人都会做预言家似的判断:资金链迟早要出问题。在短短 3 年内就在全国 58 个城市开设了 48 家 shopping mall 以及 10 多家百货店的铜锣湾集团,资金链成了一道无法躲避的难关。

此外,由于选址失误、商品定位不准、运营费用过高、招商情况不佳等问题,一些店面成了"包袱",只有一关了之。

从本质上看,铜锣湾依赖低成本模式扩张,与其资金实力不强以及全国性商业地产商的强势拉动有关。铜锣湾和地产商结成的利益共同体,基础并不稳固。同时,扩张中的铜锣湾与供应商间的关系也很脆弱。因此,一旦它大量以此模式扩张,虽然看似可以赚到快钱,但隐患也很大。仅仅是物业建筑要求一项,由于很多项目都是不符合商业规律和铜锣湾标准的"烂摊子",即便铜锣湾降低要求,勉为其难进行二次改造,效果也往往不理想。同时,铜锣湾品牌的影响力,也无法在异地扩张中为招商带来很大推动力。

5 突破困境

铜锣湾做了新的发展规划,而最主要的调整就是从原来合作、租用为主的快速扩张模式,转向自己建店、自己经营的"慢模式"。站在经济的转折点上,陈智思考最多的问题是:"铜锣湾不仅要注重品牌、注重人力资源、注重供应商优势,还有一个很重要的关注点——资本。每个行业都有它的基础,shopping mall 这样的重资产行业,打好资本基础才是关键,而不在于扩张速度!"

为解决资金短缺困局,继把铜锣湾总店转让给深圳京基集团后,铜锣湾集团又引入印尼第一大财团力宝集团"救驾"。印尼力宝集团注资 11 亿元,控股铜锣湾百货业态板块,而铜锣湾将把扩张重点转向 shopping mall 业态。铜锣湾的未来肯定是要依靠更优质的资源和平台来支撑。因此,陈智此时出售百货,以摩尔网络为平台专做商业地产,是明智的选择。

铜锣湾坚持创新,坚持休闲、品位、文化、技术路线一直领先,并成为新商业文明的领军者,因此才成为同行效仿的对象。

案例使用说明：

一、教学目的与用途

1.本案例主要适用于创业学、管理学等课程。

2.本文是一篇描述铜锣湾商业模式创新的教学案例，其教学目的在于使学生对企业商业模式创新和管理等问题具有感性的认识及深入的思考，从经营理念和管理模式等角度分析问题，并提出相关解决方案。

二、启发思考题

1.你如何看待铜锣湾的轻投资、低成本的扩张模式？
2.铜锣湾最初取得成功的原因是什么？
3.铜锣湾为什么能够走出"铜锣"破音的困境？

三、分析思路

教师可以根据自己的教学目标来灵活使用本案例。这里提出本案例的分析思路，仅供参考。

根据本案例的叙述，铜锣湾在属于资本密集型的MALL中独辟蹊径，通过轻资产、低成本经营，以招商为MALL的突破口，通过专业化的分工，联合政府、房地产商、供应商，共同打造MALL，凭借铜锣湾的品牌影响力，快速复制铜锣湾模式，向全国扩张。铜锣湾将"摩尔"从理论变为现实，其强大而富有经验的团队、强势的品牌、丰富的供应商资源、雄厚的策划实力和创新能力、先进的经营理念、优秀的企业文化以及娴熟的管理系统，实现了房地产开发、营运管理、营销概念、定位、专卖店品位等各方面整体的融合。在"铜锣"破音之时，铜锣湾做了新的发展规划，从原来合作、租用为主的快速扩张模式，转向自己建店、自己经营的"慢模式"。铜锣湾坚持创新，坚持休闲、品位、文化、技术路线一直领先，方成为新商业文明的领军者。

四、关键要点

1.独特的商业模式是企业创业成功的重要法宝。在本案例中，铜锣湾作为摩尔业态的领路者，实施了独特的商业模式：轻投资、低成本的扩张模式，建立起一个以"MALL"品牌为标志的铜锣湾广场和百货店连锁体系。因而取得成功。

其模式核心如下：(1)把MALL的开发交给商业地产商，铜锣湾只负责规划和招商。(2)轻资产经营使得投资额大大降低,同行运作1个MALL的资金,铜锣湾运作5个都不止,原本需要10多年的投资回收期现在平均被缩短到了18个月。(3)每个城市都不缺在建和建好的商业地产,而合理规划、快速招商,最终为MALL带来人气和客流的专业能力才最稀缺。

2.在创业过程中不能急于求成,不同阶段应该选择不同的商业模式,即进行商业模式创新,采取有效的措施,使企业持续辉煌。早期的铜锣湾多采取的是直接投资的自营店模式,或是在铜锣湾广场中嵌入自营的铜锣湾百货,或是将自己的百货店植入异地的一些购物中心。前者因为有了铜锣湾百货的加入,可以提升招商和招租的议价筹码,降低供应商认为的加入风险,后者则可以提升当地购物中心的品牌价值和招商水准。在铜锣湾高速扩张时期,品牌输出模式能获得的短期收益最强,除了可以一次性收取品牌使用费(几百万)外,还能持续向地产商收取管理费,并由其承担铜锣湾方面管理人员的工资,自己则基本不用投资。铜锣湾在输出这种模式时,通常因地制宜地采用两种方法中的一种或两种,比如兰州店就是既有品牌输出,也有"二房东"模式。采用这种模式的最主要原因是,铜锣湾售卖的是品牌价值和管理资源,令商业地产商认为铜锣湾是可以盘活地产的"救星",不仅可以短期内提升物业价值,迅速招到商户,而且如果经营到位就可以迅速赢利。在"铜锣湾"破音之际,铜锣湾沉着应对,变快速扩张为慢速跟进,即从原来合作、租用为主的快速扩张模式,转向自己建店、自己经营的"慢模式",通过商业模式创新重获新生。

参考文献:

[1]赵玉婷.商业模式创新路径研究[J].商业文化,2011(5):29-30.
[2]魏江,刘洋,应瑛.商业模式内涵与研究框架构建[J].科研管理,2012(5):107-114.
[3]SCHWEIZER, L. Concept and Evolution of business models[J].Journal of General Management, 2015(2):37-56.

(撰稿人:南昌航空大学 余长春)

"小管家"开创家政服务新模式

> **摘要：**
> 本案例以张松江开拓出"小管家"新家政商业模式为背景，描写他在创业之初的失利、获得灵感取得初步成功和听取建议后改变商业模式获得成功的经历。这一案例可为创业团队进行商业模式创新和管理创业团队提供借鉴。
>
> **关键词：**
> "小管家"服务；家政管理；商业模式创新

0 引言

20世纪90年代，大学毕业生张松江开拓出了一种叫作"小管家"的新家政商业模式。凭借新模式，他在北京仅一个社区就实现年收入170万元。面对国内汹涌而来的社区经济，"小管家"铺就的是一条"沃尔玛"式的道路，一扇虚掩的财富大门正在徐徐打开……尽管人们都把他的公司称之为"家政公司"，但在张松江看来，他的"小管家"从开始就已经背离了传统家政。在极短的时间内，"离经叛道"使得"小管家"由穷困潦倒而转向获取巨额利润，并因此搭建起一个面向未来的庞大的商业帝国架构。对于传统的家政行业来说，"小管家"的成功模式所产生的影响很可能是颠覆式的。家政公司这么多，为什么"小管家"会取得如此大的成就？它的商业模式有什么与众不同的地方呢？这些问题引人深思。

1 保洁行业觅商机

1999年，保洁是个很热门的行业。张松江最早是被一家保洁公司吸引了。保洁市场的前景十分广阔，饭馆的招牌、灯箱、建筑物外墙、大型油烟机、中央空调等的清洗，商机无处不在。"那些饭馆的招牌，10个里有9个是脏的，多大的市场啊！"张松江凭着自己的观察，下了同样的结论。

看到一个代理美国品牌的保洁公司招加盟商后，刚刚毕业于北京联合大学的张松江决定与其他3个朋友一起创业。凑了近4万元加盟金，张松江的保洁公司成立了。可等真的走进市场，他立即傻了眼。跑去谈生意的业务员处处吃闭门羹，两个月过去了，他们居然没有找到一个客户。

张松江渐渐明白了：市场价格绝不是培训时公司说的每平方米不低于10元钱，实际上，市场当时的行情是每平方米一元钱。而且残酷的竞争无处不在，500元的活有人200元就做，这个生意还怎么做啊？这时，他又获知加盟的"美国品牌"纯属子虚乌有，纯粹是个空壳公司，早就卷钱跑了。一方面生意毫无起色，另一方面房租、水电、人员以及各方面开支的压力越来越大，张松江的心情郁闷到了极点。

偶然的机会，张松江随手翻开一张报纸，报纸上一则广告吸引了他。那则广告说，北京的SOHO现代城推出了可移动墙壁的房屋。这则广告打开了张松江思维的闸门。他认为现在的户内保洁太没有特点了，对于保洁来说，应该对卧室、卫生间、厨房等不同性质的房屋进行分类，然后确定不同的服务标准。他把自己的想法、计划都写在了纸上。

之后的十几天时间里，他进一步完善了方案，然后鼓起勇气去找SOHO现代城中海物业公司的经理。物业经理被眼前的年轻人打动了，并交给他清洁任务。这时，父亲筹到的10万元钱也交到了张松江手里。他把几个朋友一起合伙参股的钱退掉，然后自己注册了新理念保洁服务有限公司，在SOHO现代城的地下室里开始了新的旅程。

没过多久，就有一位客户提出要他们去家里做地板打蜡，没有做过地板打蜡的张松江竟然大着胆子答应了，没想到，自己动手做后发现效果很差。无奈之下，张松江当晚找到做过打蜡的朋友，来了个现学现卖，再重新给地板打蜡。客户对张松江的工作非常满意，付给了他们800元钱。

钱虽然赚到了，但张松江却非常难过。这样的服务离自己的要求差得太远了。张松江找到SOHO现代城的经理，提出了一个要求，那就是给现代城一些已经装修好但是还没有出租的房间进行免费保洁打蜡。功夫不负有心人，通过与员工对一间间房屋，一个个细节的实践、记录与推敲，张松江总结出了自己的一套针对不同房间的工作程序和工作标准，在技术上也取得了飞跃式的进步。就这样，张松江第一个月就赚到了3万元钱，正式打开了市场局面。

2 "保洁老板"变"家政小管家"

一开始，张松江的服务项目比较简单，就是室内保洁而已，但他的客户——荷兰酒店管理（中国）公司的一个高级主管改变了张松江的看法。他认为张松江经营内容太过单一，要想经营好就需要满足客户随时提出的各种要求，这样才能获得最大的利润。

荷兰酒店主管的话打动了张松江。他经过详细了解和调查后发现，那位主管的话说到了最关键的地方——传统家政公司所提供的保姆服务存在着不可克服的巨大缺陷。首先，传统住家保姆都是住在客户家里面，其使用成本非常之高。其次，住家保姆工作效率低下。请来的保姆通常要花半年左右才会使用各种家用电器等，危险性与损坏物品的概率也很高。此外，与主人住在一起，会不可避免地产生矛盾，而且保姆一旦生病，会给主人家添加没必要的麻烦。还有一点，那就是请一个住家保姆，家庭住户也可能就失去了心理安全保障。

一般的家政公司相当于一个中介公司，怎么可能把服务做到符合客户需求呢？就在张松江思考这个问题的时候，一位来自香港的业主打来电话问有没有会炒基围虾的员工，这件事情对张松江来说是个机遇，他开始认识到可对员工培训各项技能以满足顾客的需求，通过这种方式可以吸引客户并获得高额利润。仅半年时间，一个1000多户的社区，570人先后办理了服务卡，张松江获得了50多万元的收入。

3 "小管家"要变家政"沃尔玛"

经过一年半的摸索，张松江正式注册了"小管家"商标，也确立了"小管家"的服务特色与细节标准。

在安全问题上，"小管家"的服务机构全部设在社区内，24小时服务，人员全部有详细的备案，因此无论出现何种问题都可以做到24小时随时追查，有效地保证了服务的安全性。除了备案之外，一个服务人员从事服务工作之后，在离开客户家时要主动示检，所带出的垃圾要经客户确认，要客户填写确认单，出门要面对监视器1~5秒钟，回到公司还要在公司示检等。严格的服务体系保证了6年以来"小管家"没有发生一起失盗案件。在健康问题上，"小管家"向客户提供有效期之内的健康保证，严格执行健康上岗制度。一旦服务人员出现生病的情况，他的服务就由其他健康的服务人员接替。一般来说，"小管家"会为客户提供两个备选。由于两个备选家政人员事先都得到过客户的认可，而且按照要求，他们也都熟悉客户的服务档案，对客户情况了如指掌，因此接替服务后，客户依然感觉服务品质毫无变化。在效率问题上，"小管家"服务更是有强大的优势。由于公司事先对员工进行了各种技能的严格培训，因此服务人员对家庭中各种设施非常了解，在服务中一般不会遇到障碍。那些传统住家保姆整整忙碌一天的工作，通过"小管家"的合理安排，完全可以在2~3个小时内完成，价格便宜的同时服务质量也没有降低。为了追求精益求精，"小管家"每一项工作规程与标准要求得近乎苛刻，其中包括严格的时间限制。比如做一个卫生间的清洁规定为45分钟，超过1分钟，客户有权拒付费用。而像员工服装的穿着、左右手的工具都有标准要求。

随着"小管家"服务的不断升级，客户对于"小管家"的依赖越来越强，凡是户内遇到的各种事情都会立即想到"小管家"。只要客户的要求合理，"小管家"就会尽力去满足客户。而随着服务项目的增加，"小管家"的营业额几乎以每年翻一番的速度增长。

如今，在北京SOHO现代城社区1000户的业主中，有500户以上是"小管家"的忠实客户。仅此一个社区，"小管家"的年服务收入就突破了170万元。亲眼看见张松江的成功之后，周围的亲戚朋友纷纷要求加入"小管家"。在没有做任何广告宣传的前提下，"小管家"的加盟商居然有70多家。在不增加任何成本与人员的前提下，服务内容与服务质量得到提升，"小管家"因此轻松为自己带来每年5万元的纯利润。2004年，"小管家"与专业洗衣店合作。随后，"小管家"又推出了自己的干洗品牌，"小管家"自有品牌的桶装水与各种清洗用品也陆续上市。张松江下一个目标是在全国发展100家连锁店。一位了解了"小管家"飞速成长与未来计划的专家不无感叹地惊呼："这个'小管家'哪里是在做家政，明明是在做一个中国特色的'沃尔玛'。"在总结自己的创业历程时，张松江说："我比较欣赏我朋友说过的一句话，那就是无论你做的是什么行业，只要你用心，想办法，把这件事情做好了，它就可以实现你的人生目标。"

4　别具一格的商业模式

把在郊外"工厂""生产"出来的"家政服务"，配送给市中心的客户，这是"小管家"的基础商业模式。更大的发展空间在于，"小管家"不仅配送"家政"，也配送其他增值服务。

张松江用"脱胎换骨"来形容"小管家"在2007年的改变。此前，处于迅速扩张期的"小管家"，走的是加盟为主、直营为辅的模式，在北京、上海、徐州、青岛、杭州，"小管家"的直营店不到50个，加盟店超过100家。但是从2007年6月以后，加盟店的标准化难题，让张松江开始重新审视这种发展模式。

"铺更多的直营店是最直接的想法，做成电子商务的模式当时也设想过，但是最后，蒸功夫的'中央厨房'模式启发了我。"张松江说，"蒸功夫建立中央厨房，缩小单店后厨以增加就餐空间的做法，既节省了成本，也更容易做到标准化。这个经验用在家政服务上，优势会更加明显。""小管家的服务场所并不在店面，而是在客户的家里，在做好物流配送的情况下，门店其实并不是必需的。""中央厨房"的设立，或者称为"家政工厂"更为合适，意味着"小管家"可以将直营店从市区搬到郊区，在五环以外设立基地，将所有的人、物的配送集中在基地里，"小管家"的服务单位也从直营店变为流动车。

目前，"小管家"已经申请了"400"的全国统一服务电话，准备建设携程式的呼叫中心，为推行中央厨房模式做准备。"以后'小管家'的模式是：需要服务，打统一电话预订后，就会有车将服务人员统一配送到客户家，不再有实体店的概念。"与铺直营店的模式相比，这可以让资源的配置更加合理，成本也相对更好控制，按照张松江的话说，就是更适合做"整个城市的生意"。成本的降低是显而易见的，根据"小管家"的数据，目前直营店最基本的清洁服务一个小时的价格是15元，员工分得4元左右，刨去房租、耗材等成本，公司的纯利润在北京大概是30%。如果推行了中央厨房的模式后，这个成本还会更低。

将多元化服务与"中央厨房"结合是张松江为"小管家"设计的另一个利润增长点。新增一个业务，只需要投入一笔钱，就可以通过自己的物流配送到全市的客户家中。将生意做到家里，每个派出的员工都是一个小小的平台，帮助客户在家中消费。同样的服务还包括换桶装水和插花。"小管家"和签约花场一起拿到了国外鲜花培养液的共同专利，将鲜花的保鲜时间从原来的"温度18度时维持一星期"变成"温度20度时维持15天"，"小管家"的网站上每个月都公布卧室、餐厅、卫生间的若干种插花样式。客户选择后，由花场负责插好送到店面，再由"小管家"的员工送到客户家里。

"标准化"平台，是小家政商业模式的重要特色。与其他行业不同，在家政服务业中，员工都要与客户之间进行较长时间的、近距离的接触，而在这个接触的过程中,管理者往往不能进行实时监控,那么,如何管理好总体而言文化层次并不很高的员工队伍,发挥"平台"的最大价值,是"小管家"和其他家政服务公司所面对的重要问题。对员工的关注,也让张松江对以人力资源管理见长的火锅店海底捞产生了兴趣。他将"小管家"每个月的内部会议地点选在了海底捞双井店,专门研究这家善于激发员工热情的公司。"人可以激励,但不能完全控制,不断规避人的因素,在设备上想办法,这是这个行业标准化的一种趋势。"在张松江看来,对人与物的"标准化",是"小管家"未来扩张的关键所在。

案例使用说明:

一、教学目的与用途

1. 本案例主要适用于创业学、管理学等课程。
2. 本文是一篇描述"小管家"的新家政商业模式的教学案例,其教学目的在于使学生对服务管理和创新等问题具有感性的认识及深入的思考,从企业管理、商业模式创新等角度去分析问题,并提出相应的方案。

二、启发思考题

1. 张松江的创业过程对你有哪些启发?
2. 你认为"小管家"最开始失败的原因是什么?
3. 你认为"小管家"的新家政商业模式与传统的家政有什么本质的区别?

三、分析思路

教师可以根据自己的教学目标来灵活使用本案例。这里提出本案例的分析思路,仅供参考。

对本案例的叙述,我们需要注意以下几点。

1. 正确识别创业机会。

张松江在创业之初,没有进行充分的市场调查,也没有做详细的创业计划,随性地选择加盟的方式,从事保洁行业创业,结果导致创业效果不佳,原有的资金耗费殆尽。在经历了一次创业失败之后,张松江在看到一则创新型的房地产广告时,决定采取新的方式来做保洁,发现了新的创业机会。因此,能否正确地识别创业机会,对创业者来说,是能否成功的重要因素。

2. 有效的商业模式必须包括差异化战略。

张松江在为顾客的地板打蜡的时候,发现自己的产品毫无特色,不具备与其他产品竞争的优势,也不能如自己想象中的那样新奇独特,因此,张松江就主动提出要为 SOHO 现代城里尚未入住的房子进行地板打蜡和保洁,以提高自己团队的工作技能和服务水平,进而形成自己的特色——虽用多于传统打蜡一倍的时间,但打蜡的效果却比传统打蜡要高几个档次,从而形成了自己的特色和竞争优势。

四、关键要点

1. 服务创新

从经济角度看,服务创新是指通过非物质制造手段所进行的增加有形或无形"产品"附加价值的经济活动。从技术角度看,服务创新是以满足人类需求为目的的软技术创新活动。从社会角度看,服务创新是创造和开发人类自身价值、提高和完善生存质量、改善社会生态环境的活动。从方法论角度看,服务创新是指开发一切有利于创造附加价值的新方法、新途径的活动。服务创新包括服务概念创新、客户接口创新、服务传递和技术选择四个维度。服务创新有以下五种途径:全面创新、局部革新、形象再造、改型变异和外部引入。

本案例中,多样化服务需求催生了"小管家","小管家"通过创新服务项目、优化服务内容、规范服务流程赢得了市场,提升了竞争力。

2. 商业模式创新

商业模式创新是指企业价值创造提供基本逻辑的创新变化,它既可能包括多个商业模式构成要素的变化,也可能包括要素间关系或者动力机制的变化。通俗地说,商业模式创新就是指企业以新的有效方式赚钱。"小管家"以全新的商业模式成功打败了传统的家政企业,获得了大众的认可,关键在于张松江的新理念。

3. 精细化管理

精细化管理是源于西方发达国家的一种企业管理理念,它以专业化为前提、技术化为保证、数据化为标准、信息化为手段,把服务者的焦点聚集到满足被服务者的需求上,以获得更高效率、更高效益和更强竞争力。

在本案例中,张松江对"小管家"管理很有效,制定好标准的制度、服务体系等规则,员工严格按照规则执行,建立了较高的信誉度,获得了顾客高度的赞誉。"为了追求细致,'小管家'每一项工作都有具体而严格的标准,其中包括严格的时间限制,比如做一个卫生间的清洁规定为 45 分钟,超过 1 分钟,业主有权拒付相关费用。而像员工服装的穿着、左右手的工具都有标准要求,就连鞠躬的角度也有明确的规定。细致作风体现出'小管家'的水平与实力,这也就是'小管家'赢得客户信赖的基础。"

参考文献:

[1] 陈明,余来文. 商业模式:创业的视角[M]. 厦门:厦门大学出版社,2011.

[2] MITCHELL, DW, COLES, CB. Establishing a Continuing Business Model Innovation Process [J]. The journal of Business Strategy, 2004,253:39-49.

(撰稿人:南昌航空大学 余长春)

inmix（音米）眼镜的时尚升级

> **摘要：**
> 　　本案例以 inmix（音米）眼镜为例，描写了品牌创始人李明如何将小成本的淘宝电商成功升级，转走高端路线并拥有巨大销售额的过程。这一案例能为众多小企业商业模式的转型升级提供有价值的参考。
> **关键词：**
> 　　草根电商；商业模式升级；品牌三段论

0 引言

inmix（音米）眼镜是由"85 后"青年——李明创办的眼镜品牌。李明本是一名畅销书作家，起初，他依托妻子家的眼镜工厂，仅以淘宝商店的方式在网上低价出售眼镜。但因同类商店普遍，他的眼镜并不具有明显竞争力。通过对比，李明和妻子王笙发现，市面出售的眼镜过于老土，无法表达消费者的自我品位，他们开始尝试"改装升级"。之后，音米眼镜的年销售数达十万副且保持超过 100% 的年增长率，仅 2014 年"双十一"期间，inmix（音米）眼镜 24 小时售出的眼镜数量，相当于线下 5000 家眼镜实体店全天的总和。2015 年，inmix（音米）眼镜完成 A 轮融资。是什么让李明的眼镜品牌从众多的淘宝商店中脱颖而出？是什么让音米眼镜打上时尚的标签？又是什么给李明升级的勇气？让我们通过李明的 inmix（音米）眼镜案例，寻找草根电商的升级之路。

1 大学生的淘宝眼镜店

2008 年，李明毕业于中国传媒大学，经营着一家小小的淘宝眼镜店。

眼镜行业的封闭性、暴利，消费者的无奈，成为李明决心创立独立化垂直眼镜电商品牌的动力。2010 年，李明参加派代电商年会，和一些创业者交流后，他才发现，原来电商真没有想得那么简单。之后，品牌专家吕曦的演讲，让李明想好了自己的升级之路。

2010 年 12 月，inmix（音米）眼镜开始在淘宝商城进行试运营。

2011 年 1 月，正式上线，当月销售额突破 20 万元。

2011年5月31日,创下单日12000单纪录,不但刷新眼镜行业历史,也成为当日淘宝全网订单之最。

2011年5月开始,销售额突破100万元大关。

2011年7月,成为市场份额最高的线上眼镜品牌。

2011年9月,获得淘宝官方颁发的"2011年度成就大奖",年销售数十万副且增长率保持超过100%。

2015年,音米眼镜完成了700万美元的A轮融资,由IDG和君联资本联合投资。

4年的时间,李明用互联网思维——更低的价格和更好的服务来改造行业。现在他已成功把一个小店做成了年销售额2000多万元的淘宝全网类目自有品牌第一名。700万美元的资本引入,无疑将大幅加快音米眼镜实现变革的速度。

2 升级源于商业模式设计理念

一切转折点发生在2010年。

李明在2010年偶然听了一场刘强东的演讲。"一开始没有意识到互联网这么有趣,直到刘强东说互联网可以影响世界,改变世界,才忽然明白,可以用互联网思维改造消费者怨声载道的眼镜行业。"在这场演讲之后,李明对电商的理解从"网上开个店卖点东西",迅速升级到"这是一场生产力的大革命,将从底层颠覆太多的东西"。音米眼镜(inmix)由此诞生。

这一年,李明参加了派代电商年会,结识了不少创业成功者。他意识到做电商不仅仅是依托自己家族的眼镜工厂优势,在淘宝上开个小店,优哉游哉地卖货赚钱。李明觉得,既然从事的是代表潮流、趋势、革命性的、先进生产力的事业,要做就做品牌,争取高附加值。

之后他听了品牌专家吕曦的演讲,了解了品牌三段论并以此作为自己升级商业模式的理论依据:

第一步:选择价值。消费者的需求是各种各样的,你不可能全部满足,选择一个你想做的方向。

第二步:提供价值。为了做到你选择的价值,你需要做什么工作?你怎么才能提供这个价值?

第三步:传播价值。把自己的品牌理想传播出去,让更多的消费者接受。

3 选择价值

李明认为想在眼镜行业中脱颖而出,必须往高端走,就像瑞士手表打败日本石英表一样,把手表变成饰品而不只是时钟。李明要把音米变成时尚领域的代表,而不只是一个功能性的眼镜。他抓住眼镜时尚化的特点,同时保持低价格。跟淘宝杂牌相比,音米是时尚的;跟线下品牌相比,音米是高性价比的。简单说,就是品质好、时尚但价格低。

李明认为传统的眼镜行业之所以充斥着高价,一方面是因为这本身是个暴利的行业,另一方面是受制于传统笨重的组织和生产模式。音米采用直达消费者模式,省去中间代理加盟环节,零售价格比传统眼镜低50%~70%,将一副眼镜的价格降到了两三百元。

一个没有特别强势特别知名的品牌的品类,比如眼镜、母婴用品,都存在着做细分知名品牌的机会,而家电、IT、化妆品,则困难得多。所以,李明正好切中了这个机会。这一改变提升了眼镜的品牌价值,同时降低了眼镜价格。

4 提供价值

既然提升了自身的价值,就要给消费者提供相应价值的眼镜。音米在设计、质量、选品、包装、展示、描述等方面都别具匠心。

在设计上,他做了一些别人没有的款式,荧光绿、底色花纹、新材质TR90等,从各个角度创造差异化。音米眼镜的视觉风格令人印象深刻,在竞争惨烈的线上零售中也独树一帜,与销量一样,其时尚性也与竞争对手大幅拉开差距。

在质量上,尽管妻子王笙的家族都在从事眼镜生意,但是眼镜却是一个十分特殊的行业。浙江、广东等几大生产基地把持着完全不同的供应链,从材质、技术到机器以及管理规范等都相差甚远。因此,虽然眼镜生产的资源近在咫尺,却完全派不上用场。李明舍近求远地不断找工厂,不断碰壁。后来,他遇到了韩都衣舍的赵迎光,赵迎光让他用"梦想"和厂家商谈。通过谈论梦想,李明找到了适合自己的厂家。

在产品更新换代上,李明找到了几家愿意做少量而快速反应的工厂,快速迭代有了基础。找到合适的后端工厂后,音米开始不断加大设计的投入,采用买手制+自主设计的方式,将设计连同生产的周期由传统的6个月以上压缩到3~6周,并且保持每周都有数十款新品上架的上新频率。

眼镜是一个功能持续创新的行业,但传统品牌大多不能及时将科技成果传递到消费者手中。音米在过去几年做了大量材料功能性创新改进,比如仅重7克、能漂在水上的镜框,比如阻隔电脑手机辐射的蓝光镜片,比如防过敏防压痕鼻托,等等。未来音米将在材料研发层面做大量投入,让更多消费者及时享受到科技进步的成果。

音米大幅简化传统眼镜店烦琐的配镜流程,提供更为轻松友好的面对面服务体验,在音米实体店可以做到30分钟验配取镜。对音米来说,实体店不再仅仅是零售终端,还是重要的品牌体验地。2015年,音米得到君联和IDG两大风投机构的投资。

5 成功升级

如今,音米的客单价从原来的70多元提高到170元,成功逃离了淘宝平均客单价,销量也大幅增长。

李明通过这四年的不断打磨,顺利地找到了一条音米眼镜升级发展的道路并得到了实践。更快、更时尚、更便宜、更创新,帮助音米在新生代眼镜品牌中迅速拔得头筹。音米是从线上成长起来的,但是李明强调,它不是一个电商品牌或互联网品牌,它只是用了互联网的方式来改造传统的眼镜行业——用大数据来研究消费者,通过信息化的方式,用少量多批的柔性供应链,更快地响应他们的需求,用不同的方式把品牌理念直接传递给消费者——互联网就像水和电一样,融入并改变着这个行业。李明认为音米已经完成了明确价值和提供价值这两个阶段,接下来应该向更多的消费者传播价值。

案例使用说明:

一、教学目的与用途

1. 本案例可为年轻人创新创业时提供参考。
2. 本案例教学目的在于使学生认识在现今的社会背景下,如何有效地利用互联网这一平台,打破传统,走向创新,将小成本生意升级,从质量、外观、品牌等打造自身的优势。

二、启发思考题

1. 音米眼镜创始人是通过什么来获得改变现有销售方式的灵感的?
2. 音米眼镜的成功升级依托的优势是什么?
3. 从音米眼镜放眼于其他中小企业,如何才能在大时代社会背景下成功升级,打造自己的品牌?
4. 如果你是李明,你会如何在线下开设体验店,并将其发挥最大价值?

三、分析思路

教师可以根据自己的教学目标来灵活使用本案例。这里提出本案例的分析思路,仅供参考。

根据本案例的叙述,李明因妻子开淘宝眼镜店而接触到这一行业。他和妻子感到现在的眼镜都过于老土、不够时尚,对审美没有要求,明明是戴在脸上的重要配件,消费者却无法通过它进行自我品位表达。眼镜有着800亿元的市场规模,过去十几年行业进化却严重滞后,但消费者对眼镜的理解却发生翻天覆地的变化,从纯功能型产品向自我表达型产品转变,而且对行业不合理价格有着强烈不满。李明想要升级自己的眼镜店,也想要做出与众不同的眼镜,他选择从打造自主品牌做起。如何打造自主品牌,从哪些方面提升自己的产品价值,这些年轻的创业者要通过什么去打响自己的品牌,这些都值得思考。草根电商,目前最大的成功之路就是升级。利用互联网的优势,早一天完成升级,早一点占据更高的位置,等到站稳了高端之后,再转向低端市场或者延伸到线下市场,就能拥有更广阔的纵深空间。

四、关键要点

1."互联网+"提供新商机,在工业化时代的市场经济条件下,创业和创新所需要的资金、技术门槛高,不是普通大众能轻易迈过去的。互联网的广泛应用和低门槛使机会平等有了更为有利的基础,依托于"互联网+"的创业和创新无处不在,普通大众都可以参与其中,并找到获得成功的机会。李明的创业是草根利用互联网成功的典型。

2.关键在创新商业模式,李明的成功在于正确认识到自身产品存在的问题,利用互联网的优势,紧跟潮流甚至引领潮流,及时发现转变之路,创新商业模式。

3.创造自己的品牌,将产品推陈出新,定位自身产品价值,向消费者提供相应的价值,最后再传播价值。

参考文献:
[1]朱立.品牌文化战略研究[D].武汉:中南财经政法大学,2005.
[2]李铭希.中国B2C电子商务企业的发展路径研究:基于价值链演变的视角[D].上海:上海外国语大学,2014.
[3]赵浚如,曾庆睿,田静雯.异军突起的草根品牌乐纯酸奶案例研究[J].中国集体经济,2015(28):25-28.

(撰稿人:江西师范大学 张曼云)

第七章
创新创业融资的案例

瓦特的创客情怀和企业家精神

> **摘要：**
> 本案例以蒸汽机的技术革新为背景,描写了瓦特改良蒸汽机技术的艰难过程以及最终他是如何通过资本家、企业家的投资,营运成功并实现蒸汽机产业化的过程。这一案例对于新技术的发明及产业化提供了有价值的借鉴。
>
> **关键词：**
> 蒸汽机;技术创新;产业化;企业家精神

0 引言

蒸汽机是将蒸汽的能量转换为机械能的往复式动力机械。18世纪中叶,以蒸汽机的发明和广泛应用为标志的第一次技术革命,使人类社会从以农业、手工业为主导产业的社会进入工业社会。人们一提到蒸汽机,就会想到英国人瓦特(James Watt),因为瓦特发明蒸汽机的故事广为流传。其实,早在瓦特之前,已经有纽科门式蒸汽机在部分工矿企业使用了60年之久,但是它的工作效率很低,只能往复运动做功,而且运行也很不稳定,使得这类蒸汽机很难被广泛使用。瓦特的主要贡献是对早期的蒸汽机做了大量的技术革新,比如分离式冷凝器、汽缸外设置绝热层、用油润滑活塞及行星式齿轮等,使蒸汽机的效率提高到老式的3倍多,最终发明出了现代意义上的蒸汽机。然而,在瓦特的现代蒸汽机技术革新的背后,我们不应该忘记资本家约翰·罗巴克、企业家马修·博尔顿以及技师威廉·默多克等等许多人的贡献。

1 廉价的创客

瓦特,1736年出生于苏格兰的格拉斯哥市附近的格里诺克镇,他父亲是工匠出身,中年发迹,创办了造船厂及海运业务,家境殷实。瓦特少年时代非常聪慧,他父亲在工厂给他设立了一个工作台,让他动手修理工具仪器,几年后他居然可以做出合格的器具,工厂的工匠认为他心灵手巧。瓦特从小学习成绩优秀,数学尤为突出,中学校长曾打算推荐他去上大学。但是,就在瓦特中学即将毕业的时候,一场重大的海难事故使他家破产,不久,母亲去世。家道中落的瓦特主动放弃上大学,出门拜师学艺,帮助父亲维持家中生计。

1756年，一位富商捐给格拉斯哥大学一批二手的天文仪器，这批仪器在海运途中遭损，大学主管主动找瓦特来清洗修理这批仪器。瓦特一个人把全部仪器修好，显示了高超的工匠技艺，并得到了5英镑的报酬。1757年，他成为格拉斯哥大学实验室"编外员工"，学校给了他一个"大学数据仪器制造者"的头衔，并提供了一个工作间和宿舍，但是没有基本工资，只按完成的工件给报酬。

2 研发的困境

1757年，格拉斯哥大学的一台纽科门式蒸汽机坏了，送到伦敦也没能修好，于是让瓦特来试试，要求是"能转起来"。瓦特很快将这台纽科门式蒸汽机修好，受到了校方的赞许。但是，瓦特发现这种蒸汽机的热量浪费非常大，这使瓦特对如何解决蒸汽机的热量损失、生产出工作效率更高的蒸汽机开始了思考和研究。瓦特试着做了一些技术革新，但是作为一名实验室"编外人员"，没有固定收入，他的研究也未能得到政府或校方的经费支持，因此，他得先养活自己，做一些有收入的工作来维持生计，并把收入的一部分买些简易器材做实验。这使他不能全力投入蒸汽机的研究中，以致他还要靠修理乐器、生产乐器，甚至于生产铜纽扣、金属饰品等来维持生活和研究。这样的研究工作自然无法长期坚持下去，甚至使他债台高筑，瓦特一度放下蒸汽机研究工作长达4年，并差点准备放弃蒸汽机的研究。就在这关键时期，格拉斯哥大学的年轻教授布莱克知道了瓦特的奋斗目标和困难处境，他把瓦特介绍给了自己一个十分富有的朋友——约翰·罗巴克。当时罗巴克已近50岁，但对科学技术的新发明仍然有着极大的热情。他对当时只有30来岁的瓦特发明的新装置很是赞许，当即与瓦特签订合同，偿还瓦特的债务并提供资金赞助瓦特进行新式蒸汽机的试制。从1766年开始，在3年多的时间里，瓦特克服了在材料和工艺等各方面的困难后，终于在1769年制作出了第一台样机。同年，瓦特因发明冷凝器而获得他在革新纽科门式蒸汽机过程中的第一项专利。第一台带有冷凝器的蒸汽机虽然试制成功了，但它同纽科门蒸汽机相比，除了热效率有显著提高外，作为动力机来说其工作机的性能仍未取得实质性进展。就是说，瓦特的这种蒸汽机还是无法作为真正的动力机，这使得瓦特的研究无法转化成可以出售的产品，瓦特的研究再次陷入困境。此时，罗巴克自己也陷入了经济困境，无法再支撑瓦特的研究。

3 企业家精神"握手"技术创新

后来，瓦特在格拉斯哥大学里的几位教授朋友，介绍大企业家马修·博尔顿来加盟。博尔顿以企业家的远见，认为瓦特的研究很有价值，他偿还了罗巴克投资的1200英镑，并决定投入更多的资金和精力来做这件事，同时提出了运用企业机制来运营管理蒸汽机研发。

（1）成立"瓦特-博尔顿公司"，按股份制模式运作。博尔顿负责资金和精力的投入，拥有发明股权的2/3，而瓦特拥有股权的1/3。

（2）瓦特要全力投入研究工作中，博尔顿提供生活经费，并建立新厂房和提供研究设备与实验器材。

(3)到社会上招募优秀的工匠来试制新蒸汽机的部件,同时引入先进的加工工艺技术。

(4)进行蒸汽发动机的小批量生产,利用博尔顿的商业渠道和朋友关系,进行样机试销。

瓦特开始并不完全赞同这些意见,但当时他也没有更多的选择,也就接受了这些条件。事实证明,博尔顿的这些意见是正确的。

在1770年前后公司首批投产了2台样机,分别安装在矿井和炼铁厂。尽管样机还存在不少瑕疵,但它强大的功率和较高的热效率,比原来使用的纽科门蒸汽机好得多,煤矿里深层的水抽出来了,深层的煤也挖出来了,而且运行成本比原来的设备低很多。使用样机的厂矿主获得了巨大的利益,邻近一些厂矿纷纷要求订购这种新型的蒸汽发动机。

但是又出现了新问题,人们不熟悉这种新机器,不会正确安装和操作,运行中出现许多不该出现的问题,导致人们对新的蒸汽发动机的可靠性产生了怀疑,这使得瓦特和博尔顿四处奔波解决各种问题,扩大生产成了问题。在博尔顿的主导下,他们物色到了一位优秀的技师威廉·默多克,组建了专业的售后服务团队来做售后服务。默多克也是一位喜欢创新、十分敬业的优秀工程师,他对蒸汽发动机也进行了多项技术改良,使之日益完善。

由于这一系列的工作,安装运作的发动机很快增加到55台,新型蒸汽发动机进入了批量生产,销售额不断增加,资金不断涌入公司。蒸汽机的"研发—生产—研发"进入良性循环,公司先后研制出离心稳速器和能旋转运动的动力机构。到1781年,新型蒸汽发动机已经被社会广泛接受,产业化之路终于完成。瓦特蒸汽机影响巨大,以至于瓦特成为蒸汽机的代名词。为了纪念瓦特和博尔顿的贡献,英国央行2011年发行的50英镑纸币的背面采用了这两位工业革命代表人物的头像。

案例使用说明：

一、教学目的与用途

1. 本案例主要适用于创业学、管理学等课程。

2. 本文是一篇描述瓦特进行蒸汽机技术革新及产业转化的教学案例,其教学目的在于使学生认识到技术创新及转化在现实的产业化过程中遇到的难题及解决思路。

二、启发思考题

1. 你认为瓦特在蒸汽机技术革新中遇到的最大难题是什么?

2. 你如何看待博尔顿的做法?如果你是瓦特,面对博尔顿的建议你将如何决策?

3.本案例带给我们哪些经验和启发?

三、分析思路

教师可以根据自己的教学目标来灵活使用本案例。这里提出本案例的分析思路,仅供参考。

根据本案例的叙述,我们会发现,技术革新是需要资金大力支持的,但是单纯的资金资助(如罗巴克的资助),有的时候往往不能坚持到底而导致技术革新不能持续。有企业家(如博尔顿)的产业资本加盟,一方面带来了大量的资金,另一方面带来了经营管理理念的提升,加快了蒸汽机新技术的研究进程及产业化之路。博尔顿尽早地研发出产品,并一代一代地推向市场的策略,使公司抢占了市场先机,并很快形成了"研发—生产—研发—扩大"再生产的良性循环。今天,许多公司都采用这种研发生产策略。

另外,我们还可以看到创业融资的运作特点。创业者为了将自己的技术或者创意转化为商业现实,通过一定的渠道筹得资金是非常必要的,新创企业的生命周期一般包含种子期、创业期、成长期和成熟期,不同阶段创业融资的特征也是不同的。一般地,在种子期的初创公司,企业还只是停留在"概念"上,创业成功的不确定性很大,所需资金也相对较小,融资渠道通常来自自己的储蓄、亲友的借款或天使投资等。当然,瓦特的融资从今天的角度来看还是显得很被动,当他获得了新型蒸汽机的技术专利,他的资金链已经断裂,无力再进行研发和市场推广。这个时候博尔顿慧眼识珠,看到了新型蒸汽机的技术价值及潜在的巨大市场,在瓦特关键的创业期投入大量风险资金,当然博尔顿也获得了更多的股份。这其实是瓦特的蒸汽机能够成功产业化的关键。

创业团队的建设其实也是很重要的。在瓦特-博尔顿公司,瓦特主要负责的是技术研发,博尔顿主要负责市场和资金,而默多克主要负责售后服务。其实,对于产品生产,博尔顿也要求有最好的专业技师负责生产。各负其责,各施所长,分工协作,从而使现代蒸汽机的产业化得以实现。

四、关键要点

1.技术研发是需要大量资金投入的,而新技术在产业转化上更需要产业资本以及商业运作。在本案例中,由于博尔顿的加入,瓦特改良的蒸汽机产业化得以成功。

2.有效的团队管理非常重要,按照角色分工相互依存地在一起工作,共同对团队和企业负责,不同程度地承担创业风险并共享创业收益,提升了效率。

参考文献:

[1]蒋景华.科学实验与产业化生产相结合,促成了蒸汽机的发明[J].实验技术与管理,2010(1).
[2]王卫东,黄丽萍.大学生创业基础[M].北京:清华大学出版社,2015.

(撰稿人:江西卫生职业学院 张文杰)

上海迪士尼的创新融资发展之路

> **摘要：**
> 迪士尼在融资方面一直有自己的建树，香港迪士尼乐园的成功使迪士尼的目光转向内地市场，上海迪士尼乐园其发展前景又带来怎样的新视野？鉴于此，本文系统分析迪士尼落户上海面临的机会和挑战，结合上海迪士尼项目的驱动机制对其项目投融资模式进行分析，总结上海迪士尼项目的发展战略，对创业团队制定发展战略提供有益借鉴。
> **关键词：** 迪士尼；投融资模式；发展战略

0 引言

迪士尼（The Walt Disney Company）是1923年由华特·迪士尼创立的大型跨国公司，总部设在美国伯班克，主要业务包括娱乐节目制作、主题公园、玩具、图书、电子游戏和传媒网络。迪士尼不仅在影视业有所建树，在技术创新上也是十分优秀，世界上第一部有声动画电影是1928年迪士尼绘制的动画片《蒸汽船威利》，这部动画片于1928年11月18日在纽约首映，也是第一次向观众介绍米老鼠这一著名动画人物。第一部华特迪士尼的彩色动画片是1932年用三原色工艺制作的《花和树》，1932年7月在洛杉矶的格劳曼中国大戏院首映，它经常被人认为是世界上第一部彩色动画片。第一部宽银幕动画片是迪士尼在1955年制作的《小姐与流氓》。第一部使用动画摄制机拍摄的动画片是1940年迪士尼摄制的影片《幻想曲》。从这些技术上的创新可见迪士尼一直在各个方面不断开拓进取，以下将着重分析迪士尼的创新融资发展之路。

1 上海迪士尼融资背景

从2004年开始，上海市政府就同美国迪士尼集团开始了长达六年的谈判，终于在2010年签订了合作协议。2010年8月，负责上海迪士尼建设、开发、运营工作的上海申迪集团有限公司（以下简称"上海申迪"）宣布成立，其注册资本为120亿人民币，股东主要为上海锦江国际控股公司、上海广播电影电视发展有限公司、上海陆家嘴集团有限公司，股权比例分别为25%、30%、45%，这些公司都为国有资本控股企业。上海申迪下设三家全资子公司，分别为上海申迪旅游度假开发有限公司、上海申迪建设有限公司、上海申迪发展有限公司。其中，上海申迪旅游度假开发有限公司与美国迪士尼集团的全资子公司 WD HOLDINGS，LLC（以下简称"迪士尼子公司"）达成合作协议，成立了三家合资合作分公司，即上海国际主题乐园配套设施有限公司、上海国际主题乐园有限公司、上海国际主题乐园和度假区管理有限公司。

2 上海迪士尼项目投融资模式及驱动机制分析

上海迪士尼由中美双方分别成立的 3 家子公司来负责项目的开发与实施，属于中外合资企业。一是上海国际主题乐园有限公司，注册资金为 171.36 亿元，中美双方持股比例分别为 57% 和 43%，主要负责主题乐园的开发、建设与经营以及在园区内提供服务等；二是上海国际主题乐园配套设施有限公司，注册资金为 31.68 亿元，其持股比例为中方占 57%，美方占 43%，主要负责酒店、餐饮、零售、娱乐等配套设施的开发、建设与经营；三是上海国际主题乐园和度假区管理有限公司，注册资金为 2000 万元，其中中方持股为 30%，美方为 70%，主要职责是对主题乐园项目与设施进行开发、建设和经营，管理日常乐园的全部事宜。上海迪士尼乐园主要投资方为陆家嘴集团、上海文广、锦江国际和百联集团，投资比例分别为 45%、25%、20% 和 10%。在上海迪士尼项目中，由两部分构成，其中债务融资占 30%，权益出资占 70%，而所有投资中 40% 的资金为中美双方共同持有的股权（中方占 57%，美方占 43%），余下总投资中 60% 的资金则为债权，其中政府拥有 80%，另外 20% 则为商业机构所有。

3 上海迪士尼融资工作的完善及创新

（1）银行建立专门针对主题乐园文化产业的授信模式

我国银行等金融机构应当完善对主题乐园文化产业项目贷款的利率定价制度，科学制定贷款利率和贷款期限，根据主题乐园的实际经营状况，在可持续盈利和风控目标下，为主题乐园项目设定具备弹性且区别化的定价系统。根据主题乐园特有的经营周期特点和风险特点，银行等金融机构应根据上海迪士尼项目资金的周期性需要和现金流形态，设置合理的贷款期限。对于上海迪士尼这种政府重点支持的文化产业大型项目，银行等金融机构应当在政策框架内，在合理风控的前提下，给予合适的贷款利率与贷款期限。

（2）开发适合主题乐园文化产业的信贷产品

我国银行等金融机构应当对主题乐园提供多样化的信贷产品，例如推出大力支持主题乐园经营企业的上下游供应商的产业链融资产品。可以通过上海迪士尼的建设需求提供原材料、设备采购的产业链融资产品；可以尝试推出针对上海迪士尼门票等的订单抵押信贷产品，为上海迪士尼提供固定资产融资租赁信贷服务；还可以针对上海迪士尼的著作权、专利权等提供权利抵押发放专项贷款和权利收益抵押贷款。这些新型的信贷产品可以为银行信贷服务提供补充，并有利于构建主题乐园企业无形资产的评价制度。

(3) 大力发展股权类融资模式

对于预期能够符合上市条件的企业,应当利用资本市场融资,扩大直接融资规模,尝试构建证券监管部门和文化宣传部门等有关主题乐园项目的信息交流机制,增加主题乐园类企业上市项目的筛选与储备工作,推动符合上市条件的主题乐园企业尽快进入审批程序。

(4) 建立主题乐园文化产业相关的资产评估等配套机制

首先,应设立多层级的针对主题乐园项目的信贷风险赔偿与分散机制,应大力支持担保中介机构对主题乐园企业融资提供保险服务,积极利用再保险、联合保险、担保与保险结合等多种保险机制来分散主题乐园项目的经营风险。

其次,可以考虑设立主题乐园企业诚信担保基金和专项保险机构,采用各种手段鼓励、支持专项保险组织的发展,以满足主题乐园企业的金融需求。应当建立主题乐园企业贷款风险赔偿基金,以分担银行可能出现的坏账风险。

4 上海迪士尼项目发展战略分析

(1)"中国化"迪士尼战略。"迪士尼化"的商业营销模式是一种全球性的营销模式,我国有着悠久的文化积淀,上海迪士尼应当实现个性化、本土化的定制,将上海迪士尼打造成具有独特东方气息的"中国化"的迪士尼乐园。上海迪士尼乐园发展战略应该借鉴巴黎迪士尼乐园的经验。由于巴黎迪士尼不景气,便选择了与东京迪士尼类似的路径,定制加入更多个性化的欧洲故事传说,推出欧洲当地风味菜,允许在乐园里卖红酒等。上海迪士尼应将中国文化元素融入进去,如成语、美食、园林设计等,建成一个具有中国特色的魔幻王国。

(2)"主题混合消费"模式战略。迪士尼乐园的成功不仅仅在于它本身主题乐园的娱乐和消费,更为重要的是周边配套设施的发展与服务。主题乐园核心在于留住游客,抓住消费,上海迪士尼里所有园区的混合产品,并不是简单的混合,它们都围绕一个主题。就迪士尼乐园本身来说,其"主题混合消费"模式是购物、饮食、住宿和游园这四种消费模式混合于一体,是属于全球迪士尼的世界发展模式。上海迪士尼既打造属于东方的个性化乐园,又利用上海本身的旅游优势,把上海世博园促成的交通枢纽与乐园连成一线,形成属于自己的发展战略。

(3)"体验式"消费战略。纵观全球主题乐园,大多数主题乐园消费者都是以游客的心态在乐园进行游玩,而当下的主题乐园发展的核心在于使游客身临其境,仿佛自己是故事的主角,去畅游整个童话世界,把儿时对童话故事的憧憬真实化,勾起对童话天真的回忆,犹如爱丽丝梦游仙境一般,满足童年的愿望,这种消费模式就是"体验式"消费。迪士尼品牌深入人心,以"体验式"消费闻名。上海迪士尼也将这一核心观念付诸实际行动中,把"体验式"的消费推销给广大消费者,使游客"主角化",重拾童年美好的回忆,这也是迪士尼一直秉承的带给游客欢乐、难忘的经营理念,也是专属迪士尼的独特文化。

案例使用说明：

一、教学目的与用途

1. 本案例主要适用于创业团队融资课程。
2. 本文是一篇描述上海迪士尼公司创新融资模式的教学案例，其教学目的在于使学生对企业发展模式和股权融资等问题具有感性的认识及初步的思考，从项目投融资模式、融资模式创新、企业发展战略等角度分析问题，并提出解决方案。

二、启发思考题

1. 你是如何思考上海迪士尼公司创新融资模式的？
2. 上海迪士尼公司创新融资模式相较于其他迪士尼有哪些差异？
3. 如果你是创业团队负责人，你认为这种创新融资模式是否可以借鉴？

四、关键要点

1. 根据自身情况选择合适的融资模式是创业非常重要的一步。在本案例中，上海迪士尼探索性的、由政府主导的政策性融资方式，有其独到的优势。
2. 上海迪士尼选择贷款融资作为主要的融资手段，可见迪士尼乐园为重大文化产业项目，并非仅仅要求利益最大化，文化成长势必可以带来符合可持续发展的经济利益增长。

3W 咖啡与股权众筹

> **摘要：**
> 3W 咖啡由最初为互联网行业聚会沙龙提供场地的咖啡厅，逐渐转变成由中国互联网行业领军企业家、创业家、投资人组成的人脉圈层，最终成为中关村创业大街上最大的创新型孵化器——3W 孵化器。3W 咖啡如今是集创业咖啡馆、孵化器、创业基金、品牌推广、人才招聘等于一体的完整创业生态体系。这一案例为创业项目和投资人的对接、融资和运营管理提供了有价值的借鉴。
>
> **关键词：**
> 股权众筹；咖啡；创业孵化器

0 引言

3W 咖啡成立于 2011 年 8 月，时年 29 岁、号称中国第一互联网分析师的许单单联合三个都有着互联网背景的创始人，采用众筹模式创立了这一知名创投平台。3W 咖啡向社会公众进行资金募集，每个人 10 股，每股 6000 元，相当于一个人 6 万元。很快 3W 咖啡汇集了包括沈南鹏、徐小平、曾李青在内的数百位知名投资人、创业者、企业高级管理人员，他们成为 3W 咖啡的股东。3W 咖啡由最初为互联网行业聚会沙龙提供场地的咖啡厅，逐渐转变成由中国互联网行业领军企业家、创业家、投资人组成的人脉圈层，最终成为中关村创业大街上最大的创新型孵化器——3W 孵化器，不仅解决了创业者的办公场地等硬件问题，同时衍生了除联合办公之外的 3W 其他创业服务。3W 是一家公司化运营的组织，其业务包含天使投资、俱乐部、企业公关、会议组织和咖啡厅。3W 北京旗舰店位于中关村海淀图书城南口籍海楼对面，毗邻微软、腾讯、新浪、创新工场和优酷网；3W 深圳旗舰店位于南山科技园北区源兴科技大厦东座。3W 是中国最完善的创业服务生态圈，是集创业咖啡馆、孵化器、创业基金、品牌推广、人才招聘等于一体的完整创业生态体系。

1 3W 咖啡的来历

在 3W 之前，许单单的工作是股票分析师，这貌似与咖啡馆没有丝毫联系。不过再往前推,许单单研究生毕业后就职于腾讯战略部,让他得以站在互联网巨人的肩膀上观察整个互联网行业,后来他又进入金融行业,做互联网行业的投资分析,到了后来的3W咖啡,他把自己、咖啡还有互联网连在了一起。

许单单说,今天的3W咖啡绝非自己当初所期望的那样。最初,他经常组织圈内的好友聚会,大家是AA制的。但是有一次朋友们去咖啡馆搞活动,咖啡馆的负责人说人太多,要加收场地费。于是他火冒三丈,说大不了自己开一个,在QQ群里和微博上与朋友激烈讨论后,一个咖啡馆就诞生了,几个人以兼职的形式开始经营咖啡厅。最初,除了许单单,还有另外两位核心创始成员:Ella、马德龙。Ella此前在搜狐任职,马德龙在百度,两人都是资深互联网人士。这为最初的3W咖啡涂上了一层互联网的色彩。3W咖啡采用众筹模式进行融资。2011年时微博很流行,3W咖啡就通过微博招募原始股东,向社会公众以每个人10股,每股6000元进行资金募集。很多热衷于玩微博的知名人士加入,3W以咖啡为载体,不断扩大社交圈,使普通人花点小钱就可以成为一个咖啡馆的股东,还可以结交更多人脉,进行业务交流。3W第一届股东会由100名股东组建而成,股东均由互联网高端人士构成。其中包括金山、飞信、骏网、财经网、走秀网、创业家等CXO(电商企业首席惊喜官),以及腾讯、百度、新浪、搜狐、盛大、阿里巴巴等公司的高级管理人员等。2012年央视对他们进行了专题报道,引爆了3W咖啡的行业影响力,名人效应和媒体宣传助推3W走上了连锁运营模式。几乎每个城市都出现了众筹式的3W咖啡。3W很快以创业咖啡为契机,将品牌衍生到了创业孵化器等领域,传递创业智慧的运营模式逐渐形成。

2 开启众筹模式,实现创业融资

"众筹"译自"crowdfunding"一词,即大众筹资或群众筹资,是利用众人的力量,集中大家的资金、能力和渠道,为小企业、艺术家或个人进行某项活动等提供必要的资金援助,由发起人、支持者、平台构成,具有低门槛、多样性、依靠大众力量、注重创意的特征。

现代众筹指通过互联网方式发布筹款项目并募集资金。相对于传统的融资方式,众筹更为开放,能否获得资金也不再是以项目的商业价值作为唯一标准。只要是网友喜欢的项目,都可以通过众筹方式获得项目启动的第一笔资金,为更多小本经营或创作的人提供了无限的可能。

2014年11月19日,国务院总理李克强主持召开国务院常务会议,要求建立资本市场小额再融资快速机制,并首次提出"开展股权众筹融资试点"。

2015年4月2日,3W咖啡获京东领投的数千万A轮融资,东方弘道和清华控股跟投。此次融资的资金主要用于推进"十城百店"计划。

3 塑造跨界品牌,传递创业智慧

为什么3W能够成功?短短几年,3W创始人许单单塑造出了一个知名的跨界品牌,开创了咖啡馆的创新发展,完美演绎了众筹模式。一开始,他们只是想着开办一个专门为互联网行业聚会沙龙提供场地的咖啡厅,但筹办咖啡厅的资金怎么落实,他们借鉴国外的众筹模式发起众筹,先后吸引了包括徐小平、沈南鹏等近200名互联网、投资界人士参股投资。两年后,3W咖啡因为"硬件"不具竞争力而濒临倒闭,为了不让第一次创业最终失败,许单单决定创办互联网公司拯救3W咖啡。2013年7月,其创办的专事互联网招聘的拉勾网上线,已成为中国最大的互联网招聘网站之一。

(1)站在时代风口

当时众筹在国内处于风口,股权众筹正逐步得到传播和社会的认同。

美国知名作家克莱·舍基提到一个认知赢利的概念,强调很多人都有闲置的工夫、闲置的本钱,如何把这些闲置的工夫和本钱汇聚起来,有目标地发现更有价值、更有意义的项目,在互联网乃至移动互联网日趋加强的今天,变得愈来愈重要。单笔资金或许干不成什么事,然则假定数以千计万计的小额资金汇聚起来,则可以帮助有想法和主张的人去发现事业,完成梦想,最后每笔小额资金都产生了价值。这或许是众筹情势诱人的地方。

(2)打造人脉圈层

3W是由中国互联网行业领军企业家、创业家、投资人组成的人脉圈层,而且是互联网创业和投资圈的顶级圈子。3W是一家公司化运营的组织,3W咖啡是3W拥有的咖啡馆经营实体。其业务包含天使投资、俱乐部、企业公关、会议组织和咖啡厅。他们以咖啡为载体,客户可不断扩大社交圈,进行业务交流。花点小钱成为一个咖啡馆的股东,还可以结交更多人脉。3W的游戏规则看上去很简单,但并不是出得起6万元的人都可以参与投资成为3W的股东,要成为3W的股东必须符合一定的条件。3W给股东的价值回报在于圈子和人脉价值,创业者花6万元投资3W就可以结识大批同样优秀的创业者和投资人,分享很多顶级企业家和投资人的智慧。建立和分享人脉圈层,既有人脉价值,也有学习价值。依托3W咖啡馆强大的人脉优势,拉勾网上汇集了互联网圈内大量真实有效的招聘信息,每3~5天会为用户推送精准的定制化订阅,其招聘信息的阅读率和命中率也比传统招聘网站高出不少。

(3)衍生创客服务

2015年5月7日上午,国务院总理李克强视察了北京中关村创业大街。在创业大街的3W咖啡馆一楼品尝过咖啡后,李克强总理又在二楼观看了拉勾网路演。当被李克强总理问及目前的成绩如何时,许单单表示,拉勾网服务6万家客户,作为一家规模在100人左右的创业型招聘平台,已为中国创业型公司输送了150万人才。李克强对此表示,大众创业、万众创新的基础是就业,就业也是经济的基础,"一个100多人的公司,一年服务150万人,了不起,应该让咱人力社保体系的人来看看"。

过去几年间,3W咖啡发展出服务于互联网人职业发展的拉勾网和3W猎头,服务于天使期创业项目的孵化器和基金,以及帮助创业团队获取用户和品牌的3W传播,为创业者提供一站式的创客服务。

(4)建立商业闭环

光靠卖咖啡的微薄利润,要赚钱是不现实的,收回投资更无从谈起。咖啡馆建立的初衷是"举办行业聚会沙龙",专门用来举办与互联网相关的论坛、沙龙、培训、讲座等。3W自开办之初就拥有大量的互联网圈内资源和人脉圈。互联网创业者来了,更多投资人也期望进入这个圈子。所以,3W的众筹参与者基本上是围绕着强链接、熟人或名人交际圈进行扩散,这就在无形中建立起一种信任场。3W的聪明在于提供了一个基于圈子的价值。3W为众筹参与者提供了不以金钱计算的回报,即提供众筹参与者更加看重的人脉价值、投资机会、交流价值、社交价值、聚会场所等。依托3W咖啡馆强大的人脉优势和拉勾网上汇集的互联网圈内大量真实有效的招聘信息,一方面帮助项目发起人将自己的创意(设计图、成品、策划等)达到可展示的程度,并在3W平台进行发布,另一方面帮助投资人在3W中找到一个好项目。借助活动平台,不断聚集项目创意方和项目投资人,创业者可以寻找到投资人,而投资人则可以寻找到项目,双方各取所需。在3W的官网上,可以看到形式多样、主题各异的活动公告,参与者可以在线注册、报名和查看有关项目,建立企业会员、个人会员之间的联系。通过不断举办互联网活动,3W积累了大量的互联网圈内资源,3W从一个主题咖啡馆,依靠大众力量,注重创意,变成了一个媒体公关,实现人脉价值、投资机会、交流价值、社交价值的不断提升,由一个聚会场所变成一个新的商业媒体。3W就在这个不断聚集的过程中,成为一个创业孵化器,从而形成了一个良性循环的商业闭环。在未来,随着线上线下的深入结合,以及中高端用户的增加,拉勾网乃至3W咖啡馆的赢利模式也将更具有特色和前景。

案例使用说明:

一、教学目的与用途

1. 本案例主要适用于创业融资、风险投资等课程。
2. 本文是一篇描述创业过程中通过众筹创办3W咖啡的教学案例,其教学目的在于使学生对创业过程中通过众筹获得融资,对众筹模式的发起、传播和社会的认同,打造人脉圈层、时代企业和商业闭环,以及企业管理和股权融资等问题建立感性的认知。

二、启发思考题

1. 你如何看待众筹的现实性、技术性和风险控制?
2. 3W咖啡创业的成功要素有哪些?
3. 从咖啡到创投平台,如何树立跨界品牌,开创咖啡馆的服务创新?

三、分析思路

3W以咖啡为载体,以股权众筹的方式聚集创业者和投资人,通过不断举办各种主题活动,实现O2O,持续扩大社交圈,塑造创业孵化器和传递创业智慧。创新服务产品使得3W快速发展。3W的商业闭环逐步构成,并通过众筹和共享的模式用市场的方式创造了一个专业的创业服务生态系统。

四、关键要点

1.站在时代的风口,敢于创新,不断探索新的商业模式是3W咖啡成功的关键。众筹的兴起、微博的兴起、互联网的传播、创新创业中项目人和投资人的相互需求的完美结合,3W咖啡创业服务的价值观得到了市场的快速认同。

2.服务产品的不断创新是创新团队基于对咖啡载体作用的深刻认识,创新和实现跨界服务,完美演绎了3W咖啡品牌,实现了3W咖啡跨越式发展。

参考文献:

[1]黄健青,辛侨利."众筹":新型网络融资模式的概念、特点及启示[J].国际金融,2013(9):64-69.

[2]汪莹,王光岐.我国众筹融资的运作模式及风险研究[J].浙江金融,2014(4):62-65.

[3]杨东,苏伦嘎.股权众筹平台的运营模式及风险防范[J].国家检察官学院学报,2014(4):157-168.

[4]邱勋,陈月波.股权众筹:融资模式、价值与风险监管[J].新金融,2014(9):58-62.

(撰稿人:南昌师范学院 夏克坚)

第八章
企业成长生命周期的案例

BMW（宝马）的创新发展之路

摘要：
本案例描述了德国宝马汽车公司的创新发展道路，包括从如何催生创新，到形成成熟的创新管理方法，最后如何全员全方位地贯彻实施创新文化。这一案例为创业企业进行创新管理提供了有价值的借鉴。

关键词：
BMW；创新；创新管理；企业生命周期

1 公司背景

宝马是驰名世界的汽车企业，也被认为是高档汽车生产业的先导。宝马公司创建于1916年，总部设在慕尼黑。近百年来，它由最初的一家飞机引擎生产厂发展成为今天以高级轿车为主导，并生产享誉全球的飞机引擎、越野车和摩托车的企业集团，名列世界汽车公司前20名。

宝马作为国际汽车市场上的重要成员，相当活跃，其业务遍及全世界120多个国家。

宝马公司历来以重视技术革新而闻名，不断为高性能高档汽车设定新标准。同时，宝马公司十分重视安全和环保问题。宝马在"主动安全性能"和"被动安全性能"方面的研究及其FIRST（整体式道路安全系统）为公司赢得了声誉。德国宝马汽车公司生产的宝马轿车，被誉为高级豪华轿车的典范，它风靡欧美，世界各地的车迷们对它情有独钟。

2 创新的催生

宝马公司在至今百余年的历史中，经历了两次军转民。20世纪50年代公司经营十分困难，濒临破产，1959年12月9日股东大会甚至做出了将公司卖给奔驰公司的决定。这时德国匡特家族力挽狂澜，收购了宝马公司46%的股份，成为最大的股东，宝马得以坚持走自我发展的道路。那次重创虽距今已有60年，但一直被全体员工铭记在心。公司总裁赖特霍费尔说："我们永远忘不了1959年，它已植入我们的基因，并激励我们努力进取。"

正因为有此特殊的磨难经历，宝马高层管理者始终绷紧危机意识这根弦，时刻不敢懈怠和松弛。正如美国密歇根州安阿伯汽车研究中心的合伙人戴维·科尔所说："与死亡擦肩而过的经历对于企业来说十分有益，宝马公司多年来一直如履薄冰。"

3 宝马公司的创新管理

多年来，宝马通过实施由"创新研究、创新控制、创新转化"组成的创新管理，不仅构建和提升了企业核心竞争力，推动了企业的技术创新和产品创新，而且成功将专业化的创新流程作为企业始终坚持的一项重要战略并融入企业文化的方方面面，驱使着宝马成为世界著名品牌。

（1）创新管理的第一阶段："创新研究"

"创新研究"是创新管理的基础，强大的创新研究力量是获得创新成果的关键。新的创新模式正在改变全球的商业和企业的创新活动。在旧的模式中，创新所需的资源是稀缺的，但在新模式中，创新的资源变得非常丰富。为了保障产品研究的有效进行，宝马十分注重科研基础设施和科研经费的投入，设立了专职研究机构——宝马创新与研究中心（FIZ）。该中心设在慕尼黑市区，占地30万平方米，投资8亿欧元，集试验室、研究室和车间于一体，有8000多名核心研发人员和外围4000名设计、试验人员共同工作。有了创新与研究中心，宝马能够更快地试验和探索各种各样的创意，包括原型产品开发、模拟服务以及业务系统构建或建立新的商业模式的边际成本等。在创新与研究中心里，创新者从一个创意转到另一个创意是非常容易的，就像在互联网上漫游一样成本低廉。这种创新，宝马称之为"超创新"。

在创新研究阶段，宝马的新技术层出不穷。例如，碳素纤维强化塑料一直是汽车工业梦寐以求的理想材料，因为它比钢轻50%，比铝轻35%，可以有效减轻车辆的重量，且其刚度是其他材料的3倍，碰撞性和安全性相当好。但是因为没有能够冲压的设备，碳素纤维以前只能手工生产，效率十分低。宝马创新研制出一套自重200吨、压力1800吨的冲压设备，在全球首次批量生产碳素纤维的车顶。又如，随着汽车车型不断增加和高新技术的不断应用，汽车售后维修保养的难度不断增大，于是宝马开发了"扩充现实系统"自动化检修系统。维修人员通过电子探头，依靠电脑帮助进行维修。电脑进行诊断后向维修人员发出指令，维修人员只要按照指令就可以进行检测处理。

（2）创新管理的第二阶段："创新控制"

"创新控制"是创新管理的中间环节，这一阶段主要是测试和评估上一阶段的各种技术与产品创新在汽车行业中的适用性，确定创新是否能继续进行下去。失去控制的创新会造成企业大量资金的浪费和创新时机的延误。

从一个创意转到另一个创意的"超创新"企业，其投资形成了一个新的资本形式——"迭代资本"。"迭代资本"使得企业能够用越来越少的时间对更多的创意方案进行尝试。宝马在新产品模型、原型和服务等虚拟化上进行了巨额的投资，一旦这些模型被植入机器，迭代经济就会爆炸性地增长，那时，改变产品或服务的成本就会非常小。

（3）创新管理的第三阶段："创新转化"

"创新转化"是宝马创新管理的最后阶段。在这一阶段，经过认可的、准备用于汽车行业开发的创新将被转化为特定的产品。在创新能够变为产品的飞跃时期，宝马制订了明确的计划，以保证最终的产品能受到市场的欢迎。宝马的目标非常明确，就是力争最优，使产品每个环节的质量与档次都成为全球汽车产业中的领先者。

为了保证创新活动顺利进行，增进内部交流，宝马在企业内部营造了一种"开诚布公、无拘无束"的工作氛围，使员工可以畅所欲言。在宝马看来，人们总是喜欢在自己熟悉的领域内工作，必须把人们从习惯思维的方式中拉出来。设计部门的职员应当有勇气把人们带领到他们并不熟悉，或者本不想去的地方。宝马打造企业文化的目的是要推动设计人员大胆冒险，并随时为各种可能出现的结果做好准备。在制定决策时，宝马提倡员工提出不同意见。大家都清楚，只有做出正确的选择，才能设计出优秀的方案。宝马认为，只有把技术的热情与设计的热情相结合，才能保证宝马品牌的激情。为了使工程技术人员能紧密合作，宝马于1996年组织了一个由来自两个部门的员工组成的项目团队，由一名设计师和一名工程师共同领导。宝马为这个团队提供上百万美元的预算，并把他们派到美国一个他们自己选定的秘密地点开展工作。该项目团队的任务是对宝马X5运动型跑车进行大胆改进，并设计出新一代的跑车。这个团队还有另一个同样重要的任务：使设计人员和工程技术人员相互了解，并认识到对方工作的重要性。最终经过6个月的艰苦工作，该团队提出了6条产品改进意见，最终催生出了宝马X3 SUV型跑车。

宝马成功的法宝就是依靠创新管理来推动企业的技术创新和产品创新。

4　宝马创新的特点

创新大大激发了宝马的活力。宝马的创新可概括为"全员创新、全方位创新"，用宝马公司的话来说就是"让专业化的创新流程成为公司各个领域的主要战略和文化组成部分"。在创新过程中，宝马注重围绕四大问题：第一，创新战略和创新目标是否与公司的整体战略密切结合？第二，创新流程和结构是否足以支持公司的创新？第三，公司资源是否得到有效利用，是否充分调动了合作伙伴积极参与？第四，公司的氛围和文化是否有利于促进该创新？

>> 案例使用说明：

一、教学目的与用途

1.本案例主要适用于创业学、管理学、企业生命周期等课程。

2.本文是一篇描述宝马公司如何进行创新管理的教学案例，其教学目的在于使学生对企业创新管理和企业生命周期等问题具有感性的认识及深入的思考，从中得到有益的启发。

二、启发思考题

1. 你如何看待危机催生宝马公司的创新?
2. 你如何看待宝马公司创新管理的做法?
3. 在企业生命周期的不同阶段如何开展创新?

三、分析思路

教师可以根据自己的教学目标来灵活使用本案例。这里提出本案例的分析思路,仅供参考。

企业需永葆创业创新精神,在战略转折点上求新生。如果总是留恋过去的框架,沿袭过去成功的模式,失去再创业的劲头,就会丧失活力,走向衰退。企业应该保持忧患意识和风险意识,居安思危,通过不断创新变革,立足当前,面向未来,跳出经验,冲破传统,挑战自我,突破极限,不断蜕变,化蛹为蝶,实现持续发展,永续经营。

企业发展的过程是一个质与量互动的过程,不能光追求规模而忽略发展质量。既要做大,更要做强、做活、做久,要不断进行新陈代谢,吐故纳新,不断从外界获得资源,并和企业内部的人、财、物、技术、信息等资源有机结合,消化吸收并内化为企业的核心竞争力。其中,企业的战略远见、持续的技术创新能力和优良的企业文化,是决定企业可持续发展的关键因素。

四、关键要点

1. 企业的发展是具有周期性的,当企业处在不同生命周期的发展阶段时,其进行技术创新活动的动机、积极性及在进行技术创新时所面临的风险是不同的。

2. 有效的创新管理需要企业全员参与,树立企业创新的文化。创新是企业全方位的创新,包括观念创新、产品(服务)创新、技术创新、组织与制度创新、管理创新、营销创新和文化创新。创新文化是企业在长期的生存和发展过程中所形成的,为本企业所特有的文化。

参考文献:

[1] 龚伟同.宝马的创新活力何处来[J].商务周刊,2006(22).
[2] 罗险峰,胡逢树.不同生命周期阶段的企业创新行为及风险分析[J].科技进步与对策,2000(12).
[3] 余言.蓝天白云下的传奇宝马汽车公司的发展历程[J].汽车实用技术,2004(2).

(撰稿人:江西经济管理干部学院 肖永平)

戴尔的新模型

> 摘要：
> 　　本案例主要描述了戴尔公司在电脑行业的发展历程。戴尔改变了个人电脑行业按库存囤积生产的模式,改为定制生产。这种模式在当时的缺点是无法做大,戴尔对自己的模式保持了耐心,互联网流行后,它的机会来了。戴尔推出了一个新理论:"直接从戴尔定制个人计算机。"这创造了新的商业模式生态系统,开创了戴尔公司的辉煌时代,建立了一个全新的戴尔帝国。这一案例为企业成功创新树立榜样,能为新常态下的企业创新发展提供有益的借鉴及示范作用。
> 关键词：
> 　　创新;定制生产;经营模式;逆向思维方法

0　引言

戴尔公司是一家总部位于美国得克萨斯州朗德罗克的世界 500 强企业,是全球领先的 IT 产品供应商,以生产、设计、销售家用以及办公室电脑而闻名,同时也涉及高端电脑市场,生产与销售服务器、数据储存器、网络设备等,致力于满足客户需要,提供客户所依赖和注重的客户体验。受益于独特的直销经营模式,一段时间内戴尔在全球的产品销量高于任何一家计算机厂家。1992 年进入《财富》杂志 500 强之列,公司创始人迈克尔•戴尔本人也因此成为 500 强企业中最年轻的首席执行官。2001 年排名第 10 位,2011 年上升至第 6 位。戴尔公司 2014 年营业额突破 600 亿美元,戴尔公司短期内创造辉煌的原因何在？戴尔模型的成功对创新企业有何启示？逆向思维方法的利与弊有哪些？

1　公司简介

迈克尔•戴尔于 1984 年创立了戴尔公司。当戴尔进入个人计算机市场的时候,市面上已有几十家大小不同的个人电脑生产厂商在推销它们的产品,其中市场份额最大的是 IBM 及康柏。

1988~1991 年,戴尔公司上市并进军全球市场,并扩展了运营和产品组合,以便于更好地服务客户。

1992~1995年,戴尔以火箭般的增长速度跻身全球五大计算机制造商之列,并将目光锁定于尚未有企业涉足的网络服务器市场。

1996~1999年,制胜全球,引领网络。戴尔迅速扩展了全球运营,公司开始进军在线销售,并为全球电子商务制定了基准。

2000~2004年,戴尔公司业务扩展到PC以外的其他领域。戴尔成为全球第一大计算机系统制造商,并不断发展推出外围设备产品和适用于数据中心的产品。

2005~2008年,为社交和可持续的业务发展设定了基准。戴尔优化其业务领域,来满足客户端到端的IT需求。与此同时,开展社交网站及免费的产品回收服务。

2009年,通过对知识产权和研发巨额投资,戴尔增强了其解决方案的产品组合能力。

2013年2月6日,董事长兼首席执行官迈克尔·戴尔与全球技术投资公司银湖合作收购戴尔。根据协议条款规定,戴尔股东将按每股13.65美元的价格获得现金对价。戴尔公司在这项交易中的总价值大约为244亿美元。

2014年3月27日,微软和戴尔达成一项专利授权协议。根据这项协议,戴尔在出售搭载谷歌Android和Chrome软件的设备时需要向微软支付专利授权费。

2015年10月12日,戴尔与数据存储巨头EMC宣布完成并购,最终,戴尔以670亿美元收购了EMC,成为科技行业史上最大的收购交易。

2017年,戴尔公司排名《财富》美国500强第41位。

2018年12月,戴尔公司位列2018年世界品牌500强第80位。

2 戴尔新模型

当戴尔进入个人计算机市场的时候,其中市场份额最大的是IBM和康柏公司。他们所生产的产品大同小异,都与IBM个人电脑兼容,并且都采用同一商业模型:零售商根据每月销售的实际情况,每季向分销商下订单,分销商将它分送的零售商的订单全部集中起来,再向生产商下订单。比较大的电脑生产商如IBM和康柏,都有自己的直销团。这些公司的直销人员直接与大企业的信息部联络,说服信息部经理代表企业采购他们公司生产的个人电脑。生产商根据收到的所有订单,计划每月应生产多少并存放到各分销商的仓库,以备零售客户购买。这种商业模型在学界称为"按库存囤积生产(Build to Stock)",它的关键是渠道以及高效率的规模生产流程,谁能"拥有"重要的分销及零售网络,并且能够配合高效率的规模生产流程,谁便是赢家。IBM与康柏均有其成熟且稳定的分销渠道。

戴尔采取了与众不同的销售模式,即通过直接销售到个人用户,这样不但节省了分销成本,还能将部分结余返还给顾客之后仍有很好的利润。当接收到直销订单的时候,戴尔了解到许多专业的个人计算机买家想订购最符合个人要求的计算机。为此,这些顾客愿意等上几天以得到"定制的"计算机,并且希望定制的计算机物美价廉。戴尔当时生产的个人计算机与其他公司的大同小异,但它推出了一个新理念:"直接从戴尔定制个人计算机。"为此,戴尔必须创造一个与按库存囤积生产完全不同的新商业模型。戴尔会预先估算好定制个人计算机所需要的时间,在直销时定下交货日期,然后把定制信息排入生产计划中。这个商业模型最大的特点是没有成品库存,在学界称为"按定制生产(Build Order)"。

戴尔新模型(右)与原有模型的对比

建立仓储供应链	建立按单定制供应链
——计划生产	——实时生产日程安排
——供应商四散,优化后勤	——供应商在附近,减少后勤
——需要各型号的准确销量预测	——需要对大类产品的粗略估计
——生产与市场互动少	——生产与客户关系管理
——批量交货	——个别交货

戴尔商业模型的主要弱点是在短期内很难做大规模,瓶颈是难以有效地直接推销到各地的终端用户。

戴尔的业务一直在增长,虽然没有爆炸式增长,但其毛利及净利润都很高。戴尔优化它的生态系统来配合它的商业模型,它不单重点缩短了交货的时间,而且把焦点放在如何通过定制为个人电脑提供附带价值上。戴尔提供的这种附属服务,IBM及康柏都因为其固定的生产流程而很难复制。此时戴尔不能很快做大规模,所以IBM和康柏还有规模经济的优势。

戴尔一直坚持它的"按定制生产"商业模型。而它的生产结构越来越成熟,戴尔不仅在经营上比过去更加灵活,生产能力也大增。1996年,互联网开始盛行时,戴尔最早采用新科技与各地潜在客户联络,让客户可上网直接定制。随着互联网的发展,中小包裹快递的行业也快速发展起来,这些发展大大加强和支持了戴尔"按定制生产"商业模型的生态系统。一瞬间,戴尔的业务量爆炸式增长,到2000年,第一次互联网泡沫爆发,个人市场大跌,戴尔已占有成本优势,于是趁机降价,给康柏及惠普带来更大的压力。在2002年,康柏被惠普收购,而在2004年,IBM也把它的个人电脑分支卖给了联想。

"与客户结盟"是直销模式最具优势之处。戴尔对客户和竞争对手的看法是:"想着顾客,不要总顾着竞争。"戴尔还比其他个人电脑制造商更进一步,把"随订随组"的作业效率发挥到供应体系之中。戴尔与供应商共享这种优势,也用网络为重要的供应商提供每小时更新资料的服务。对于渠道的发展趋势,戴尔认为经销商要转变经营模式,变成纯粹的服务提供者。

戴尔直销因其不可复制性和其拥有的特质让竞争对手望尘莫及。这就是戴尔新模型,一个成功的商业模型。

案例使用说明：

一、教学目的与用途

1. 本案例主要适用于创业学、管理学等课程。
2. 本文是一篇描述戴尔采用与竞争对手不同的销售模式而大获成功的案例。其教学目的在于使学生了解"按库存囤积生产"和"按定制生产"的两个不同的商业模型生态系统，通过对戴尔新模型的了解和深入思考，深知商业模型的创新对企业发展的重要意义，以此获得解决问题的方法。

二、启发思考题

1. "按库存囤积生产"和"按定制生产"的区别与联系是什么？
2. 戴尔新模型是如何建立的？
3. 戴尔新模型适用的生态环境有哪些？

三、分析思路

教师可以根据自己的教学目标来灵活使用本案例。这里提出本案例的分析思路，仅供参考。

商业模式是商业活动的关键所在，戴尔利用现任者与继任者的差异，通过适合的生态环境实现销售模型的成功创新。两种商业模型提供的产品几乎相同，唯一不同的是现场购买和预订采购。随着环境的改变、科技的进步、人们生活习惯的改变，其差异就体现在为消费者提供较高的效益成本比率上。

为了减少风险，后来者应集中在一个小市场内测试新理念是否适应市场，在核实前，不应在市场推广上投以重资。但一旦取得初步成功，要坚持不懈地增强这种新理念的生态系统，通过提高效益成本比率来占领市场，采用不同方式方法即为创新。好的创新将为企业带来良好的社会效益和经济效益。

四、关键要点

1. 营销模式

营销模式是一种体系，而不是一种手段和方式。目前公认的营销模式从构筑方式上的划分主要有两大主流：一种是以市场细分法，通过企业管理体系细分延伸归纳出的市场营销模式；另一种是以客户整合法，通过建立客户价值核心，整个企业各环节资源的整合营销模式。

市场营销模式是以企业为中心构筑的营销体系,而整合营销则是以客户为中心构筑的营销体系,创新营销模式就是建立一种新的营销体系,这个体系适合于企业的整个生产链和生态系统。

2.定制生产

定制生产就是按照顾客需求进行生产,以满足网络时代顾客的个性化需求,由于消费者的个性化需求差异大,加上消费者需求量又少,因此企业实行定制生产要求在管理、供应、生产和配送各个环节上,都必须适应这种小批量、多式样、多规格和多品种的生产销售。

戴尔电脑公司的用户可以通过其网页了解本型号产品的基本配置和基本功能,根据实际需要和在能够承担的价格内,配置出自己最满意的产品,使消费者能够一次性买到自己中意的产品。在上面配置电脑的同时,消费者也相应地选择自己认为价格合适的产品,因此对产品价格有比较透明的认识,增加企业在消费者面前的信用。戴尔奉献给客户的就是这种个性化的服务。

参考文献:

谢德苏.源创新:转型期的中国企业创新之道[M].北京:五洲传播出版社,2012.

(撰稿人:江西传媒职业学院　胡克文)

比亚迪的成长轨迹

摘要:

本案例通过描述比亚迪股份有限公司从毫无电池技术积累到成为全球锂电池大王,从简单生产线起步到全球手机IT电子重要代工厂,从生产电池到生产汽车再到生产新能源汽车的发展历程,让我们看到了比亚迪人的创新精神。

关键词:

企业;成长;创新

0 引言

比亚迪股份有限公司成立于1995年2月，仅20年的时间，已经由一个只有20名员工的电池生产小企业发展成为员工总数超过17万人，拥有IT、汽车、新能源三大产业群的世界级高新技术企业。比亚迪用较短的时间完成了西方企业百年的成长之路，见证了改革开放最前沿的深圳的成长历程。2016年10月13日，比亚迪"云轨"在深圳全球首发，以立体化交通模式解决城市的拥堵与污染，进一步满足城市需求，助力我国城市交通从"车轮上的城市"向"轨道上的城市"轨型升级。2017年11月8日，比亚迪入选时代影响力中国商业案例TOP30。通过对比亚迪的案例分析，可为中小型企业开拓创新发展路径提供参考。

1 公司背景

作为一家民营企业，比亚迪以电池代工起家，再到手机代工，最后跨行业进军汽车产业，并进军新能源产业，拥有自主品牌，实现了从电池代工到汽车自主品牌的转型升级。比亚迪的发展路径是企业成长的轨迹，反映了企业的成长定位、方向和战略。

第一阶段：比亚迪电池产业。1993年，王传福创立的比亚迪股份有限公司进入电池市场。首先确定并制定好从核心技术做起，然后找到镍镉电池的突破口——成本和品质，发挥自主设计生产线，以手工代替机器的半自动生产模式，把电池生产从资本密集型转变为劳动密集型，化整为零。

第二阶段：比亚迪IT产业。1997年，比亚迪发展为一个年销售额近1亿元的中型企业。之后比亚迪正式进入国人尚未想过进入的行业——锂离子电池行业。那时比亚迪的领导人高瞻远瞩，认为中国的充电电池厂家要实现质的飞跃，必须涉足锂离子电池产业，否则将永远落后于日本等竞争对手。正是比亚迪这种战略性选择，使得比亚迪在该产业内迅速地发展起来，跻身诺基亚、摩托罗拉等品牌的重要供应商行列。

第三阶段：比亚迪汽车产业。不到十年即做到行业第一的企业，进行大规模产业布局的转移与调整，成为比亚迪的自然选择。2003年1月23日，王传福在香港宣布动用2.54亿港币收购西安秦川汽车77%的股份，正式向传统汽车工业出击。在进军汽车行业的第一年，比亚迪收购了北汽集团旗下的模具公司，组建北京比亚迪模具有限公司，拥有了在模具方面降低成本、提高车身品质的能力。同年4月，上海比亚迪汽车研发中心成立，下设20多个项目攻关组，分别从事比亚迪系列轿车车身、汽车电子、安全装置及电动汽车等方面的研究和探索，半年内就成功申报100多项国家专利。随后，比亚迪成立了上海汽车工业园，建立了构架齐全的汽车研发体系和整车检测中心以及自己的碰撞线和各种环境实验室。

第四阶段：调整优化。从2010年开始，比亚迪进入调整期，大幅减少了营销人员，在经营模式、品牌、组织结构、人才管理等方面进行了优化调整。

2 起步于手机电子领域

(1)技术摸索

1987年7月,21岁的王传福从中南工业大学冶金物理化学系毕业后进入北京有色金属研究院,从事电池技术研究。5年后,26岁的王传福被破格提拔为研究院301室副主任,成为当时全国最年轻的处长。1993年,研究院在深圳成立比格电池有限公司,王传福顺理成章地成为公司总经理。

在有了一定的企业经营和电池生产的实际经验后,王传福发现,当时2万~3万元一部的大哥大势必普及,这将开启一个不可估量的充电电池市场。作为电池研究方面的专家,王传福坚信充电电池技术不是什么问题。1995年2月,王传福决定单干,注册成立了比亚迪科技有限公司,领着20多个人在深圳莲塘的旧车间里扬帆起航。

当时日本的充电电池一统天下。虽然国内有不少电池厂家,但多为买日本电芯搞组装的小企业。在成立之初,搞技术出身的王传福把目光投向技术含量最高、利润最丰厚的充电电池核心部件——电芯的生产。王传福在一份国际电池行业动态报告中发现,日本宣布本土将不再生产镍镉电池,而这势必引发镍镉电池生产基地的国际大转移,比亚迪的黄金机遇来了。

但是摆在比亚迪面前的困难却不小。

一条镍镉电池生产线日企要价几千万元人民币,加上日本禁止出口,比亚迪要得到生产线无异于痴人说梦。比亚迪决定自造生产线和装备。根据中国劳动力资源多、成本低的国情,比亚迪拆解整个生产线流程,分解成一个个可以人工完成的工序。最后,比亚迪只花了100多万元人民币,就建成了一条日产4000个镍镉电池的生产线。

这条生产线建成后,成为行业的另类风景线。日本的镍镉电池生产线,很多工序是机械手完成,整条生产线人员不超过20人,而比亚迪的生产线,俨然是劳动密集型加工厂,生产线两端坐着成百上千个工人。比亚迪被当时业界戏称为"劳动密集型的高新科技公司"。

虽然生产方式和流程不同,但比亚迪还是迈开了宝贵的第一步,并成功控制了产品质量。1996年,比亚迪公司取代三洋成为台湾无绳电话制造商大霸的电池供应商。大霸是电信巨头朗讯的OEM(也称为"定点生产",俗称"代工")厂商,比亚迪公司因此成为朗讯的间接供应商。1997年比亚迪公司镍镉电池销售量达到1.5亿元,排名全球第四位。

(2)自主创新

在生产镍镉电池时,比亚迪需要用到大量昂贵的镍片。在整个镍镉电池成本中,镍片成本占据大半份额。如果能找到取代镍片的方法,无疑可以大幅节省成本。为此,比亚迪不断研发和实验,终于找到代替镍片的办法——通过改造电池溶液的化学成分,镀镍片也可以代替镍片使用而不被腐蚀。仅此一项改进,比亚迪就砍掉了单项原料成本的90%。

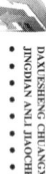

2000年,比亚迪决定进入锂电池生产领域。王传福带了200万人民币去日本买设备,结果日方开口就是500万美元。谈到生产线,日方漫天要价,开价1亿美元,并直白相告:"你们中国人是不可能做得出锂电池的。"

这个设备,王传福最终还是没有买。但他很快用镍电池生产线"拼凑"出一条锂电池生产线来:能兼容的就用镍电池生产设备;不能兼容的,就用人工和夹具来取代。如锂电池生产线要裁剪一块很大的极片,比亚迪买不起日本分切机,就用中国的裁纸刀,配上一块长宽相等的挡板作为夹具,进行人工剪裁。为取代昂贵的涂布机,比亚迪自产了该装备,第一代产品要分两道工序涂完双面,第二代就可以同时涂两面,到了第三代已经可以控制涂刷的具体位置了。

比亚迪甚至进行了工艺创新的诸多尝试。如日本锂电池生产线要求拥有无尘真空生产空间,进生产线的工人,都必须穿好净化服,经过淋浴吹风之后走入宽敞明亮的真空车间。但这种"高科技环境"被比亚迪认为是浪费成本。经过研究,比亚迪设计出一种无尘厢式生产线,工人只需戴上手套伸入无尘环境中,就可实现各项操作,开创了常温下生产锂电池的先例。

生产流程和工艺的不断改良,直接提升了比亚迪电池的价格竞争力。有人算过一笔账,比亚迪一条日产10万只锂电池的生产线,需用工人2000名,设备投资5000万元人民币。而日系全自动生产线所需工人200名,设备投资1亿美元。分摊到每块电池上的成本费用,比亚迪是1元人民币左右,日系厂商却为5~6元。

今天,在比亚迪的电池工厂里,60%的生产设备都是自主研制。通过流程的拆解和创新,比亚迪的装备创新,带动了产品研发的全方位创新。到2000年,比亚迪拥有和掌握了自己的锂电池核心技术,成为摩托罗拉的首个中国锂电池供应商。2001年,比亚迪公司锂电池市场份额迅速上升到世界第四位,实现销售额13.65亿元,纯利润高达2.56亿元。

(3)破解专利壁垒

虽然在海外市场不断攻城拔寨,在比亚迪眼中,企业发展的最大障碍不是技术,而是架在中国企业头上的专利之剑。

以技术为矛,专利为盾,GE、微软、丰田、索尼、诺基亚、三星等世界级企业在中国做到了不战而屈人之兵。以DVD生产为例,中国企业被迫为每台出口DVD机上交十几美元的专利费,这让不少中国企业有了这样的认知:技术天堑几乎无法逾越,掌握在别人手里的专利犹如一堵打不穿的铜墙和一条要命的绞索。在电池领域更是如此。作为后进者,比亚迪只能在日本企业后面进行学习和改良,而基础专利牢牢握在日本企业手中。

比亚迪从来不怕技术封锁,依靠自己力量实现研发创新;比亚迪重视知识产权,从企业开始发展就不断积累专利。

自1999年以来,比亚迪在国内外申请的专利数以平均每年195%的速度增长。比亚迪每年在专利维护方面的投入多达5000万元,对于专利发明人的奖励平均高达10000元每人次。面对如此多的专利数量,比亚迪在2001年成立了知识产权与法律部,专门负责公司的专利申请、知识产权保护、知识产权纠纷处理等事务。比亚迪在中国、美国、日本及欧洲一些国家均聘请有知识产权领域的专业律师及法律顾问,在必要的时候,比亚迪会整合其在全球的法律顾问资源进行知识产权维权。

2002年9月,三洋公司以侵犯其电池专利为由将比亚迪告上美国圣地亚哥法院。2003年7月,索尼株式会社以侵犯其两项日本锂离子充电电池专利为由,将比亚迪告上日本东京的地方法院。当时的比亚迪,镍镉、镍氢产品的市场占有率分别位居全球第一和第二,在新兴的锂离子电池领域更如日中天,扶摇直上,排到了全球第三,产品60%出口,直逼三洋和索尼的欧美和日本两大海外市场。三洋和索尼分别在美国和日本先后起诉比亚迪,如此"默契",旨在联合包抄绞杀比亚迪。

面对索尼、三洋形成的东西夹击之势,比亚迪在做了充分的调查和研究之后,2003年10月8日,向东京地方裁判所递交答辩书及相关证据38份,否认侵犯索尼的专利权。与此同时,比亚迪向日本专利局提起专利无效宣告请求。

律师团通过不懈努力,前后共收集到有效的证据材料124份,从产品的发明技术特征来看,索尼的发明专利应属公开技术,因为20世纪90年代的电池市场上已经有索尼专利的技术特征的产品在广泛使用。经过细致而有利的准备,在圣地亚哥法院的辩诉中,比亚迪律师团提供的24件证据和8篇专利对比文献所构成的证据链做出了令人信服的辩驳,轻易推翻了三洋的指控,迫使三洋主动请求与比亚迪和解。2005年2月16日,比亚迪与三洋就两项锂离子电池专利的法律诉讼最终达成和解协议。2005年11月7日,针对索尼第2646657号专利上诉案,日本知识产权高等裁判所做出判决,宣告索尼相关专利无效。

最终,比亚迪在这两大锂电池专利官司中完胜,成为打破专利棒杀的经典案例,为中国企业指出了一条利用知识产权破解专利壁垒的康庄大道。

(4)垂直整合

以手机电池为起点,比亚迪业务渐渐覆盖到手机液晶屏、键盘等除手机芯片之外的所有手机零部件中,整机整合摆上了议事日程。

手机整机组装,在业界被认为是"血汗行业"。但在王传福的眼中,手机整机组装是个利润丰厚的行业。2006年,比亚迪组建了手机整机组装(EMS)事业部,即第九事业部,开始了垂直整合的探索。比亚迪把手机分为三个生产链,最顶端是设计,中间是组装,最下端是各种零部件的生产制造。

诺基亚来了,在提出要求后,比亚迪随即提供从方案设计到最终生产的一站式贴牌代工服务。此时的比亚迪,已从一个依靠廉价劳动力的代工企业,变成产品的设计者、生产者、零件提供者,"此代工已非彼代工了"。

在垂直整合中,比亚迪进入了核心的手机研发设计领域,培养出了上万名工程师队伍,而卖给诺基亚的产品已经不仅是有形的手机,还有"无形"的设计的创新、流程的创新和生产工艺的创新。比亚迪向"微笑曲线"含金量最高的两端不断迈进,从而有充足的利润空间让利给客户。比亚迪的客户曾经进行过这样的比较,同样的一个方案交给比亚迪和单纯的手机整机组装(EMS)企业相比,比亚迪的成本要低15%~20%,完成的速度要比别人快1/3。

在手机整机组装(EMS)事业部成立当年,手机零部件业务为比亚迪贡献了51

亿元销售额，9亿元利润，占其税前总利润的63%。高盛、花旗分析师们从诺基亚、摩托罗拉、三星这样的大公司收集到的信息是，比亚迪已经成为这些大厂在外包时除富士康外的首选。

3 进军汽车制造领域

在进军手机电子产业的同时，比亚迪更大的战略意图开始显山露水。

2003年1月23日，比亚迪宣布以2.7亿元的价格收购西安秦川汽车有限责任公司77%的股份。比亚迪成为继吉利之后国内第二家民营轿车生产企业。

王传福认为，汽车与手机一样都是技术含量较高的组装行业，同样可以进行垂直整合。他把眼光首先放在汽车模具生产上。在日本汽车模具厂参观期间，日本工人们趴在生产线上打磨模具的场景让王传福深感震撼。"原来汽车模具中95%的工作要由人来完成。一辆汽车有一万多个零部件，这需要多少图纸、模具？这些工作在日本、德国要工程师来做，在中国也要工程师来做。而人就是中国的优势。"王传福算了这样一笔账，一吨模具，在日本要8万元，在中国仅需要2万元。

在收购秦川汽车之后的几个月里，王传福迅速收购了北汽集团的一家模具厂，成立了北京比亚迪模具有限公司。如今，不仅F3、F6的所有模具来自这家企业，克莱斯勒、通用、福特、丰田的相当一部分模具也从这里采购，并装船运往海外。为保证质量，比亚迪又在上海建了一个检测中心，并在上海和西安的基地分别建了一条试车跑道，建设了碰撞实验室、道路模拟、淋雨、高温、综合环境、抗电磁干扰等检测实验室，让新车上市之前进行诸多测试。

3年多时间里，比亚迪环环相扣完成了汽车产业的垂直整合过程，其间无全新车型下线，在亏本中错过了中国车市"最黄金"的发展时期。不看好比亚迪进军汽车产业的分析师，也通过各种分析，佐证比亚迪"外行造车"的失败。而当时，"外行造车"正经受"冲动的惩罚"——奥克斯、上海万丰丢下了几千万元的昂贵"车票"，中途"下车"；夏新、波导匆匆闪过，及时刹车。

戏剧性转折出现在2006年。一直在亏损中挣扎的比亚迪汽车，凭借2005年年底才在各地分期上市的一款F3新车，创造了半年总订销量32500辆的成绩，在自主品牌阵营低潮中分外抢眼。至此，比亚迪发展汽车产业的"袋鼠模式"才浮出水面。

比亚迪汽车销售总经理夏治冰介绍，袋鼠有三个特征：长腿、育袋和自我奔跑。长腿是指通过电池和手机电子形成的以自主创新为核心的竞争力，在产品的差异化等方面构建起了比亚迪长腿；育袋使比亚迪有充足的供血机能，换言之"亏得起"；自我奔跑是指企业要通过造好车来实现滚动发展，质量不好不能赢利的车型一定不能上市。

在袋鼠模式哺育下，比亚迪垂直整合进势惊人，自主生产发动机、底盘、模具、整车电子、内饰甚至车漆。比亚迪内部人士开玩笑："我们造玻璃和轮胎之外的汽车所有东西。"这种整合，给国人带来物美价廉的轿车，深受市场欢迎。

2008年，随着F3R、F6、F0的上市，比亚迪汽车年销量达20万辆，成为自主品牌汽车领头羊。

4　跻身于最尖端的新能源汽车制造领域

在比亚迪垂直整合汽车制造过程中,有心人发现,比亚迪在全国唯独不见生产变速箱。"未来的汽车不需要变速箱!"王传福语出惊人。在他眼中,汽车迟早是电动汽车的天下,而电动汽车是不需要变速箱的。

事实上,比亚迪对电动汽车电池的研究最早始于1998年。如果不是相信自己能够拥有电池——这一电动车的核心技术,2003年的王传福也许根本不会选择进入汽车领域。现在汽车电池的研发团队从过去的10个人扩大到100多个人。

2006年年底,比亚迪成立了e6纯电动车项目组,王传福亲自担任项目总负责人,并从比亚迪的电池、电子部件事业部调集大批人马,将两大产业群的核心技术进行无缝对接。一组来自比亚迪的内部数据显示,e6充电一次可以行驶400公里,动力200千瓦,最高时速140~150公里,价格15万元以内,百公里耗电15度,只需要花几块钱的电费。在安全性方面,王传福说,他很快会向公众证明,这是一块用火烧都不会爆炸的电池。

2008年10月,比亚迪发布了铁电池及F3DM双模电动汽车。F3DM双模电动汽车采用电动与混合动力相结合的技术,车载电池用完将自动切换到混合动力系统。这款双模电动汽车的核心驱动力是铁电池,这是一种用铁和硅为原料制成的一种高效电池,实现了高容量、高安全、低成本三项指标的完美统一。

2008年12月,全球首款混合动力汽车F3DM正式上市。这部花了5年、投入500名研发人员和逾10亿元人民币研发出的油电混合动力汽车可以像手机一样,在家用插座上充电,突破了电动车需在专业充电站充电的瓶颈,并可单独使用电驱动,最高时速150公里,续航里程达100公里。相比之下,目前掌握双模技术的另外两家公司——通用汽车和丰田所销售的电动车,一次充电则只能行驶25公里。

2009年,比亚迪成功收购湖南美的客车制造有限公司的全部股权,在资质上具备了制造电动大巴的能力。同年,比亚迪成立了洛杉矶分公司,准备将旗下的新能源车F3e、规划中的S6DM(唐)和电动大巴(K9),拿到美国市场试水,并在同年年底开始电动大巴的实际测试。

比亚迪因为功勋车型F3的火爆,连续4年产量翻倍。产品线也从当初的F3系列,扩展到F6和G系列。经销商数量也处于井喷状态,从2006年的500家到2009年的1100家。也是在这一年,号称股神的巴菲特看重比亚迪的发展前景并投入重资力挺比亚迪。

2010年,比亚迪北美总部挂牌营业。这一年比亚迪主动将预期销量从80万台下调至60万台。这与前4年比亚迪销量暴涨的态势形成了鲜明的对比。

两年前,比亚迪和德国博世就电动车的合作有过一些交集。大众也对比亚迪的磷酸铁电池产生了浓厚的兴趣。其实,德国车厂以及美国和日本车厂对新能源技术车用的研发,一直走在最前沿。丰田普锐斯的成熟应用就是最好的例证。奔驰也在研发自己的电动车,甚至是燃料电池技术的应用。大众的电动车为电池组件、电动机配备了2套独立运行的散热系统。奔驰为了寻求技术突破,四处伸手与不同公司在电池以及整车制造层面进行合作。2010年,戴姆勒提出与比亚迪进行合作,生产由比亚迪提供动力总成和电池组件(e6),戴姆勒负责整车和内饰设计。

2011年,比亚迪在深圳证交所A股上市。而比亚迪汽车1月份的销量仅为52054辆,较2010年同期的61215辆下降15%。在销量走低的同时,也导致了股价的下滑。从比亚迪股份股价最高位84(港)元至最低32.6(港)元,跌幅为61%。在2011年下半年,受"维基"危机困扰,比亚迪被指窃取竞争对手的技术以节约成本。与台资企业富士康的口水战成为年度大戏。

比亚迪以及王传福在认清了自己的问题后,终于承认以往在决策和车型发展方面的失误。深圳比亚迪戴姆勒新技术有限公司取得营业执照获准制造合资电动车。而比亚迪用"技术换设计与质量"的模式与戴姆勒进行合作,打破了以往中国车企与外国车企常用的"用市场换技术"的不对等模式。

2012年,缓过劲的比亚迪又回到了之前的状态,将更多的精力投入核心技术的研发。比亚迪电动车e6率先成为深圳出租用车。4月,搭载比亚迪自行研发生产1.5Ti动力+6前速干式双离合变速器的速锐下线。11月,搭载相同动力总成的G6上市。这意味着,比亚迪旗下全部车型都可以使用"增压发动机+双离合变速器"黄金组合。此时,比亚迪第2代混动车"秦"的研发,也有条不紊地进行着。

2014年,由于国家对新能源产业的支持,引发了比亚迪、北汽、江淮等车厂在新能源车用技术的快速发展。比亚迪的e6电动出租车、K9电动大巴,成为中国多个城市的公共交通运营主力,也输出至欧洲、美洲甚至日本进行示范运营。

2015年,中国各大车厂纷纷推出搭载三元锂或多元复合电池作为动力源的新能源车。而比亚迪看家的磷酸铁电池已经发展至瓶颈,王传福"灵活"地从"铁电池"发展到"锰电池"。

2018年,"2018中国品牌价值百强榜"发布,比亚迪排名第88位。

从生产手机电池、代工IT开始,比亚迪发展到今天,已取得令人瞩目的成绩。

案例使用说明:

一、教学目的与用途

本文是一篇描述比亚迪股份有限公司成长轨迹的教学案例。通过本案例,可以让学生看到企业家孜孜以求、不断创新的精神,看到企业如何实现自身的可持续发展,从而使学生树立创新意识。

二、启发思考题

1.简述比亚迪的自主创新模式。

2.请具体说说比亚迪的模仿创新。

3.你认为王传福执着于电动车产业的原因是什么？如何看待王传福的这一决策？

4.你如何看待王传福其人？

三、分析思路

1.贯穿比亚迪成长壮大的是企业的自主创新模式。比亚迪的创新模式是：以创造客户需求、实现创新要素商业价值为目标，以模仿创新为企业创新模式的起点和基础，根据总成本领先战略，围绕技术创新这个核心不断进行企业的各项创新。

2.模仿创新，是比亚迪创新模式的基础和起点。在企业的初创阶段以及产品的开发模式上，以成功的技术、产品、制造工艺以及发展模式为"范本"进行研究、消化、模仿、复制和借鉴，减少创业风险，最大化提高企业创业效率。模仿、学习、借鉴是一条最快的创业捷径，创造了销售奇迹的F3车型就是比亚迪对一汽丰田花冠的模仿。然而，仅仅模仿是不可能带来销售奇迹的，模仿基础上的创新才是企业的核心和关键。比亚迪模仿的创新点是发现客户的特殊需求并满足客户的特殊需求，将被模仿者的商业价值发挥到最大。F3车型一方面满足了客户群对丰田花冠车型的喜爱，一方面又大大降低了成本，符合客户的消费能力，从而热销。可以说，模仿创新是中小企业成长扩张路径中可以学习和借鉴的模式。

3.能源短缺、二氧化碳排放、环境污染，比亚迪总裁王传福认为，这是目前全球面临最大的三个问题，而传统燃油汽车的大量使用是造成这些问题的重要原因之一。在这种大环境下，发展电动汽车是一个较好的机遇，有机会颠覆现有的汽车发展格局。正如王传福所说，如果这一决策能够成功实现，将是比亚迪一个千载难逢的机遇。比亚迪选择发展电动汽车，可以巧妙地将自身在电池领域的优势与汽车制造相结合。

4.王传福出身贫寒，他的成长道路充满艰辛，却同时磨炼了他的坚韧意志。他的那种韧劲、那种狂性，让一般的企业家都难以望其项背。"电池大王""技术狂人""叫板特斯拉"，这些说法都用来形容同一个人，也正是这些说法使得他成为中国汽车界最引人瞩目的企业家之一。从本案例还可以看出王传福是个敢于冒险的企业家，这种敢于冒险的精神是一个成功的企业家应具备的。

四、关键要点

全方位创新是比亚迪不断成长的关键所在。比亚迪逐步发展到拥有IT、汽车、新能源三大产业群，贯穿三大产业群成长、发展和壮大的是企业的创新系统，即技术、市场和生产流程的全方位创新。比亚迪在开发、经营、管理、人才培养等一系列问题上的创新，和同行业一般企业相比，大大缩短了企业成长的时间，缩短了与世界先进企业的距离，在较短时间内完成了由一个小企业到拥有世界先进技术和管理水平的成功企业的转身。

参考文献：

[1] 蓝岸.解读比亚迪成长之路[N].深圳特区报,2009-05-15(A02).
[2] 列宁格勒保卫者.中国品牌之比亚迪20年坎坷发展史[EB/OL].(2015-05-29).http://auto.sohu.com/20150529/n414028932.shtml.

（撰稿人：赣州师范高等专科学校　杨德忠）

在创新中不断跨越的华为

摘要：

本案例是以华为公司发展历程为主线，描写了华为从起初的代销公司，通过学习先进企业和对自身企业的改革、创新，逐步形成有自身核心技术的通信设备企业，并在成长过程中不断提升改善，从而在短短三十来年一跃成为该行业的领军企业。这一案例为企业如何管理和发展提供了宝贵的建议。

关键词：

华为公司；技术创新；企业家精神

0　引言

华为是目前中国通信设备行业的领军公司，在短短三十来年里，从起初的代销公司逐渐发展为具备核心科技的人才密集型公司，成为行业的标杆。那么，华为是如何从无名小辈一跃成为家喻户晓的大公司的？在面对如此多的行业竞争对手，华为是如何跨越的？这必然引发所有人的思考：这个公司与其他同行业竞争对手相比有哪些不同？这个公司的经历能给其他公司带来哪些启示？

1　公司背景

1987年，因工作不顺利，任正非集资2.1万元于深圳创立华为公司。创立初期，华为主要靠代理香港某公司的程控交换机，从香港进口到内地，靠赚取差价获利。在面对巨大的市场和有限的供给时，任正非发现华为依靠贸易模式不能与跨国公司竞争，于是开始自主研发交换机，但任正非认识到最主要的问题就是技术，只有技术成熟,那么依靠低成本就能揭开电信市场的巨大利润空间。经过深思熟虑,任正非决定将全部资金、精力集中于研发核心技术。

1989年,自主研发PBX。

1992年,研发并推出农村数字交换解决方案。

1994年,推出C&C08数字程控交换机。

1995年,成立知识产权部,成立北京研发中心。

1996年,推出综合业务接入网和光网络SDH设备;同年与香港和记黄埔签订合同,为其提供固定的网络解决方案,成立上海研发中心。

1997年,推出GSM设备,成立了联合研发实验室。

1998年,数字微蜂窝服务器控制交换机获得了专利,成立南京研发中心。

1999年,成为中国移动全国CAMEL Phase II智能网的主要供应商,该网络是当时世界上最大和最先进的智能网络;同年成立班加罗尔研发中心。

2000年,在美国硅谷和达拉斯、瑞典首都斯德哥尔摩等地设立研发中心。

2001年,10Gbps SDH系统开始在德国柏林进行商用。

2002年,华为通过了UL的TL9000质量管理系统认证。

2003年,与3COM合作成立合资公司,专注于企业数据网络解决方案的研究。同年遭遇思科专利诉讼,最终思科撤诉。在世界各地部署了1亿个C&C08端口,创造了行业纪录,并在同年生产企业数据网络设备。

2004年,与西门子成立合资企业——鼎桥,针对中国市场开发TD-SCDMA移动通信技术。

2005年,与英国Marconi公司签署了互助商品代销协议;同年获得了在中国生产和销售手机的许可。

2006年5月8日,华为推出了新企业标识。同年在香港ITU展上,华为推出了基于All IP网络的FMC解决方案。

2007年,华为的合同销售额达到160亿美元。

2008年,华为技术有限公司首次在2008年专利申请公司中排名第一。

2009年,北欧电信运营商TeliaSonera宣布签署两项4G LTE商用网络合同,中国华为和瑞典爱立信将在欧洲建设LTE移动宽带,这也是全世界首个商用的LTE网络,华为成为全球仅次于爱立信的第二大通信设备制造商。

2010年,华为实现销售收入达1852亿元人民币,同比增长24.2%,净利润238亿元人民币,同比增长30%;海外销售收入达1204.05亿元,同比增长33.8%。

2011年,成立三大业务集团,分别是运营商网络、企业业务和消费者业务。

2012年,上半年销售收入达162亿美元,超过爱立信,成为全球销售额第一的电信设备制造商。同时,华为也成为国内第一家推出自研手机移动中央处理器的手机厂商。

2013年,华为实现销售收入2390亿元,同比增长8.5%,净利润为210亿元,同比增长34.4%。

2014年,华为全球销售收入2882亿元,同比增长20.6%;净利润279亿元,同比增长32.7%。在世界移动通信大会上,华为创新地推出全球最小的运营级路由器——原子路由器(Atom Router)。

2016年,全国工商联发布"2016中国民营企业500强"榜单,华为以3950.09亿元的年营业收入成为500强榜首。

2018年,美国《财富》杂志发布了世界500强名单,华为排名第72位;同年,沃达丰和华为完成首次5G通信测试;全球销售收入达7212亿元,同比增长19.5%。

2 初次研发,略见成效

1992年,华为研制出小型交换机初尝甜头,于是在原有的交换机基础上经过改进,研制出C&C08大型万门程控交换机,由于价格只是国外同类产品的1/3,功能与之类似,C&C08交换机获得一致好评。

20世纪90年代,由政府主导下的电信业基础设施投资带动了国内电信行业的整体发展,中国电信业的黄金发展期由此到来,而华为刚好处于这个领域。在面对强大的竞争对手时,华为迅速分析得出:跨国巨头一向坚持高利润率,农村市场相对较小的利润空间,对它们吸引力并不大。在这种状况下,华为采取了"农村包围城市"的策略,在各个省市县都设置了相应的人员开拓市场,取得了一定的市场地位;同时,由于C&C08性价比好,功能齐全,一度被大规模商用,华为因此迅速发展起来,积累了大量的资本,也成为中国农村通信市场主流设备供应商。1998年,华为的销售收入达到89亿元,华为的核心产品已经进入中国所有发达省份和主要城市。

3 管理创新,促进发展

1998年,华为度过了风险极高的创业期,进入快速发展轨道,在保证主打产品稳步发展的同时,拥有大量资金和核心产品的华为将全套GSM设备通过信息产业部第二阶段测试,开始向移动通信领域扩展。然而,任正非觉得公司发展规模快速膨胀,企业的管理理念过于腐朽,需要改善。面对此状况,任正非经过深思熟虑与权衡之后,参观全球各个先进企业,认为可以将IBM作为自己通向世界级企业道路上的学习榜样和战略合作伙伴。

1998年,任正非制定了《华为基本法》。任正非表示:该法的制定,就是要管理构建起一个平台和一个框架,使技术、人才和资金发挥出最大的潜能,进而逐步摆脱对技术的依赖、人才的依赖、资金的依赖,使企业发展趋于自然。

不同于中国制造企业规模经济效应,任正非指出:企业的竞争点在于规模,规模太小不足以占据市场,但太大就不能有效管理。可是管理是人想出来的,人是活的。因此,只有加强管理与服务,企业才可能在激烈的市场中生存。

之后,华为倾入大量心血,在大约5年时间里,招聘50位IBM顾问,同时,投入5000万美元用以改造内部管理与业务流程,还配备了300人的管理工程部,以配合IBM顾问的工作。

4 优化流程,提高效益

经过IBM管理顾问的调研发现,在依靠低成本制造取得一定市场地位的华为,其产品成本不仅仅体现在制造成本层面。虽然华为很注重效益,但很少关注制造环节以外的效率问题,从而使得综合成本很高,供应链管理上也仅仅发挥了20%的效率,存在很大的提升空间。

针对上述问题,1998年8月,华为与IBM开展合作项目——"IT策略与规划"(ITS&P)。项目的主要内容与核心目的是规划和设计华为未来3~5年需要开展的业务流程和所需的IT支持系统,包括集成产品开发(IPD)、集成供应链(ISC)、IT系统重整、财务四统一(财务制度和账目统一、编码统一、流程统一和监控统一)等8个项目。

经过一系列测试与准备,2000年,华为引入IBM集成供应链管理(Integrated Supply Chain Management),对公司的组织结构进行了调整,成立了统一的供应链管理部,它包括生产制造、采购、客户服务和全球物流,使得公司各个部门能够有机地结合起来。IPD(集成产品开发)强调以市场和客户需求作为产品开发的驱动力,在产品设计中就构建产品质量、成本、可制造性和可服务性等方面的优势。ISC(集成供应链)管理是通过对供应链中的信息流、物流和资金流进行设计、规划和控制,以确保提高客户的满意度来降低供应链总成本。这个举措一度引起了市场的轰动,也一并导致华为的市场反应速度变慢。但任正非坚信:只有先将IBM的东西系统性地吸收进来,才能取其精华,经过自身的磨合,才能找到适合自己的体系。

华为的流程转变为日后的发展奠定了基础,业务模式上,华为首先确定将电信设备制造商转型为电信整体解决方案提供商和服务商,以充分发挥华为产品线齐全的整体优势,又可以充分借鉴IBM业务模式转型过程中的知识和经验。

5 创新体制,激励人才

管理与流程实施的同时,华为意识到应该将体制、人才激励方案等融入管理中,1997年,华为与Hay group(合益集团)合作进行了人力资源管理变革,建立了职位体系、薪酬体系、任职资格体系、绩效管理体系及员工素质模型等一系列改革。在此基础上,华为形成了对员工的选、育、用、留原则和对干部的选拔、培养、任用、考核原则,并进行领导力培养、开发和领导力素质模型的建立,为公司面向全球发展培养领导者。

华为执行基于客户需求导向的人力资源及干部管理制度,客户需求导向和为客户服务蕴含在干部、员工招聘、选拔、培训教育和考核评价之中,强化对客户服务贡献的关注,固化干部、员工选拔培养的素质模型,固化到招聘面试的模板中。华为的干部任职标准,从品德、素质、行为、技能、绩效到经验,各个方面都很明确。

华为的干部分为三种,分别是:第一种,通过公司选拔成为管理级别干部;第二种,通过自身努力找到适合自己的岗位;第三种,通过学习成为基层干部。华为强调实践是检验真理的标准,从实践中选拔干部。在干部政策导向方面,华为提出优先从干部中选拔吃苦耐劳的人才,优先选拔责任心强的干部,优先选优秀团队中的干部,鼓励到一线工作,鼓励往技术方面发展,鼓励国际化转变,等等。

同时,任正非坚持企业人力资本增值一定要大于财务资本增值的"知识资本化"原则,于是建立长期激励机制,根据员工的才能、责任、贡献、工作态度和风险承诺等方面情况，由公司的各级人力资源委员会评定后给定配股额度，以虚拟受限股、期权、MBO等方式，让员工可以拥有公司股份，并在后期不断加以改善。

通过人力资源管理的变革，整个人力资源管理的体系和干部培养与选拔的体系，薪酬福利等制度一应俱全，使得员工做任何事情都水到渠成。

6　进军海外，面向全球

华为的快速发展使得华为步入全球成为必然。21世纪初，华为在全球范围内部署资源，进行人才和战略的投资，增强研发能力，以面向未来的业务架构和管理架构，构建企业长远发展的基础。

按照业内一般的看法，在全球电信业的投资中，大约有40%是在北美，30%是在欧洲。华为要走日本索尼、韩国三星那样的国际化道路，这个70%的庞大市场无论如何都是无法规避的。在国际市场上，华为仍然采取"从农村包围城市"策略，因为华为的竞争对手不是当地的廉价劳工，仍然是跨国公司的销售人员和他们的代理，这使得华为的"土狼策略"发挥得淋漓尽致。爱立信、诺基亚等国际品牌很难派销售人员来，因为高额的员工补贴让他们的产品毫无优势可言，华为因此在海外市场站稳了脚跟。

截至2007年，华为72%的销售额都来自海外市场。华为的产品和解决方案已经应用于全球100多个国家以及35个全球前50强的运营商；在海外市场设立了20个地区部，100多个分支机构；在瑞典斯德哥尔摩、美国达拉斯及硅谷、印度班加罗尔、俄罗斯莫斯科，以及中国的深圳、上海、北京、南京、西安、成都和武汉等地都设立了研发机构，通过跨文化团队合作，实施全球异步研发战略。

华为产品和解决方案涵盖移动、核心网、网络、光网络、路由器和LANSwitch、电信增值业务和终端等领域。

华为坚持依据用户的需求进行一系列创新，长期坚持将不少于销售收入10%的研发投入，并坚持将研发投入的10%用于预研，对新技术、新领域进行持续不断地研究和跟踪，很快获得了国外市场的认可，增强了自身的影响力。

7　积极创新，转型终端

2010年，华为销售收入达人民币1852亿元，同比增长24.2%，同时赢利能力持续提升，净利润达238亿元，较2009年的183亿元增长了30%，净利润率达12.8%。

2011年，华为年销售总收入达2039亿元，同比增长11.7%，净利润116亿元，同比下跌53%，营收放缓、利润大幅下滑。这些数字，有些出人意料。

相关负责人表示，利润下降是华为核心业务从运营商市场向企业网与消费者业务迁徙必须付出的成本。因为据公开资料显示，过去10年，全球电信设备业规模始终维持在1400亿美元上下，几乎没有增长。电信设备市场的天花板已经显而易见，一直高速成长的华为必须谋划突破电信的边界，所以，从去年开始，华为谋求转型，基于已有的电信市场，开始向企业市场、消费者市场拓展。未来，华为将以此思路继续前行。

转型的华为，内部结构从设备、终端、软件服务，转变为面向企业、面向运营商、面向消费者以及其他业务代理,此种结构的转变将会让华为拥有更大的发展空间,市场规模会扩大数十倍。与此同时,华为在不同领域也拥有了新的学习和竞争目标。而这些领域的领头羊自然成了华为追逐和学习的目标。诸如通信领域的爱立信,企业市场的思科,终端市场的三星、苹果等。从华为终端战略转型及未来扩展趋势看,华为某一天有可能坐到全球通信设备制造业的头把交椅。

转型使得华为的成长之路更加顺畅,财务也更加稳健,这是华为生存和发展的基础,也为华为更好地服务客户奠定了良好的基础。华为坚持依据用户的需求进行一系列创新,并一直注重研发。除此之外,除高投入的研发之外,华为还在人员规模上极速扩张,以稳定自身的市场地位。

8 自主研发,稳踞龙头

2012年,华为首次公开了自行开发的海思K3V2处理器系列。海思K3V2处理器,其显示能力比对手强一倍,比纯CPU工作快49%,同时耗电量少30%,正如余承东所说:"我们现在才算真正在终端领域发力,找到了在手机产业链上的核心竞争力,有了自己的命脉。"

虽然2011年华为终端首批品牌店在北京、上海、深圳的核心商圈同时亮相,一向以运营商市场为核心的华为终端,第一次推出了品牌形象店,开始零距离面向消费者。华为预计五年内消费设备的销售额将从现在的70亿美元增至300亿美元,届时,消费者业务或许将代替运营商业务成为华为最主要的业务支柱。

2014年,华为秉承"阳光聚伙伴、价值创未来"的渠道理念,致力于构建一个更加阳光、透明、公平的渠道生态环境。开展了中国合作伙伴大会,华为携丰富的ICT产品与解决方案向合作伙伴以及业内人士进行全方位的展示,其中的亮点是,中国第一颗自主研发SSD控制器ASIC是由华为研发的SSD控制器芯片Hi1811,可使数据存取速度极速提升,同时支持6 Gb/s SATA和6 Gb/s SAS,最大IOPS可达73000,较传统硬盘性能提升了100倍(一般手机用的SD卡C10的速度也就30~40 M/s),其性能在业界领先!

华为的自主研发将使得华为的市场地位更加稳固,前景一片光明。正在转身的华为,牺牲了利润,加大了投入,以确保华为在企业业务、智能手机业务和电信托管服务领域的发展,以承载起华为未来的快速发展。

案例使用说明:

一、教学目的与用途

1.本案例主要适用于创新创业学、管理学等课程。

2.本文是一篇描述在创新中不断前进的华为的教学案例,其教学目的在于使学生对企业团队管理和发展等问题具有更加深入的了解和认识。

3.从社会市场发展趋势和华为为生存而改革和自身战略等角度分析问题,并提出解决方案。

二、启发思考题

1.你如何看待华为的创新与改革?

2.华为是凭哪些因素判定要进行改革创新才能获得生存的?

3.华为正在培育企业网和消费者业务,但高投入带来的利润压力也显而易见。高投入、极速扩张之下,企业网和消费者业务能让华为顺利转型吗?

4.你认识的华为是怎样的,你觉得目前华为最主要的突破点和急需改进的地方在哪里?

三、分析思路

教师可以根据自己的教学目标来灵活使用本案例。这里提出本案例的分析思路,仅供参考。

根据本案例的叙述,任正非创立华为,因对公司的产业发展现状不满,于是主推研发并研制出性价比极高的交换机。在与其他公司竞争时,转变战略思想,获得生存,在发展中,认识自身的不足,积极学习先进企业的思想。同时根据自身企业状况,在生产、管理等体制上开拓创新,优化改革制定一系列符合公司发展的战略,并向通信设备行业进军。为获得更加长远的发展,积极开拓海外市场,有独到的眼光,为日后的竞争能够更加卓越,将核心技术发挥得淋漓尽致,给华为带来了生机。

四、关键要点

1.发展规律指的是一个企业根据市场走向制定战略决策以符合公司长远发展,若不知处于什么阶段就制定战略,那么对企业决策来说将是致命的。

2.企业发展框架,是指企业正确认识自己的定位,也时刻观察企业自身的不足及对企业进行改进,制定一个正确的战略决策并引领企业走向下一个阶段。

参考文献:

[1]杨媛媛,陈选至.华为公司的品牌管理现状及对策研究[J].价值工程,2015(15):26-27.

[2]马若文.华为手机崛起探究[J].管理观察,2015(8):50-51.

[3]周万木.华为手机在国内的研发策略和市场策略分析[D].上海:上海交通大学,2007.

(撰稿人:江西理工大学 伍建军)

第九章
创新创业平台的案例

创新工场的创新

> **摘要：**
> 　　从培育"点心"到支撑起了美图、知乎、豌豆荚、墨迹天气、极路由等多家初创企业，其中不少已完成 A 轮和 B 轮融资，创新工场是真正的创业孵化加速器。
>
> **关键字：**
> 　　创业；融资；创新工场；创业加速器

0 引言

创新工场（Innovation Works）由李开复博士创办于 2009 年 9 月，是一家致力于早期阶段投资，并提供全方位创业培育的投资机构。创新工场是一个全方位的创业平台，旨在培育创新人才和新一代高科技企业。创新工场通过针对早期创业者需要的资金、商业、技术、市场、人力、法律、培训等提供一揽子服务，帮助早期阶段的创业公司顺利启动和快速成长。同时帮助创业者开发出一批最有市场价值和商业潜力的产品。创新工场的投资方向立足信息产业最热门领域：移动互联网、消费互联网、电子商务和云计算。2016 年 9 月 12 日，创新工场完成了 45 亿人民币的融资。截至 2018 年 4 月，创新工场共管理 6 支基金，管理的资产规模达 110 亿元人民币。

1 科技创业者的"中国摇篮"

创新工场成立于 2009 年 9 月，在帮助中国青年成功创业、培育创新人才和新一代高科技企业等方面做出了重要贡献。

如今创新工场无论在公司规模、孵化项目数、聚集精英人才数，还是募集资金、知识产权申请等参数，都已大大超出了创新工场建立时的预期。2015 年，创新工厂实现营业收入过 5000 万元，实现净利润过 2000 万元。

创新工场投资牵头者为刘宇环先生创立的中经合集团，投资者还包括财富 100 强企业、知名创投和中美精英人士，其中有富士康科技集团的郭台铭、联想控股有限公司的柳传志、新东方教育科技集团的俞敏洪、YouTube 创始人陈士骏等。同时也得到了来自硅谷银行、"中华电信"、联发科以及美国、欧洲、亚洲等多位顶尖投资者的鼎力相助。在这些已经是成功的明星创业者中，很多人表示愿意共同辅导青年创业者,青年创业者的加入使创新工场如虎添翼,他们的参与将使创业精神在一批批创业者中薪火相传。

创新工场以及投资的项目团队中聚集了一批行业精英:既不乏来自本土知名企业的专业人士和有过多次创业实践的本土创业者,又有来自硅谷的资深技术人才以及著名跨国科技公司的业内高手。各个创业团队除了已经吸引到国内高校计算机系的优秀毕业生加盟,也有多位来自斯坦福大学、哈佛大学、耶鲁大学、牛津大学、加州大学伯克利分校、麻省理工学院、芝加哥大学等不同专业的杰出校友。创新工场已成为热衷科技创新的青年创业者的摇篮。

2 高大上的管理团队

(1)创始人李开复

李开复于2009年9月在北京创立创新工场,出任董事长兼首席执行官(CEO),以及创新工场开发投资基金的执行合伙人。

在创业之前,他在谷歌公司担任全球副总裁兼大中华区总裁。在谷歌中国的四年,李开复在大中华区建立了约700人的精英团队,将谷歌中国在华市场份额从2006年的16.1%提高到2009年的31.0%。李开复带领的中国团队一直专注产品开发,把谷歌中文搜索和其他中文产品做到业界领先水平。同时,谷歌地图、谷歌手机地图、谷歌手机搜索、谷歌翻译在2009年成为中国使用率很高的应用。

在加盟谷歌之前,从2000年至2005年,李开复任微软公司全球副总裁,负责.Net方面的研发工作,在服务器软件、Windows、Office里面都有着李开复团队开发出的技术。在晋升全球副总裁之前,李开复于1998年创办了微软中国研究院(后更名为"微软亚洲研究院"),在极短的时间内创建了一个国际一流的计算机研究院,曾被《麻省理工学院技术评论》评为"最火的计算机实验室"。

从1996至1998年,李开复在SGI(硅图)公司担任互联网部门副总裁兼总经理,负责多个产品系列的发展方向和公司互联网策略的制定。在SGI,李开复带领的团队开发出一年营业额达2亿美元的互联网服务器业务。同时他也兼任Cosmo软件公司总裁,负责多平台、互联网三维图形和多媒体软件方面的研发工作。

李开复早先于1990年至1996年在苹果公司服务。他在苹果公司任职六年中的最后一个职务是交互式多媒体部门的副总裁,这个团队奠定了苹果在多媒体方面的领先优势,并开发出QuickTime、QuickDraw 3D、QuickTime VR、PlainTalk等产品。

在加入苹果公司之前,李开复曾在卡内基梅隆大学任教两年。他于1988年获卡内基梅隆大学计算机学博士学位。他的博士论文研究的是世界上第一个"非特定人连续语音识别系统"。1988年,《商业周刊》授予该系统"最重要科学创新奖"。在校期间,李开复还开发了"奥赛罗"(黑白棋)人机对弈系统,因为1988年击败了人类的世界冠军而名噪一时。

除了在科技领域的成就,李开复十分关心中国青年学生的成长。他先后写了七封给中国学生的信,出版了《做最好的自己》《与未来同行》《一网情深》《世界因你不同》等四本畅销书,并于2011年1月11日出版新书《微博改变一切》,并且每年在高校做数十场演讲。他创办的"我学网"截至 2013 年已有 70 万注册用户,还有 50 多位专家和他一起在网上帮助中国青年学生。

李开复还是美国电气电子工程协会的院士、美国华人精英组织百人会的副会长。

(2) 经验丰富的投资合伙人

① 刘宇环——创新工场开发投资基金管理合伙人。

刘宇环先生是美国中经合集团创始人兼董事长,在风险投资界拥有 20 多年的经验,被公认为是亚洲风险投资业的先锋人物。同时,刘宇环先生也是创新工场开发投资基金的管理合伙人(General Partner)。

刘宇环董事长出生于北京,成长于台北,受教于加州大学伯克利分校(University of California, Berkeley)。创办美国中经合集团之前,身为华登集团(亚洲)的合伙人,他与几个亚洲政府以及著名企业合作,并协助筹募基金,包含中国华登基金(China Walden Fund)在内共募集七支基金。从美国到亚洲,他对于协助高科技公司有相当丰富的经验,并且拥有为投资人管理巨额投资并获取良好报酬的优秀纪录。

2006 年,他被授予沈阳市人民政府对外经济贸易特别顾问,同年获得中国风险投资研究院颁发的"推动中国风险投资事业发展特别贡献奖"。

② 汪华——创新工场创始人兼管理合伙人。

汪华毕业于美国斯坦福大学,获得 MBA 学位。汪华是创新工场的董事,同时也是创新工场开发投资基金的执行合伙人。2006~2009 年年底,他供职于谷歌中国商务发展总部,创建了谷歌中国的优质广告网络,并从零开始达到年度 8000 万美元的营销业绩。在谷歌中国的三年中,他还负责管理投资,与中国本地互联网伙伴结成战略合作,如点评网、赶集网、天涯、迅雷和傲游浏览器等。

在加入谷歌之前,汪华合作创办了银达科技有限公司,为移动和电信运营商以及通信设备商承接解决方案服务,数年之内即达到上百人的规模,到 2008 年年底年营业额达到了 1500 万美元。

3 创新的孵化模式

(1) 孵化计划专注四大领域

创新工场为希望在移动互联网、消费互联网、电子商务和云计算四个领域内创业的创业者们设计了三个不同的孵化计划(助跑计划、加速计划、企业家计划),分别针对不同的创业阶段。

创新工场有着丰富创业经验的团队,他们会为创业者提供一流的全方位的创业支持。通过创新工场的品牌和关系网络帮助快速组建高素质创业团队,发掘有价值的合作伙伴,拓展目标市场;专业投资团队会以敏锐的行业嗅觉和立足中国市场的全球视野,引导产品战略优化,进一步明确商业方向;广泛权威的导师网络给予必要的创业指导;产品、财务、法务等多方协助帮助规避创业早期风险,快速、良性地开启创业之路。

除此以外,创新工场将会为创业者和创业团队提供一流的创业环境和部分种子基金,也同样会提供与国内外早期投资机构接触的机会,包括创新工场的专属基金和创新工场开发投资基金(IWDF)。

创新工场在为创业公司提供全程支持的同时,也会保证创业者和创业团队的利益。创新工场会用有针对性和有效的方式提供协助、指导和建议,帮助创业者开始创业,但创业团队仍然是创业路上的主导,切实参与公司的日常运营。

为了保证孵化计划的质量和创业项目特色,每年只会有一定数量的项目加入创新工场的孵化计划。创新工场力图寻找在移动互联网、消费互联网、电子商务和云计算领域的最佳创意。创新工场欣赏的创业者和创业团队,应具有出色的团队合作精神,能用优秀的产品或服务展示自己的能力,有良好的商业意识并对其目标市场有深刻的理解。

(2)实施助跑计划

助跑计划(Jump-Start Program)是创新工场系统性的基础孵化计划(3个月),旨在甄选互联网、移动互联网和云计算领域里的创业新秀,通过一系列指导培训及孵化服务,帮助其快速开始创业。

参与助跑计划的是年轻的初次创业者,对技术或产品设计有很高天赋,但可能缺乏丰富的商业、管理和运营经验,有与创新工场重点关注领域相关的基本产品或服务创意,有两到四个合伙人,有相关专业学历,或有一些工作经验,以便向创新工场展示自己的技术和产品开发能力。创业者还需要证明其产品或服务具备发展成真正的商业机会/商业公司的潜力,可以解决某个高速发展的潜在市场的需求。

创新工场为参与助跑计划的创业者提供的孵化服务包括以下几个方面:

①在中国最好的技术创新生态园区——北京中关村提供创业办公场所。

②招聘协助,共享创新工场实习生资源。

③公司注册,UI/UX指导、每月一对一产品评估、前期市场调研协助等服务。

④涵盖产品、技术、商业等内容的全面导师指导,由国内外商业和技术界最权威的专家客座分享。

⑤创新工场创业训练营:根据产品开发周期专门设计的助跑计划训练营课程。

⑥三个月产品开发的种子基金。

作为对注资和提供孵化服务的回报,创新工场会持有孵化公司的一部分股权。从助跑计划中"毕业"以后,创业团队会成为创新工场独特的创业社区的一员,继续受益于创新工场的网络及支持。结束助跑计划之后,团队将有机会通过创新工场的平台接触到国内外知名投资机构和天使投资人,争取下轮融资,也会有机会加入创新工场的核心孵化计划——加速计划。

(3)加速计划

加速计划(Acceleration Program)是创新工场的核心孵化项目(6个月),希望通过资金支持及全方位孵化服务帮助专注互联网、移动互联网或云计算领域的潜力创业团队加速创业进程。

参与加速计划的是有经验的创始人,其产品或服务可能还处在早期阶段,但具备一定领导能力,有所创产品/服务相关的坚实行业背景,可以是首次创业,也可以是有过往创业经历的人。除领导者和合伙人之外,创新工场还希望有初期的核心产品团队，并有能力展示早期产品或服务原型。同时，他们也希望团队有关于产品发展路线的明确规划，并能证明潜在目标市场的高速发展以及如何获取早期用户的办法。

创新工场为参与加速计划的团队提供的孵化服务包括以下几方面：

①创新工场会为创业团队提供团队建设支持，允许接入创新工场的人力资源库，协助进行校园招聘、面试安排、人员筛选等。

②创新工场会为创业团队提供公司注册、法律咨询及财务支持、UI/UX指导、产品可用性评估和用户测试、市场调研、初期PR推广活动协助、政府关系指导、高价值潜在合作伙伴介绍等服务。

③创新工场会为创业团队提供种子资金，最终提供的种子基金的金额，由创业团队向创新工场提交的项目预算估计决定，每个项目之间会有一些差异。

作为对注资和提供孵化服务的回报，创新工场会持有创业公司的一部分股权。在从加速计划中"毕业"以后，创业团队会成为创新工场独特的创业社区中的一员，继续受益，创新工场会将项目介绍给IWDF和其他国内外早期投资人和投资团队，力争获得下一轮融资。

(4) 创业家计划

创业家计划（Entrepreneur-in-Residence）致力于给经验丰富的高端人才提供开创自己新事业的机会，并提供所有所需资源。创业项目有可能获得创新工场开发投资基金的直接投资。另外，参与者也可通过双向选择，加入由创新工场或IWDF所投资公司担任高层管理工作。

创新工场为参与创业家计划的个人提供的孵化服务包括以下几方面：

①在中国最好的技术创新生态园区北京中关村提供创业办公场所。

②创新工场提供深入了解现有投资项目、使用平台资源以及广泛网络的机会。

③计划的前三个月，部分时间在与所专长领域相关的现有项目进行深入接触，还有部分时间用于准备自己项目的商业计划书，包括获得创意、市场调研、竞争对手分析、寻找合伙人等。

④计划的后三个月的内容主要专注于准备商业计划，成立初始产品团队，或更多地与创新工场现有项目一起工作。

⑤创新工场还会安排涵盖产品、技术、商业等内容的全面导师指导，由国内外商业和技术界最权威的专家客座分享。

4 独特的资金支持体系

创新工场开发投资基金（IWDF）主要是给创新工场孵化器"毕业"的最具前途的项目在天使融资阶段或前A轮融资阶段提供早期投资。这一轮投资通常是以可转换证券的形式，并在A轮融资时有估值折扣。之后的A轮融资，会由与IWDF有紧密合作关系的第三方风险投资集团主导，IWDF参与。IWDF也有可能参与随后公司各个环节的融资。

作为孵化器和投资者，IWDF与所投资的团队从成长时期便建立密切的联系，以合作伙伴的身份提供创业方面的亲身经验,帮助建立起与国内外行业领航者、潜力客户、潜在合作伙伴和关键管理部门职位候选人之间相互配合的网络。

2009年年底,李开复博士在创办创新工场(IW)的同时,创建了创新工场开发投资基金(IWDF),旨在投资中国移动互联网、消费互联网、电子商务以及云计算领域最有前景的团队。

IWDF不同于其他投资机构,它是一个善于捕捉好想法并专注早期投资的基金。在其投资的项目中,大多数诞生于IW的孵化器,并由中国最优秀的青年创业者们领导。

IW和IWDF会一同指导和帮助创业团队。在项目初期到成熟的阶段协助其进行管理,直至其离开孵化器成为独立的公司,形成一种双赢的合作关系。

截至2018年7月,创新工场已经投资了200多个项目和公司,而近4亿美元基金的入场则有助于解决资金需求问题。创新工场旗下多家公司已成功吸引外部投资,完成A轮融资。

参与投资创新工场美元基金的公司中有很多耳熟能详的机构,包括中经合集团、富士康科技集团、新东方集团、美国硅谷银行(SVB)、红杉资本、IDG、"中华电信"、联发科、奇虎360、加拿大退休基金、摩托罗拉等,投资人方面则包括被称为"硅谷投资教父"的罗恩·康威以及俄罗斯DST创始人尤里·米尔纳,后者曾投资Facebook、Groupon、Zynga等硅谷公司。"我希望创新工场也能孵化出这种规模的公司。"尤里·米尔纳说。

2016年初,据58投融资官网消息,除了美元基金外,创新工场内部另一支人民币基金也预计将于未来数月内募集完毕,预计为7亿元人民币的规模,腾讯、巨人、蓝汛、中关村管委会引导基金、上海市创投引导基金等均已确认投资。

在创新工场的投资者当中,也出现了腾讯和奇虎360这两家国内知名互联网公司的身影。由于创新工场所扶持的项目以移动互联网为主,因此,这两家公司参与投资,体现出他们对于布局移动互联网的强烈愿望。事实上,这两家公司已经相继推出多款基于手机终端的软件产品。

2016年2月1日,创新工场(北京)企业管理股份有限公司(简称"创新工场")正式挂牌"新三板"。2018年4月,创新工场对外宣布完成第四期美元风险投资基金的超额募集,总规模为5亿美元。未来创新工场还将继续为青年创业者的创业梦想添加助力。

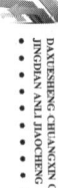

案例使用说明：

一、教学目的与用途

1. 本案例主要适用于创业融资等课程。
2. 本文是一篇描述创新工场的创业孵化、风险投资等的教学案例，其教学目的在于使学生对创业融资的主要方式、创业融资策略等问题具有感性的认识及深入的思考。

二、启发思考题

1. 李开复在创新工场中发挥了怎样的作用？
2. 创新工场作为一种新型孵化器具有哪些特征？哪些做法值得借鉴？

三、分析思路

教师可以根据自己的教学目标来灵活使用本案例。这里提出本案例的分析思路，仅供参考。

创新工场是一家致力于早期阶段投资并提供全方位创业培育的投资机构。创新工场是一个全方位的创业平台，旨在培育创新人才和新一代高科技企业。

创新工场有完整和成熟的体系，为培养的企业提供专业的分析师团队以及丰富的后援，如招聘、法律、财务、市场、机房等服务；同时也提供共享的软件平台和模块，还有搜索引擎优化等服务；最重要的是创新工场能招到最好的工程师，搭配互补的团队，增加了创业成功的概率，也加快了产品的开发速度。

四、关键要点

1. 李开复作为一个大型跨国公司的高管，他独特的经历和先进的理念以及管理措施的创新，使创新工场在孵化青年创业项目中取得了卓越成果。
2. 创新工场专注四个领域，分层级提供孵化加速、创业新计划，并形成独特的资金支持体系，提供科技创业企业需求的有效服务，值得其他孵化器借鉴、学习。

（撰稿人：赣西科技职业学院　钟清平）

梦想起航的地方——中关村梦想实验室

> **摘要：**
> 本案例以中关村梦想实验室为背景，描写了几个创业人借助中关村梦想实验室这个平台成功创业的故事。这一案例为如何搭建创新创业平台提供了思考和借鉴。
>
> **关键词：**
> 梦想实验室；自主创新；中关村

0 引言

清华大学创意创新创业教育平台(清华 X-Lab)被中关村管委会授予"中关村(清华)梦想实验室"称号，成为中关村国家自主创新示范区的全新试验田。它并非普通意义的实验室，梦想实验室在成就别人梦想的同时，自身也是一个创新企业。中关村梦想实验室主要通过开展早期投资、搭建专业技术平台、创业辅导、加强与国际对接、承办创业大赛等灵活的服务模式，不断吸引创业者，形成良性运转，让梦想越走越近。这里承担着一份新的使命，助推了一个个创新创业梦想开启航程。借助中关村梦想实验室，一个个创业人从这里起步，走向成功。这里是实现梦想的摇篮，普通人通过创新与奋斗、不懈与坚持，实现着梦想，改变着命运。中关村梦想实验室确切地说是一个平台、一个行业环境，那么如何打造创新创业平台？如何利用好这个平台？当历史赋予人们一个做平台的机会时，就应该摆正理念，设计好符合平台的商业模式，把握好机遇，做一个在客户心目中占有一席之地的平台，给予想要利用它的人一个强大的助力。

1 背景

中关村是我国第一个国家级高新技术产业开发区，第一个国家级自主创新示范区。中关村科技园区管理委员会作为市政府派出机构对园区实行统一领导和管理。中关村科技园区覆盖了北京市科技、智力、人才和信息资源最密集的区域，园区内有清华大学、北京大学、中国人民大学等高等院校39所，在校大学生约40万人；以中国科学院为代表的各级各类科研机构213家，其中国家工程中心41个、重点实验室42个、国家级企业技术中心10家。作为我国第一个国家级高新技术产业开发区，在过去的十几年里,中关村科技园区经济发展始终保持30%的增长速度。目前园区拥有高新技术企业超过14000家,新诞生的高新技术企业4268家。作为"中关村电子一条街"的起点,"海淀一号楼"见证了中关村曾经的辉煌:这里曾是中国第一个国家级高新区——北京新技术产业开发试验区(中关村海淀园的前身)的办公地,是20世纪80年代末、90年代初中关村地区最高的建筑。如今这里承担起了一份新的使命——中关村梦想实验室。

按照北京市打造南北两个产业聚集区的规划,北部研发服务和高技术产业聚集区未来将成为加速发展的重点区域。而海淀区希望通过发挥中关村翠湖科技园高端产业示范引领的作用,用10年左右时间把北部产业园区建设成为科技创新引领、高端产业聚集、绿色生态示范、人文交互共生的国际一流高端产业聚集区。

2014年,北京中关村总收入3.6万亿元,增速18.2%,70%为战略性新兴产业,占北京经济比重的23.2%。西安高新区营业收入去年达1.1万亿元,进出口总额1153亿元,占全省的68%。2015年1月至5月,武汉东湖高新区企业总收入3346亿元,同比增长近20%。该区相关负责人介绍,中关村的互联网跨界融合,上海张江自主创新示范区和自贸区"双自叠加",深圳的创客发展行动,西安的科技大市场,成都的中欧创新合作平台,杭州的智慧e谷,苏州的内外贸易一体化等,均值得中关村借鉴。冲刺世界一流高科技园区,加快互联网与实体经济的跨界融合,大力发展科技服务业,积极参与全球科技合作与竞争,国家级高新区的一系列改革创新与先行举措,将最终辐射并带动全国。

根据规划,到2020年,实创股份公司所属北部产业园区将实现总收入2000亿元,实现总税收达150亿元,从业人员将达到15万~20万人。实创股份所属园区面积也将由目前的11.7平方千米新增至23.6平方千米,将实现总收入6000亿元。"到2020年,北部将建成具有全球影响力、产值过万亿、人口百万的科技创新基地,成为城乡统筹发展的典型地区和生态环境一流的城市发展新区。"这是海淀北部区域未来的发展目标。

2 主题内容

20世纪80年代,来自中国科学院的科学家陈春先,在争议中创办了"北京等离子学会先进技术发展服务部",被誉为"中关村创业第一人"。他用长达20多年的创业历程,开启了"科技人员下海办企业"的中关村第一代创业之路。以此为发端,在个人计算机时代,以柳传志为代表的企业家,打造了联想、方正、同方等标杆性企业;在互联网时代,以张朝阳、李彦宏为代表的企业家,创办了搜狐、新浪、百度等时代性公司;在移动互联网时代,以雷军、刘强东等为代表的创业家,锻造了小米、京东等新潮流企业。

成立一年时间的中关村梦想实验室主要服务于原创的早期创新创业项目,目前已聚集产业技术和产业服务两类要素的多家单位,包括中国英特尔物研院、创客空间、华南家电研究院以及国家新媒体联合实验室、新媒体协同创新中心等。

作为中关村梦想实验室的具体运营单位,中海投资管理公司的负责人柳进军介绍，目前中国的科技创业者主要是有技术的在职人员、院校的老师与学生、从国外带技术回来的创业者。他们往往缺乏资金，没有场地，没有设备，也缺少信息与对接项目，而中关村梦想实验室能为创业者提供资金、政策、信誉及人才等多方资源。柳进军表示，目前实验室实现了四个对接：对接原创思想、对接前沿技术（Intel、硅谷）、对接大产业需求（长三角、珠三角企业）、对接天使投资。

当时即将大学毕业的马栎虽然下定决心抓住这个难得的机会加入"创业潮"，但在创业初期，许多意想不到的困难还是让她有些力不从心。

第一是资金不足，家人帮忙筹集的 15 万元启动资金，很快就用在了面料的购买及员工工资上。第二，由于对初创企业缺乏信任感，招工比较困难。第三是一直忙于学习的她对国家政策、公司注册程序及市场都不熟悉。但幸运的是，马栎得到了许多专业人士的帮助，中关村梦想实验室为她垫付资金，提供电脑、缝纫机等设备支持，为她配备了"创业导师"，指导她办理各种注册手续，等等。同时，梦想实验室还为她提供了培训学习的机会，如参加中关村成功人士的演讲会，参加每月一次的实验室友组织的"联席会议"，帮助她到中关村人才交流市场发布招工信息，解决了招工难的问题。一点一滴的付出和努力终于有了回报。

目前，马栎创办的北京晨谷文化创意有限公司已设计出了 40 多款以"衣衣表白"为品牌的系列服饰产品，50 平方米的办公场地也扩大到 200 平方米。2016 年 8 月，"衣衣表白"品牌将在淘宝网上推出，接受市场考验。

北京全电智领科技有限公司 2012 年 1 月在中关村海淀园成立，并入驻中关村梦想实验室，主要专注于高性能 CLC 通信芯片设计及模块开发。柳进军介绍，其研发出的"家电芯片"可以通过在家用电器中植入一块小小的芯片，实现远程控制。借助梦想实验室的平台网络资源，这家企业在几个月的时间内就对接上了位于广东佛山的下游用户，让新产品快速走向市场，运用于珠三角地区的各大家电厂。

李曦把公司"移"到梦想实验室后也受益匪浅。他说："公司的资质申请、专利及著作权的申报都是实验室帮忙找专业人士全程协助办理，这为我们腾出了许多人力物力，并节约了大量的时间与成本。"他表示，科技创业团队里的大多数人只会埋头做技术，对市场缺乏敏感性。一次，梦想实验室的管理者到公司参观，发现他们的一个大型军工项目中涉及的一个硬件设备很有市场前景，可以单拿出来进行优化升级，这让他们的商业模式一下子豁然开朗。李曦介绍，目前这款新产品已开发出来，集电脑、电视、电子白板、投影仪于一体，有几台设备已应用于一些企事业单位，并已经在申请专利。

创客空间创始人王盛林 2011 年大学本科毕业后就一直着迷于新技术发掘。王盛林说，"创客"是指将创意灵感转化为实物的行动者，而"创客空间"缘起于国外的 Hackerspace，是一种全新的开放式实验室平台。目前在中关村梦想实验室已拥有 400 平方米场地的创客空间，每周的技术分享会能吸引几十人乃至上百人参与，"记忆座椅""音乐拉链""三维巧克力打印机"都是从中成长起来的创业团队。王盛林说，他接触过许多有创意的点子，但很少有人会去具体实践，也不会轻易把它"展示"出来。为此，"创客空间"每周都要搞一次技术分享会，就是把各个领域里怀揣梦想的人聚集在一起，通过交流分享，确立一个点子，大家一起把梦想动手"做"出来。在"创客空间"里，王盛林为大家准备了"动手"的实验室，实验室里几张桌子上备着一些电脑，旁边散落着一些设计图纸、直尺及各种"小作品"，占据实验室一面墙的格子柜里，小电钻、激光切割机等各种工具可以随时免费取用。"在美国，把一个创意做出原型来，至少要十几个人，投入十几万美元，花几个月的时间，但在中国，是做产品最好的地方，因为中国原材料成本较低，中关村有大量拥有技术并有研发能力的团队，'长三角''珠三角'还有很多愿意接小批量订单的工厂。"王盛林说，"这是一个关注梦想的平台，不管你来自什么行业，拥有怎样的背景，只要你有想法，都能来创客空间实现，我们免费提供场所、设备、人力。"

如此实现梦想的地方又是如何加以运营的呢？"中关村梦想实验室"并不是依赖物理空间为载体聚集和孵化企业，主要是通过开展早期投资、搭建专业技术平台、创业辅导、加强与国际对接、承办创业大赛等灵活的服务模式，不断吸引创业者，形成良性运转，让梦想越走越近。

"中关村梦想实验室"运营模式涉及多个方面，如技术平台的"共建实验室和映射服务"模式、要素聚集方面的"血亲"模式、投资方面的"房租换股权"模式、项目孵化方面的"征选育配连"模式和辐射园的"定向孵化"模式。

为了甄选优质的创业项目，实现实验室的可持续发展，北京中海投资管理公司每年承办"中关村数字设计创业大赛"，在全国范围筛选数字化应用设计、数字化媒体设计、数字化产品设计三个方向九大类的创业项目，获奖项目将获得5万~8万元创业启动金，以及40~60平方米一年免租金的办公场地等奖励。

案例使用说明：

一、教学目的与用途

1.本案例主要适用于创新创业学、管理学等课程。

2.本文是一篇描述中关村梦想实验室如何为有梦想的人搭建平台、成就梦想的教学案例，其教学目的在于使学生对创新创业平台建设有感性的认识和深入的思考，从把握机遇、迎接挑战、利益共享等角度去分析问题，并提出平台建设的重要性以及怎样找准平台，把握机会的重要性。

二、启发思考题

1.如何理解创新创业平台建设的重要性？
2.你如何看待创业人员对平台的利用？
3.中关村梦想实验室成功的原因有哪些？

4.如果你是中关村梦想实验室的创立者,你将如何打造这个平台?

三、分析思路

教师可以根据自己的教学目标灵活使用本案例。这里提出本案例的分析思路,仅供参考。

航海的船底、吃饭的餐桌、汽车的底盘、建筑的楼板,平台的作用是"承载"。其实很多时候员工所付出的努力与平台大小有关,同样的付出在不同的平台上产生的价值是不同的,所以才有了选择大于努力!可问题是,很多人不会选择,甚至选择错误。当选择错误的时候,再多的努力也是白费。因此,要想正确选择,就得知道所要的平台,这点直接决定了借力的质量。毫无疑问,平台的作用是巨大的。如果我们有一个好的、领先的平台,再把一个优秀的、有能力的人才放在这个平台上,他一定能做出一番大事业出来。即使我们把一个能力平平的人放在这个平台上,相信他也能做出不少成绩。正如我们时常看到,有些干部能力非常一般,但也干出了业绩,原因就在于:给他的平台好。当然,如果把一个有能力的人放在一个比较差的平台上,虽然他也能做出一些成绩,但成绩不会很大,所以金子并非放在哪里都会闪光。由此带给我们的启发是:第一,一个单位或一个组织的首要重点任务是打造出一个好的领先平台。第二,需要把优秀的人才放到领先的平台上。第三,需要给优秀的人才提供好的平台。第四,每个人都要珍惜每一次机会。

四、关键要点

1.在本案例中,中关村梦想实验室成功地为一个个普通创业者提供了机会,找准了客户需求。一个好的平台不仅可以带来梦想、动力,还可以提供资金、团队、服务等各种客户所需要的资源。

2.人性化管理:人性化管理以人性化为标志,强调跳跃和变化、速度和反应、灵敏与弹性。它注重平等和尊重、创造和直觉、主动和企业精神、远见和价值控制,它依据信息共享、虚拟整合、竞争性合作、差异性互补、虚拟实践社团等,实现知识由隐到显的转化,创造竞争优势。

(撰稿人:赣南医学院 李 钧)

激情燃烧的柴火空间

> 摘要：
>   本案例以柴火空间为背景，描述了该空间的创建过程、运作模式、深圳创客运动的硬件背景，以及发展后期的社会创客空间和校园创客空间的建立，有助于学生理解互联网背景下新形式的创新创业模式。
> 关键词：
>   创客；创客空间；创业精神

0 引言

创客概念源自于国外，来源于英文单词"Maker"，是指不以营利为目标，热衷于创意、设计、制造的群体。创客们利用开源软件[①]和硬件、3D 打印机、数字桌面工具制作出模型样品，同时利用线上虚拟社区和线下实体社区分享设计成果、进行合作，并可将设计方案传给商业制造服务商，进行小众定制或批量生产，从而努力将各种新想法和创意转化为现实。柴火空间是由澳洲的资深创客 Mitch Davis 发起、Seeed Studio 创始人出资创建的，发展至今，柴火空间已经引起了国内外人士和政府领导的广泛注意，很多对硬件设计和制作有兴趣的创客在这里共享想法、合作制作硬件或以此为创业基地。那么需要我们思考的是：柴火空间的运作模式和特征是什么样的？对于一般创业活动和技术创新的影响表现在哪些方面？柴火空间未来长期发展可能面临的困境是什么？这些都是值得我们深入探讨的问题。

1 公司背景

柴火空间于 2010 年正式成立，为深圳首家、中国第三家创客空间，是机器科技的工作坊，也是深圳创客们聚集的"创意会所"，规模仅次于上海的新车间。柴火空间建立的初衷很简单，犹如名字的由来：众人拾柴火焰高。也因此，一直以来柴火的理念是为创新制作者（Maker）提供自由开放的协作环境，鼓励跨界交流，促进创意的实

---

① 开源软件是指其源码可以被公众使用的软件，并且此软件的使用、修改和分发也不受许可证的限制。

现以至于产品化,让来自各界各有所长的人碰撞出更多的火花。

柴火空间的创始人、矽递科技有限公司 CEO 潘昊从小喜欢倒腾各种硬件,热爱从手工制作到 DIY 电脑再到大学里的各种项目和竞赛。最终跟随着自己内心的兴趣,离开国际贸易领域,成功投身开源硬件的创意设计。

2008 年,潘昊来到深圳,第一次去华强北后,就决定留下。随后,他创办了 Seeed Studio(矽递科技)。矽递科技现在是中国第一、全球第三的开源硬件零件制造商,在同类公司中其业务规模居全球第二,为全世界 5 万多创客和发明家提供了传感器、控制、通信等超过 700 种开源硬件模块。矽递科技在 2008 年 8 月建立的电商网站直接面向海内外销售开源硬件,电商平台不仅卖企业自己制造的产品,还代理或者销售其他项目团队设计的产品。除了销售硬件产品外,电商平台还能够收集创客们的创意和新思路,并将这些创新性想法在创客社区中分享和交流,同时矽递科技还帮助其他项目团队制作产品原型。

2010 年,潘昊在美国参加 Maker Faire 期间,参观到了各地的 Hackerspace(创客空间),被开放、轻松、创意四射的创客环境深深吸引,并经由深圳本土的创客团队鼓舞,他将自己位于深圳华侨城的旧办公室改造成"柴火创客空间",最初的想法是办一个非营利组织,不要那么浓的商业气息,让有兴趣和爱好的创客们在这里交流。

2011 年,潘昊觉得办公室气氛太压抑,他就把柴火空间搬到华侨城创意产业园。直到现在,矽递科技还是支撑柴火空间的重要经济来源。刚创办的时候,凑不够五人的情况也经常发生,创建初期的一年完全可以说是惨淡经营。

2012 年 6 月 19 日,柴火空间获得美国 MAKE 杂志官方授权,举办了第一届 Maker Faire 中国版活动,将全球性的创业嘉年华 Maker Faire 成功引入中国。Maker Faire 是美国 MAKE 杂志社定期举办的世界最大 DIY 集会,它是一个展示创意、创新与创造的舞台,一个宣扬创客(Maker)文化的庆典。本届大会吸引到了全球 50 余位创客圈大咖及顶尖的女性创客,同时,也得到了政府的大力支持。

2014 年 8 月 15 日,英国 BBC 公司来到深圳柴火空间拍摄关于 Innovation in China 主题的纪录片,这表明柴火空间的影响力和声誉越来越大。

2015 年 1 月 5 日,李克强总理视察柴火创客空间,体验各位年轻"创客"的创意产品,称赞他们充分对接市场需求,创客创意无限,并应邀成为柴火名誉会员,为柴火创客空间再"添柴"。潘昊和柴火空间中有代表性的小伙伴的名字迅速随着电视画面的转播传入千家万户。同期,李克强总理视察的皆是华为、腾讯这样资产过千亿的产业航母。

2017 年,柴火空间开始深度聚焦在专业创客,聚焦于解决产业升级需求、与产业共发展等更务实的轨道上。

2 柴火空间的运作模式

创客以用户创新为核心理念,是创新 2.0 模式在设计制造领域的典型表现。创客们作为热衷于创意、设计、制造的个人设计制造群体,最有意愿、活力、热情和能力在创新 2.0 时代为自己,同时也为全体人类去创建一种更美好的生活。创客空间运作的基本逻辑思路是从想法、创意到产品。线下的创客空间为创客们提供实体物理空间,并配备相应的设备进行创造,参与其中的创客可以进行互联网或面对面的实时交流和互动,共同开发。作品完成后,可以筹集资金进行生产;如果新产品的市场化过程不成功,可以再次在空间中交流创作和修订,循环往复。创客在其中所做的是发挥知识创新精神,把空想转变为现实的实干能力,彰显知识的价值。归根结底,柴火一直都想把不甘寂寞的人变为创客,让创新创业变为他们不甘寂寞的一种宣泄。每周三晚上,柴火空间像各地的创客空间一样,会举办聚会活动,创客们分享大家最近的战斗成果,或者关注到的最新的技术。作为深圳第一家创客空间,承载了一份执着,一份信念,当然也终于给在深圳的创客们带来了一个可以拧成一股绳的契机。那么,柴火空间的具体运作模式是什么样的呢?

柴火是一个中立的不以营利为目的的组织,是由深圳矽递科技有限公司牵头成立,靠第三方赞助、会员捐赠、工作坊寄卖创客作品以及场地对外租借的形式来获取经费,维持自身运营。柴火空间实行会员机制,不同级别的会员享受相应的空间开放时间、使用工具和材料、参加工作坊等。截至2015年,柴火空间注册会员已经超过1000人,活跃会员100多个,赢利的团队已达到十几个,这一数字还在不断提升。从年龄层次而言,柴火最小的会员只有7岁,主力是"80后""90后",也有些40~50岁的"资深"创客。柴火空间里陈列着世界各地创客的作品。同时,空间为创客们提供基本的原型开发设备,如3D打印机、激光切割机、电子开发设备等基本设备。

与海尔和英特尔都不同,柴火空间为"同类"创新者创造社交和业务平台。为发挥柴火空间的平台作用,柴火不定时举行各种聚会、分享会和工作坊,让创客们聚集在一起,促进创客之间的交流和跨界合作,为创客分享知识、跨界交流、资源对接提供平台。在这里,创客和准创客们可以进行更多的交流,"有一个互动、交流的平台非常重要"。柴火创始人潘昊用"折腾"和"嘚瑟"形容创客,两者分别代表创造和分享。柴火给的是一种氛围,很多人在柴火的平台上找到了兴趣相投、志同道合的人,从线上到线下,没有年龄限制,可以找到各种类型的小伙伴,然后共同去完成一个项目。深圳是硬件产品的好莱坞,供应链丰富,生产能力强大,在柴火空间里,创客们花很少的时间就可以找到所有他在制作中需要的东西,可以完成从产品研发到做出样品再到批量生产的全过程。基于此,"柴火空间"成为全国乃至世界创客在深圳的一个落脚点。

3 深圳:创客的天堂

由于近几十年的电子制造和为国外厂商代工的技术积累,深圳已经形成了由硬件领域的科技、资本、信息、人才和完善的上下游产业链组成的生态系统,再加上低成本的劳动力,这些因素已经把深圳打造成了一个世界级的制造基地。这个制造基地由大量的工厂和制造技术组成,可以生产各种规模的硬件产品。

配件供销和采购:在深圳市心脏地带的华强北很可能已经成为世界上最大的电子市场。几乎所有的小工具、组件和工具在这里被24小时流水线生产着,超过一半的城市街区都是一个个从4到10层高度的大楼,这里被拥挤的市场填得满满的。华强北让创客完全可以做到"不出一公里"实现所有的配件采购,足够的制造企业可以让创客的点子变成现实产品。

硬件制造领域:华为、中兴、富士康都是世界级的巨头,还有成千上万家电子领域的生产商,构成了深圳电子产业链的中坚力量。其实更为重要的是像华为、中兴这样大的硬件公司中的技术骨干也会有不少出来创业的,更进一步丰富了深圳当地的硬件制造产业链。

硬件创业企业:Seeed Studio,面向全球创客社区,为创客们供应小批量定制电子线路板和配件。

科研机构及院校:深圳大学、清华大学深圳研究院以及华为、中兴研究院等,这些科研机构同时也为各类硬件创业公司和团队输送人才,再加上深圳所吸引的全国乃至全球人才,形成了深圳科技创新的一股重要力量。

投资机构及个人天使:创新谷(前华为高管创立)、创业津梁、深圳创新投资、曾李青(腾讯)等等。

4 携手"一起开工社区"构建社会化创业空间

2015年4月24日,一起开工社区与柴火空间携手合作,有效整合双方的资源优势和运营经验,为其他众创空间(社区)提供建设及运营的解决方案。这是一个完美的软硬结合,两者间的合作将更加有助于柴火空间的快速发展。一起开工社区是一个会员制的创新型社区,创办于2013年11月,起初以联合办公空间的形态落地,倡导共享协作式的办公模式,致力于为创新创业者打造一个充满灵感、跨界多元、开放好玩的办公空间与共享社区。随着不断探索和调整,逐渐从单一的共享空间形成了一个协同创造和学习的线上线下社区模式。一起开工社区擅长空间氛围的打造,在文化创意、移动互联网时代的社会化营销、空间运营方面拥有丰富的经验,懂得如何从目标受众出发活化整个空间。而柴火空间擅长空间智能硬件部分的打造,经过多年的发展,拥有丰富的创客领域资源、完整的创客产品产业链、完善的创客空间搭建服务。

柴火空间在援建社会、社区创客空间领域颇有建树。柴火创客空间已建立起一套完整的迅速复制体系,可将空间建设、运营模式、品牌推广、内容产出等创客空间基础建设快速、敏捷、便利地复制到全国各城市,从而建立起完善的全国创客空间网络,有效推动中国创客文化发展的进程。目前,柴火创客空间已与全国十多个城市达成创客空间交流合作协议,在北京、上海、成都、武汉等城市建立起创客空间。

5 柴火校园创客空间

2015年6月19日,柴火空间的小伙伴们还将创客教育推广到了中小学课堂,"柴火创客创新教育计划发布会"正式亮相于2015年深圳制汇节发布会上,柴火创客空间与43所学校的校长一同完成签约仪式,同时计划在未来三至五年内,与数百所的学校建立合作关系,为学生们提供一个可以将创意变为现实的梦想平台。通过创新教育计划,柴火创客空间希望可以吸引到更多的国内外知名中小学及全国教育系统的专家持续关注及认同"创客"理念。创客很重要的精神之一是开放性：思想开放、实践开放。任何人只要有好的创意、想法都可以成为创客，将自己的想法进行科学实践。目前的中国教育，恰恰缺乏这种"以创造为兴趣"的创意动力。柴火空间作为创客文化的传播站，在中小学生间普及创客精神，帮助他们最大限度地发挥自己的创造力。

柴火创客空间结合自身优势，将创客教育带入中小学，针对中小学素质教育培养目标及学生的身心发展特点进行课程体系的设定和一站式的空间搭建服务。

柴火空间为学校提供配件产品、工具、课程教案，同时对学校的老师进行专业培训来培育学生们对"创想""创造"的兴趣，整合创客培育所需的设备、教材、工具，输出给学校，参与合作的学校仅需安排课程时间、场地以及授课老师，帮助同学们把在校园内的各种创意转变为现实的创造，让更多学生可以实实在在参与到创客创新的学习队伍中。

不管怎么说，在国内"山寨精神"成风的当下，创客所提倡的创新、开放和共享确实给我们带来了"正能量"。在智能硬件大规模普及的风口尚未到来之际，如果中国的创客们能率先走出产品商业化的道路，打出自己的品牌，让"中国制造"变成"中国智造"，甚至"中国创造"，也不可谓不是好事一桩。

案例使用说明：

一、教学目的与用途

1. 本案例主要适用于创新管理、创业管理和创新教育等课程。
2. 本案例是一篇描述柴火空间创建和发展过程、运营模式等方面的内容，其教学目的在于让学生对最新的创客运动和创业模式具有直观的认识，并分析创客空间对创业活动和创新教育的影响。

二、启发思考题

1. 创客运动兴起的根源是什么？
2. 你如何看待柴火空间的快速发展？
3. 创客运动对一般创业活动的影响有哪些？
4. 创客运动对我国创新教育的影响有哪些？
5. 柴火空间未来快速发展需要注意什么问题？
6. 如果柴火空间并不是创建在深圳，那么它的发展可能会怎么样？

三、分析思路

教师可以根据自己的教学目标来灵活使用本案例。这里提出本案例的分析思路,仅供参考。

"创客"和"创客运动"等新名词风靡全球,伴随这些词的经济活动也获得了快速增长。柴火空间是深圳首家建立的创客空间,成立4年已经吸引1万多人参加该活动,国务院总理李克强也成为柴火空间的荣誉会员。柴火寓意"众人拾柴火焰高",为创新制作者(Maker)提供自由开放的协作环境,鼓励跨界的交流,促进创意的实现以至于产品化。柴火空间实行会员制,为创客们提供基本的原型开发设备,如3D打印机、激光切割机、电子开发设备等,并组织创客聚会和各种级别的工作坊。随着空间的发展,柴火空间与"一起开工社区"构建社会化的创客空间,培育创新型产业方向,响应国家的"大众创业"号召。同时柴火空间与中小学合作建立校园创客空间,培养潜在创新者,有助于"万众创新"目标的实现。柴火空间是一种创业理念推广和创客文化培养的平台,逐渐实现科技平民化,营造全民创新的氛围。同时为创客们提供了组建团队、获取新知识、整合资源的平台,助力创客们成功创业。

四、关键要点

1.创客空间为潜在的创业者们提供了分享知识、新想法和共同合作以创造新事物的平台,依靠创客空间提供的场地、设备和网络资源,草根创业者们可以将自己的创意转变为原型,有效地提升创业成功率。

2.创客运动与创业教育相结合,在大学、中小学学生中植入创客精神,为"大众创业、万众创新"奠定夯实的人才基础。

参考文献:

[1]BAKER T, MINER A S, EESLEY D T. Improvising firms:Bricolage, account giving and improvisational competencies in the founding process[J]. Research policy, 2003,32(2):255-276.

[2]梁强,罗英光,谢舜龙.基于资源拼凑理论的创业资源价值实现研究与未来展望[J].外国经济与管理,2013,35(5):14-22.

[3]杨俊,田莉,张玉利,等.创新还是模仿:创业团队经验异质性与冲突特征的角色[J].管理世界,2010(3):84-96.

(撰稿人:东华理工大学　汤淑琴)

一杯咖啡，一个梦想——先锋"天使咖啡"

> **摘要：**
> 作为近几年兴起的集办公、投资、孵化等多功能为一体的新型创业服务机构，创业咖啡正逐渐受到社会的广泛关注，为创业实践解决了许多现实问题，尤其是资源获取、整合与机会识别方面。本案例描述了先锋"天使咖啡"的发展背景、运作模式及其对创业过程的影响，有助于学生了解新型创业服务模式。
>
> **关键词：**
> 先锋"天使咖啡"；创业；孵化；创业精神

0. 引言

随着移动互联网的深入发展，创业活动不再仅仅依赖于看得见的物质资源和硬件服务，而更多的是看不见的软性服务。创业咖啡这一独特的创业服务型机构成为社会各界人士关注的焦点，建一个咖啡馆，创客们可以聊聊创新和创业。2011年以来，随着中关村车库咖啡、贝塔咖啡和3W咖啡等创客空间的出现，中国其他地区也不断涌现出创业咖啡这一新型创业服务行业。创业咖啡通过整合各种创业资源要素，为草根创业者构建具有共享办公、风险投资对接、市场开拓和技术知识分享等方面的创业孵化平台。各类创业咖啡的出现弥补了我国现阶段科技服务体系对早期创业服务的不足，为草根阶层的创业活动提供了重要的资源整合平台。江西是一个经济发展相对落后的省份，创业活动的活跃程度相对较低。先锋天使咖啡是一个由高校大学生创建、以移动互联网为主题的创客空间，对提升江西移动互联网方面的创业能力，挖掘创业潜力做出了重要的贡献。先锋天使咖啡的发展过程和运作模式是什么样的？先锋天使咖啡在哪些方面帮助了创业者开展创业活动？先锋天使咖啡的发展对于江西省整体创业活动具有什么影响？这些都是值得我们深入探讨的问题。

1 公司背景

江西先锋软件职业技术学院（现为江西软件职业技术大学）电子商务专业二年级

学生沈煌超在先锋软件公司实习时,受到北京车库咖啡的影响,萌生了在南昌开创业咖啡的想法。沈煌超找到在先锋工作的7个校友共同凑了8万元启动资金,开始创业。

先锋天使咖啡众创空间于2014年10月10日在江西省南昌市高新区启动。这一类似北京车库咖啡的创新型平台,是江西省首个移动互联网创业孵化器,专注于帮扶青年移动互联网和移动电商创业,为江西创业者和天使投资人提供了一个零距离对接的众创空间平台。其中,正在孵化的创业团队——中磊支付公司,已完成了江西第一家电子商务支付平台建设,正在向人民银行申报江西第一张网络支付牌照,开展全省电子商务第三方支付业务。

2015年3月25日,时任江西省省长鹿心社莅临先锋天使咖啡众创空间视察,了解创新创业项目的运营情况,鼓励创客们紧紧抓住"互联网+"带来的机遇,迅速掀起"大众创业、万众创新"的新高潮,实现江西经济在"互联网+"的时代背景下快速健康地发展。

2015年4月,经过6个月的发展,先锋天使咖啡逐渐形成了完整的经营管理模式,已经聚集青年创业团队30余家、创业企业28家,签约天使投资机构12家,第三方服务机构24家,帮助近150个创业项目与风险资本进行对接,其中4个项目获得千万级资本支持,2个项目获得百万级资本支持。先锋咖啡被南昌高新区授予江西省首个"创新型孵化器",被省商务厅授予南昌市唯一的"江西省电子商务产业示范基地",被南昌市团委授予"南昌青年创业孵化基地"。

2015年5月4日上午,在时任省委常委、南昌市委书记龚建华,时任省政府副省长谢茹等人的陪同下,时任江西省委书记强卫一行来到先锋天使咖啡众创空间,亲切看望青年移动互联网创业者和天使投资人。

2015年6月,根据众创空间在创客群体中的影响力,《互联网周刊》对众多创业咖啡馆进行了综合排名。在百强排行榜中,来自北上广等一线城市的咖啡馆占到了总数的五成以上,仅北京就有30余家咖啡馆跻身百强。而先锋天使咖啡众创空间排名73位,目前平台已在南昌高新区、南昌湾里区江西先锋软件学院、萍乡市安源区开设了3家连锁店。

2 各方力量助力先锋咖啡

先锋天使咖啡的创始人之一沈煌超在创业初期还是一个大二学生,学校大力支持沈煌超的创业梦想,同意其挂课创业,并为创业团队提供辅导老师。江西先锋软件职业技术学院副院长范铭红讲道:"学校支持学生参与社会实践、学技能、创实业,以这样的方式换学分更有意义。当然,学校的规定程序比如考试等,学生还是要参加且通过的,否则也拿不到毕业证。"

在先锋软件公司的大力支持下,学校将设在先锋电商产业园实训基地中的八百平方米场地按照创业咖啡的功能装修好免费提供给沈煌超及其创业伙伴们,同时为沈煌超的创业团队提供了免费的营业场所、装修改造、设备设施和技术支持等。

江西省科技厅也将加大对先锋天使咖啡创业平台的政策支持,同时支持平台下一步积极申报国家级孵化器和科技型中小企业技术创新基金立项,研究把行业相关的大型活动、人才招聘、重要会议等放在此举办。此外，江西联通公司优惠提供了一百兆无线接入，南昌高新区领导也给予了最优惠的政策支持，南昌高新区工委书记邱向军说："先锋天使咖啡是南昌高新区第一个创新型孵化器，在助力高新区移动互联网青年人才创新和创业方面发挥了重要作用，高新区也将汇聚相关资源支持平台建设，在平台吸引江西籍领军人才回赣创业方面给予更大的政策扶持力度。"

3 一杯咖啡孕育创业达人

最初创建时，先锋天使咖啡并没有把营利作为目的。尽管是一个创业平台，但在运行过程中还是以咖啡屋为载体，这里的咖啡价格与外面无异，再加上店里的员工、水电、咖啡原料等成本，以及外出洽谈业务的费用，每个月支出都要过万元。最初的两三个月，先锋天使咖啡基本处于亏损状态。

沈煌超讲道："之前也有很多师哥师姐在尝试创业，但普遍反映都是大学生创业缺乏资金和经验。而先锋天使咖啡是一家以车库文化为理念，以创业投资为主题的创业孵化器式的咖啡店，希望能给年轻创业者们提供一个廉价的移动互联网创作场所和平台。"先锋天使咖啡众创空间扮演了一个"万能"的角色，在资金、资源和政策三个方面服务创业者；此外，先锋还实施"五个一"的创业服务模式，关注不同成长阶段的创业者，即从为青年创业者提供一个座位开始，到一张桌子、一间房间、一层楼，最终支持其成长为一家优秀的公司。在先锋咖啡里，创业者只要买上一杯咖啡，就可以工作一天，享受免费的宽带、水电和开放式办公环境。更为重要的是，他们还有机会和其他有创业梦想的年轻人互动和交流，了解最新的市场资讯，共享专业的技术、管理、培训等服务，一起碰撞创意的火花和思路的闪光，甚至还可能找到对自身的创意项目感兴趣的投资人，或是得到圈内"大佬"的指导。先锋天使咖啡则通过这些服务，获得创业团队1%至2%的股份。

随着平台基础服务设施的逐渐完善，先锋天使咖啡建设了包括创业导师、天使投资人、青年创业企业家、技术导师和第三方服务的五大服务团队，成为江西省规模最大、品质最高的互联网创业服务平台。同时，先锋天使咖啡找到了一定的办法，入驻的会员企业缴纳1万元，就可以获取2万元的消费券。这样既能解决咖啡屋的前期运行成本，又能让创业者享受优惠，一举两得。

4 草根创业者的助推器

2014年10月，中磊支付是第一个入驻先锋天使咖啡的会员。成立于2014年初的中磊支付科技有限公司，是一家以提供B2B、B2B2C等行业的在线支付服务，解决国内电子贸易供应链上电子支付环节问题的网络支付系统公司。初期阶段，这个平台将服务先锋电子商务产业园内入驻电商企业，以江西省药品集中采购为目标市场，紧紧围绕国内医药企业及江西本地医药企业、医疗机构的药品采购、制造、销售、供应链金融服务等环节，提供包括充值、支付、提现、转账、担保交易、保证金交易、代扣款等支付服务，使企业的资金流能够与物流和信息流同步运作，加速供应链资金流转。

早期阶段，与其他创业者一样，这家公司在资金、市场等方面时常遇到瓶颈。此后，中磊支付不断参加先锋咖啡屋举办的天使对接会和企业家经验分享会等活动，通过这些活动，中磊支付被几家天使投资机构"相中"，获得了1亿元的天使投资，成为平台内获得天使投资资金最多的创业项目。2014年12月23日，中磊第三方网络支付平台已通过中国软件评测中心检测，成为江西首家拥有网络支付功能的非金融网络支付专业化服务公司，填补了江西省第三方支付空白。2015年年初，中磊支付开始与银联合作，携手开拓江西涉农、非税、民生工程领域的支付业务情况，预计年底可争取实现平台上每天交易额突破5亿元。

有啦科技有限公司是先锋咖啡的另一个会员，成立于2014年年底，专注于互联网品牌设计和创意传播。虽然在先锋咖啡里暂时没有获得天使投资，但是有啦科技有限公司拿下了第一笔业务，并且在短短3个月时间，业务数量递增。"先锋天使咖啡互联网创业平台不仅为我们提供了办公场地，更带来了宝贵的信心。"有啦科技有限公司市场总监柳刚说，通过这里的资源、人脉和专业化服务，公司可以避免走许多弯路，在正确的道路上不断前进。

"创客"李寒冰创办的全城通本地O2O生活消费服务平台，一个为特惠商户与会员之间搭建传递信息与服务的桥梁公司："土鸡放养，把它搬上互联网，让我的会员能够看到养鸡的整个过程，把每只鸡贴上标签，我今天就要48号这只鸡，很快就能从农庄送过来。"一次偶然的机会，李寒冰与先锋天使咖啡移动互联网创业平台结缘。通过众创空间，全城通项目获得3000万元风险投资，组建了专业人才队伍，提供了模拟生产场景的服务，现在有更多优质的优惠信息在主动向他们靠拢。目前拥有会员数近500万，并不断衍生出"上门洗车"等新的服务项目。"创业服务平台为我们提供了免费的办公场所，为企业节省了一笔不小的开支。同时，这里有浓厚的创业氛围，很接'地气'。"江西全城通信息技术有限公司CEO李寒冰介绍说。

案例使用说明：

一、教学目的与用途

1. 本案例主要适用于创新管理等课程。

2. 本文是一篇描述先锋天使咖啡的创建背景及其运行方式的案例，其教学目的在于让学生了解创业咖啡这一新型创业服务模式，并分析其对创业过程的影响。

二、启发思考题

1. 先锋天使咖啡快速发展的原因是什么？
2. 先锋天使咖啡从哪些创业要素方面影响创业过程？
3. 与北京、深圳等地区的创客咖啡相比，先锋咖啡的发展模式存在什么差异？

4. 先锋咖啡未来快速发展需要注意什么问题?
5. 政府如何支持先锋咖啡的长远发展?

三、分析思路

教师可以根据自己的教学目标来灵活使用本案例。这里提出本案例的分析思路,仅供参考。

创业咖啡馆这种新型创业服务业态已经在众多科技从业者和草根创业者心中留下了深刻的印象。先锋天使咖啡是江西省首家以创业和投资为主题的移动互联网创业服务平台,南昌高新区授予其全省第一个"创新型孵化器"称号。在创建之初,先锋咖啡受到创业者所在的高校、先锋软件公司、南昌高新区和江西联通等各方面的支持,这也是其后续能够生存和发展的重要因素。点一杯十几元的咖啡就可以在先锋咖啡享受一天的免费办公环境:全天候的无线网络全覆盖,一应俱全的办公桌椅配套设备,别致温馨的商务会谈厅。先锋咖啡为潜在的创业者提供了创业所需的最基本的物质资源。更为重要的是,先锋咖啡还为草根创业者提供专业化的创业指导服务,同时也是与其他创业者进行交流和互动的平台。此外,先锋咖啡还是一家以创业投资为主题的创业孵化型咖啡厅,为创业者提供了更多与投资人对接的机会,及时解决了初生创业者的资金问题。

四、关键要点

1. 资源是创业过程中的重要支撑要素,如何有效地获取和整合资源是创业成功的重要驱动因素。本案例的先锋天使咖啡更为重要的是为草根创业者提供了获取和整合资源的平台,助推其成功创办企业。

2. 创业是一个机会、资源和创业者/团队动态交互的过程,创业咖啡以动态形式深化了创业活动的各要素之间的交互和平衡。

参考文献:

[1] BARMEY J. Firm resources and sustained competitive advantage[J]. Journal of management, 1991,7(1):99-120.

[2] 张玉莉,李新春.创业管理[M].北京:清华大学出版社,2006.

[3] 蔡莉,单标安,朱秀梅,等.创业研究回顾与资源视角下的研究框架构建:基于扎根思想的编码与提炼[J].管理世界,2011(12):160-169.

(撰稿人:东华理工大学 汤淑琴)

第十章
"互联网+"的创新创业案例

阿里巴巴的 B2B 电子商务模式

> **摘要:**
> 　　阿里巴巴网站是一个成功的网上交易平台。阿里巴巴通过建立高效的电子商务平台,在为用户创造价值的同时,自己也获得了巨大的成功。本案例从阿里巴巴的经营模式及其成功原因入手,分析其 B2B 电子商务模式,为电子商务创业提供了有力借鉴。
> **关键词:**
> 　　服务运营;赢利模式;价值创造;价值获取

0　引言

阿里巴巴(Alibaba.com)是全球企业间(B2B)电子商务的著名品牌,是目前全球最大的网上交易市场和商务交流社区,B2B 业务已成为阿里巴巴集团最重要的赢利来源。良好的定位,稳固的结构,优秀的服务,使阿里巴巴成为全球首家拥有 600 余万商人的电子商务网站,成为全球商人网络推广的首选网站,被商人们评为"最受欢迎的 B2B 网站",杰出的成绩使阿里巴巴不断受到各界人士的关注。为什么阿里巴巴从创建之初到现在一直受到大众的欢迎?它的发展可以给我国的 B2B 电子商务模式的发展带来哪些启示?

1　公司发展历程

1998 年年底,阿里巴巴网站推出。
1999 年 3 月,团队领袖马云正式回杭州创业。
1999 年 7 月,阿里巴巴中国控股有限公司在香港成立。
2003 年 7 月,阿里巴巴宣布投资淘宝网站。
2004 年 12 月,阿里巴巴集团关联公司的第三方网上支付平台支付宝推出。
2005 年 10 月,阿里巴巴集团接管中国雅虎。
2006 年 10 月,阿里巴巴集团对本地化生活社区平台口碑网的战略投资完成。
2007 年 1 月,阿里巴巴集团在上海宣布旗下公司阿里软件正式成立。
2008 年 9 月,阿里巴巴集团宣布旗下淘宝网和阿里妈妈合并发展,同时阿里巴巴集团研发院成立。

2009年7月,阿里巴巴集团宣布旗下阿里软件公司与原先隶属阿里巴巴集团的阿里研究院正式合并,合并后的公司名称仍为阿里软件。

2009年9月,阿里巴巴集团庆祝创立十周年,同时成立阿里云计算。同月,阿里巴巴宣布收购中国领先的互联网基础服务供应商中国万网。

2010年4月,阿里巴巴正式推出全球速卖通,让中国出口商直接与全球消费者接触和交易。

2010年8月,阿里巴巴收购两家服务美国小企业的电子商务解决方案供应商Vendio及Auctiva。同月,手机淘宝客户端推出。

2010年11月,阿里巴巴宣布收购国内的一站式出口服务供应商一达通。

2012年7月,阿里巴巴集团宣布将调整公司组织架构,从原有的子公司制调整为事业群制,把现有子公司的业务调整为淘宝、一淘、天猫、聚划算、阿里国际业务、阿里小企业业务和阿里云七个事业群。

2013年9月,阿里巴巴集团正式推出社交网络手机客户端来往。

2014年2月,作为天猫平台延伸方案的天猫国际正式推出,让国际品牌直接向中国消费者销售产品。

2014年9月,阿里巴巴集团于纽约证券交易所正式挂牌上市,股票代码"BABA"。

2014年10月,阿里巴巴集团关联公司蚂蚁金融服务集团(之前称"小微金融服务集团")正式成立。同月,淘宝旅行成为独立平台并更名为"去啊"。

2015年2月,阿里巴巴集团宣布与蚂蚁金服集团完成重组,蚂蚁金服为支付宝的母公司。

2015年9月,阿里巴巴集团荣膺2015年世界零售大会最高奖项"年度最佳零售商"。

2016年5月,阿里巴巴集团成为国务院首批双创"企业示范基地"。

2017年8月,2017年"中国互联网企业100强"榜单发布,阿里巴巴排名第二。

2018年9月10日,马云宣布,2019年9月10日将不再担任董事局主局,CEO张勇接任。

2 独特的服务运营模式

阿里巴巴的服务主要包括为注册会员提供贸易平台和资讯收发,使企业和企业通过网络做成生意、达成交易。服务的级别则是按照收费的不同,针对目标企业的类型不同,由高到低、从粗至精阶梯分布。其服务经营模式为:依托阿里巴巴网站(中、英、日三个版本),聚拢企业会员,整合成一个不断扩张的庞大买卖交互网络,形成一个无限膨胀的网上交易市场,通过向非付费、付费会员提供、出售资讯和更高端服务,赢得越来越多的企业会员注册加盟。

阿里巴巴在充分调研企业需求的基础上,将企业登录时汇聚的信息整合分类,形成网站独具特色的栏目,使企业用户获得有效的信息和服务。阿里巴巴主要信息服务栏目包括商业机会、产品展示、公司全库、行业资讯、以商会友和商业服务等六个方面。

3 不可复制的赢利模式

阿里巴巴不同于早期互联网公司以技术为驱动的网络服务模式,他们在发展初期专做信息流,绕开物流,前瞻性地观望资金流并在恰当的时候介入支付环节。阿里遵循循序渐进的过程,依据中国电子商务界的发展状况来准确定位网站,从最基础的替企业架设站点,到随之而来的网站推广以及对在线贸易资讯的辅助服务,交易本身的订单管理不断延伸,其出色的赢利模式符合赢利的强有力、可持续、可拓展的特点。

目前阿里巴巴旗下有两个核心服务:一个是诚信通,针对的是经营国内贸易的中小企业、私营业主,费用每年2300元,属于低端服务。一个是中国供应商,针对的是经营国际贸易的大中型企业,有实力的小企业、私营业主,费用每年6万~12万元不等,属于高端服务。

从另一个角度看,阿里巴巴的利益点则体现在诚信安全、品牌资质、快捷方便、成本低廉和海量信息等五大方面。

4 价值创造与价值获取的匹配

在阿里巴巴网络有限公司的发展过程中,顾客价值主张、随价值主张变化的利益相关者群体以及解决方案这三者都发生了显著改变。在顾客价值主张方面,初期提供"免费注册",满足了中小企业无大量融资却能很容易做生意的需求;后期通过具有吸引力的网络平台产品,建立呼叫中心和庞大服务团队等成功地将部分免费用户转换为付费用户。在利益相关者群体方面,初期通过外包的形式为企业降低运营成本;后期在与其他合作伙伴合作时优化商业模式,如收购一达通,建立新平台和淘宝商城对接。在解决方案方面,初期提供免费的信息流平台,在客户当中奠定了扎实的基础,逐渐打出了自己的品牌;后期确立了免费式增收的商业模式,开发了新的平台产品:"出口通"一站式服务、"全球速卖通"流程化服务、"无名良品"B2B2C模式等。

价值获取模块的核心内容主要是关键业务、定价方式和成本结构,在阿里巴巴网络有限公司的发展过程中,这三者也都发生了显著改变(如下表)。

阿里巴巴B2B电子商务商业模式价值获取模块的变革

价值获取模块	初期	后期
关键业务	专注于信息流领域,最重要的是如何获得客户,让客户在阿里巴巴平台上寻找需要的信息	搭建综合性平台,包括信息、财务、管理、物流等一系列涉及中小企业的服务,由获取客户向维系客户转变
定价方式	免费服务,适量增值服务	免费服务、增值服务和付费会员服务

续表

价值获取模块	初期	后期
成本结构	成本驱动,采用最精简的成本结构,利用"信息流汇聚"和"外包业务"等有效形式	价值驱动,提供一系列的增值服务和全面升级的服务类型,成本结构更加贴近市场的实际需求

阿里巴巴价值创造模块和价值获取模块之间具有较高的契合度。正是这种"较高的契合度"使得阿里巴巴在创造大量价值的同时,也能保持自身的利润持续增长。

案例使用说明:

一、教学目的与用途

1.本案例主要适用于创业学、管理学等课程。

2.本文是一篇描述阿里巴巴的 B2B 电子商务模式的教学案例,其教学目的在于使学生对企业管理和电子商务模式、交易等问题具有感性的认识及深入的思考,从价值观角度去分析问题,并提出相应的方案。

二、启发思考题

1.你如何理解阿里巴巴 B2B 电子商务模式的独特价值创造力?
2.你认为阿里巴巴 B2B 电子商务模式存在怎样的问题?
3.阿里巴巴 B2B 电子商务模式成功的关键是什么?
4.未来电子商务模式有怎样的发展趋势?

三、分析思路

教师可以根据自己的教学目标来灵活使用本案例。这里提出本案例的分析思路,仅供参考。

阿里巴巴从纯粹的商业模式出发,与大量的风险资本和商业合作伙伴相关联构成网上贸易市场,其运营模式取得成功主要有以下几个原因:第一,专做信息流,汇聚大量的市场供求信息。功能上,在充分调研企业需求的基础上,将企业登录时汇聚的信息整合分类,形成网站独具特色的栏目,使企业用户获得有效的信息和服务。第二,采用本土化的网站建设方式,针对不同国家采用当地的语言,简易可读,这种便利性和亲和力将各国市场有机地融为一体。第三,在起步阶段,网站放低会员准入门槛,以免费会员制吸引企业登录平台注册用户,从而汇聚商流,活跃市场。会员在浏览信息的同时也带来了源源不断的信息流,创造了无限商机。第四,通过增值服务为会员提供了优越的市场服务,增值服务一方面加强了网上交易市场的服务项目功能,另一方面又使网站能有多种方式实现直接赢利。第五,适度但比较成功的市场运作。

四、关键要点

1.服务运营理论。

服务运营管理是指对服务业企业所提供服务的开发设计的管理,对服务运营过程及其运营系统的设计、计划、组织和控制。与制造业相比,服务运营具有以下特征:① 服务业企业的产出是无形的、不可触的,因而是不可储存和运输的。② 服务提供过程中有顾客的参与,生产与销售甚至消费是同时进行的,这决定了制造业企业中"生产运营"与"营销"的职能划分和分别管理不能照搬到服务业企业。③ 服务需求是时间相关需求、地点相关需求,服务设施的能力具有很强的时间性,这决定了服务业企业在设施能力、人员能力规划上的独特性和设施地点分布的独特性,也决定了服务业企业在某种程度上难以利用制造业企业中的规模生产效益,必须寻求其他方法降低成本,提高效率。

2.难以模仿的赢利模式助推阿里成功。

阿里巴巴的赢利模式可总结为:它是组合赢利拳,是进化赢利链,是动态发展的赢利模式,将其归结到企业战略和核心竞争力的一个共同点上,就是"难以模仿"。它的关键棋步有三:第一步是抢先快速圈地。马云以50万元起家时,中国互联网先锋瀛海威已经创办了3年。瀛海威采用美国AOL的收费入网模式,这对于经济发展水平高的国家本身经济实力强而且网络信息丰富的AOL是适用的。马云并没有采用瀛海威的收入模式,而采用了免费大量争取企业的方式。这对于一个个人出资的公司,是非常有洞见和魄力的。第二步是利用第一步的成功开展企业的信用认证,敲开了创收的大门。信用对于重建市场经济和经济刚起飞的中国市场交易是拦路虎,电子商务尤为突出。马云抓住了这个关键问题,2002年力排众议创新了中国互联网上的企业诚信认证方式。第三步就是他掌握5000家的外商采购企业的名单,可以实实在在帮助中国企业出口。对于每家企业收费4万~6万元,这又为阿里巴巴带来每年几千万元的收入,并带来国内外的知名度。这一招其他公司也可以学,但阿里巴巴与外商的采购以最大规模的供给信息和诚信通为基础的优势,其他公司是难以模仿的。

参考文献:

[1]姚国章.电子商务与企业管理[M].北京:北京大学出版社,2009.

[2]赵卫东,黄丽华.电子商务模式[M].2版.上海:复旦大学出版社,2011.

[3]吴芝新.简析O2O电子商务模式[J].重庆科技学院学报:社会科学版,2012(13):73-74.

[4]GREE D, PEARSON J. Integrating website usability with the electronic commerce acceptance model[M]. London: Taylor & Francis, Inc, 2011.

(撰稿人:南昌航空大学 余长春)

微信改变移动互联网

> **摘要：**
> 　　本案例以腾讯公司微信业务的内部创业历程为背景，阐述了随着移动互联网技术的迅速发展，腾讯公司微信业务从无到有，以"迭代微创新"实现技术跨越和商业模式创新的发展历程。微信业务持续地微创新，最终演变为颠覆创新的发展模式，对当前大学生创业具有一定的参考价值。
> **关键词：**
> 　　微信；微创新；动态能力；商业化

0 引言

微信是腾讯公司于 2011 年 1 月 21 日推出的一个为智能终端提供即时通信服务的免费应用程序，微信支持跨通信运营商、跨操作系统平台通过网络快速发送免费（需消耗少量网络流量）语音短信、视频、图片和文字，同时，也可以使用通过共享媒体内容的资料和基于位置的社交插件"摇一摇""漂流瓶""朋友圈""公众平台""语音记事本"等服务插件。截止到 2018 年 2 月，微信全球用户月话数首次突破 10 亿大关。此外，至 2019 年年底，各品牌的微信公众账号总数已经超过 1000 万个，其中活跃账户 350 万。微信支付用户则达到了 5.62 亿。

微信提供公众平台、朋友圈、消息推送等功能，用户可以通过"摇一摇""搜索号码""附近的人""扫二维码"方式添加好友和关注公众平台，同时微信将内容分享给好友以及将用户看到的精彩内容分享到微信朋友圈。

2019 年春节期间，共有 8.23 亿人次收发微信红包，同比增长 7.12%。

1 微信的产生

与国内很多其他产品来源于欧美公司的结构性创新产品类似。微信的产品雏形始于加拿大移动 IM 服务提供商 Kik Interactive 公司的移动语言聊天产品 Kik。在中国，最早的同类应用为互动科技在 2010 年 11 月推出的"个信"。小米科技于一个月后正式推出"米聊"，并一举获得千万级的用户市场规模，成为该阶段的领先产品。这种忽然诞生的业务类型威胁的不仅是依靠短信获利的电信运营商，还冲击了借手机QQ维持移动社交市场领先的腾讯。微信于2010年11月18日正式立项,它的起源不是来自腾讯移动互联网主力——承担手机QQ业务发展的腾讯无线业务系统,而是被腾讯QQ邮箱的开发团队——广州研究中心(下文简称"广研")作为一个兴趣项目启动。2011年1月21日,腾讯"广研"推出第一个微信苹果手机应用版本,随后几天又陆续推出了安卓和塞班的手机应用版本。微信开启了一个由非核心业务团队主导下的微创新大胆实践征程。

2 微信的发展历程

(1)技术追赶:基础语音功能的微创新追赶

微信产品第一个版本的核心思路是"能发照片的免费短信",虽然这和竞争对手趋于同质化的口号并未让用户感到太多的惊喜,但代表了微信启动时最初始的产品诉求。第一个版本没有受到市场的太多关注,然而这个最早版本积攒下来的少数尝试性用户却给产品带来很多宝贵的建议和反馈。

在接下来的三个月,微信团队根据这些用户提供的线索不断优化程序,持续改进包括收发信息速度、流量节省等产品的细节内容,并根据用户最集中的需求打造新的产品功能。

2011年5月10日,微信产品第二个版本发布,广研借助手机QQ团队开发的语音聊天技术,首次在这个版本里推出微信语音对讲功能。这个到目前为止依然被使用最多的基础功能,给微信带来了大量的新增用户。这个功能显然也并非微信独创,2011年1月推出的Talkbox,就已经在主打免费语音。不过,就这种免费语音的具体呈现方式,微信根据用户实际的使用习惯进行了大量的微创新改进。比如当距离感应器没有发生感应时,语音对讲功能就默认为扬声器播放,而只要把手机贴近耳朵,感应器就马上自动调整为听筒模式。这种细节性的改善,让用户避免了大众场合"被广播"的尴尬,方便在会议、地铁等不方便接收扬声器广播的场合进行接听。类似这样的微创新改进还有很多,这使得用户接触到的尽管还是那些底层技术支持下的基础应用,但感受到的产品体验与其他的产品相比却已经不可同日而语了。

(2)基本超越:由强关系链拓展至弱关系链的微创新超越

真正让微信从国内Kik类软件中脱颖而出的是其再次以微创新的模式,在微信的语音服务上叠加LBS(基于地理定位技术)实现的距离社交功能。

2011年8月3日,微信发布了2.5版本,在国内率先推出"查看附近的人"功能。另外,QQ邮箱的漂流瓶功能也延伸至微信上。微信借助这两个应用突破熟人沟通的边界,直接进入陌生人交友的应用区间。但是国内其他技术企业也同时关注到这个类别的应用。微信2.5版本推出的第二天,陌陌这款纯粹定位于LBS陌生人交友的应用也在苹果商店上线。LBS技术以及基于LBS技术实现的友邻社交应用都不是微信首创,微信只是将LBS和语音对讲打通。但微信也并不是第一个把手机语音聊天和LBS相结合的,韩国的女性交友软件EL在2011年2月发布的1.5版本中就已经列出了其他用户和本用户的距离、所在城市,并按照从近到远排列,方便用户交流。

但是,微信产品所采用的模式,是源自于对前几个版本的用户的洞察。微信的开发者观察到很多实实在在的陌生人需求,比如拼车上下班,用户把拼车的需求写入微信签名栏,以便让有同样需求的朋友联系自己。又如二手物品的出售,也可以把商品信息放到微信以便更快找到买家。微信的功能需要更加生活化,基于不同的生活需求让更多陌生人产生进一步联系。满足这种洞察和考虑,微信为用户提供了查看附近人的头像、昵称、签名及距离等功能,并由此把不认识的人圈到了一起,突破熟人的紧密关系链,进入了类似微博一样由某种共同点维系在一起的弱关系链。由此一来,微信新增好友数和用户数第一次突破QQ原有的用户群边界,并迎来爆发性增长。这种"强弱关系链"的转换,把不认识的人圈到一起,成为微信用户增长的一个重要里程碑。

(3)完全超越:快速微创新实现超越

2011年10月1日,微信3.0版本率先采用摇一摇功能,借助动作的一致性匹配找到同时晃动手机的人,形成新的随机社交关系。2011年年底,推出的微信3.5版本采用了一个极具战略价值的功能——二维码,通过扫描或在其他平台上发布二维码名片,用户便可以不断拓展微信好友。摇一摇和二维码功能被业界普遍认为是微信实现绝杀竞争对手的微创新,这两项功能虽然都是微信在国内产品上的首创,但仍是在一定程度上复制了国外相关产品的先进技术。比如2011年8月16日日本公司发布的语音聊天产品Line,新增Shake it!(也就是摇手机加好友)和QR码(二维码的一种)添加好友的功能。

不过,这两个功能在微信上大获成功而广受用户青睐,还是因为微信在细节上比国外先行者要做得好很多。比如在摇一摇的第一个版本中,晃动手机之后的效果除了震动之外,听觉上是响亮的来复枪上膛声,视觉上女性用户呈现为维纳斯雕像,男性用户则是大卫雕像。

(4)国际化拓展:国际化版本和广播电台接驳

中国互联网企业历史上有很多开创性的产品,进化论无论在理念上,还是在模式上均大幅度领先于欧美公司,比如百度的问答和百科。然而中国的互联网公司只是将眼光聚焦在国内市场而忽视了国际拓展的机遇,因此之前只发布中文版本,从而失去国际化的最佳契机,但是微信的规划却并非如此。

微信的前三个版本都只有中文版,但到了3.5版本,微信在中文版基础之上叠加了英文、法语、德文等12种外文的国际版,随后将语种扩充到19种。除了语言,微信在用户体验上也跟随语种一并做出诸多微调,以适应当地市场的用户偏好。作为发布国际化版本的直接结果,微信在2012年一举拿下15个国际市场的社交类苹果商店应用下载第一位,其中既包括华人聚居的新、马、泰,也包括华人占比不高的拉丁美洲和中东诸国。目前,微信的海外用户已经超过7000万人,与美国的WhatsApp、韩国的Kakao talk、日本的Line并列为全球四大手机即时通信工具。

国际版本的迭代,标志着微信在彻底稳住国内市场领先位置之后,实现了关键一步的战略布局,而这种布局是依靠软件已有版本的多语言升级,以及国际用户体验的局部改善来完成的。目前,腾讯正在向各个区域市场派驻地面推广人员,但这是建立在产品本身已经在当地打开局面的基础之上。马化腾甚至认为,微信将会是其有生之年能够看到的为数不多的腾讯国际化战略成果。在这个阶段,还有一个有价值的拓展,微信首次借助语音通话的业务尝试叠加广播电台运营辅助模式。微信新增加的模块可以让广播电台的主持人通过一个简单的后台,随时发布语言信息并管理听众反馈的信息,实现真正的交互式电台播放。这一模块的出现,打破了以往广播电台主持人那种冷冰冰的播报以及伪造听众短信的模式,开启了一种鲜活生动的互动演播。这个模块随后被大量传统广播电台所采用,主持人积极主动地持续告诉他们的听众:"用微信爆料更方便、安全。"这种状况像极了媒体不断引用微博内容的局面。而开心网、新浪微博、百度百科等创新惯例告诉人们,一旦传统媒体开始主动地免费宣传,该产品就已经成功了。

(5)平台化创新:以微创新方式将工具变成平台

米聊的"熟人社区"最早将QQ空间那种在好友关系链上分享图片等信息的功能集成到手机上来。微信产品4.0版本精妙地构建了一个允许用户将文字、图片、音乐、视频等资讯内容基于个人的私密关系链实现小范围流转的模块,微信团队将此模块命名为"朋友圈"。朋友圈的模式同样也不是微信首创,微信4.0版本发布时,业界基本上一致认为这一模式是照搬Instagram或Path。但是几乎所有人都没有发掘微信"朋友圈"里蕴藏着的微创新,也看不到这是在QQ关系链上做社交网络服务的有机尝试,以及微信如何借助各种局部的改善来规避可能极大伤害用户体验的风险。当业界其他竞争者只是对其他产品的关键功能进行单纯的复制抄袭时,微信与竞争者的距离正在不断拉大。

微信"朋友圈"最早用"图片"分享作为最直接的切入点,设置巧妙且好玩,用户在微信上分享照片,进而养成了愿意分享所有一切喜欢内容的使用习惯。朋友圈因为好玩而迅速得以推广,大量非私密信息通过朋友圈得到了更大的流转空间;为了将关系链微妙的用户体验处理到位,微信团队对于原本简单的Path模式做了非常精细化的改造。例如对用户关系进行精密的隔离与控制,强关系链范畴内的好友才可以同时看到并且评论,不同关系链内的内容各项隔断并有准确的衔接点。在4.0版本之后,可流动的内容拓展到几乎所有手机上能够阅读的内容,一方面优质的内容借助可信度很高的微信关系链可以进行高质量的传播,另一方面,微信也通过内容,让不断优化的社交关系链变得无比壮硕。

微信朋友圈的兴起,几乎在一瞬间消除了腾讯的两大忧患。除了米聊等同类产品的没落,腾讯另外一个竞争对手新浪微博也遭遇重大打击。有关数据显示,2012年全年,新浪微博的活跃度同比下滑至少30%,而在那一年,3亿微信用户的朋友圈活跃度上升了60%以上。很多用户前几年养成去新浪微博分享和找好玩的内容的习惯,在2012年变成了打开微信朋友圈分享和寻找好玩的内容。

(6)跨界迭代扩张:迭代到更加广泛的价值空间

在第六个阶段,微信继续推出的高质量创新服务多到让人眼花缭乱。4.0至4.5版本期间,微信先后推出了语音/视频通话功能、微信网页版、企业公众账户关注/信息订阅功能等。这些功能发布本质上是微信仰仗通信工具的业务基础,进入多个原本不属于腾讯公司的价值区间。微信的语音/视频功能直接颠覆的对象是电信运营商,用户不仅不需要支付短信费,也不需要再单独购买视频通话的3G服务。2012年春节,多姿多彩的图文动画形式的拜年微信信息转瞬间将拜年手机短信取而代之,持续增长10年的中国移动在2012年短信收入锐减,整体业绩也步入了零增长阶段。中国移动随后借助舆论弹劾微信,并以"占用了更多的信令"为由,谋求对微信收取更加高昂的移动互联网通道费。然而从长期来看,微信网页版基本替代了中国移动飞信,实现打通电脑和手机的功能。微信企业公众账号的推出,对新浪微博平台上的口碑营销价值链形成了巨大冲击,大批营销账号开始迁徙微信,连新浪自己的门户(Portal)频道也开始在微信上建立推广账号。

(7)移动商业帝国初成:微信商业化时代的到来

2013年8月9日,微信5.0版本正式在腾讯自由应用市场应用宝首发,尝试功能更为强大的微信商业化要求。5.0版本围绕着一个中心点——微信商业化如何做,增加了多项新功能,同时调整了多项老功能。如何做到商业化不伤害产品,产品又能托起商业化诉求,这是对微信5.0版本的最大挑战。从微信产品在以下几个方面的尝试,可以窥探微信团队在寻找这种平衡点时所做的努力。首先是微信支付,作为5.0版本新增功能,微信支付支持Web扫码支付、App跳转支付和公众账号支付。一旦绑定银行卡,以后支付不需要输入繁复信息,仅需输入微信支付密码就可以完成交易。微信支付让那些开设公众账号的商家更容易实现交易,而对商业社会规则的震撼性影响则是之后推出的直接扫码支付功能。

另外,"扫一扫"功能也得到改进,为微信的商业化想象力提供了无限可能。微信5.0版本的"扫一扫"功能包括:二维码、条形码、封面、街景、翻译。每个功能都可看成是某种商业化尝试。微信游戏也是微信5.0版本商业化的一种尝试。微信5.0版本的启动页是一款小游戏,这个选择让腾讯内部使用测试版的一些员工也感到惊讶,凸显了微信以游戏平台为开端推进商业化步骤的策略。微信游戏平台具有极大的潜力,行业前景也令人倍感乐观。首要的利好消息便是不久前被百度以19亿美元收购的91无线,该公司已经每月可以从移动游戏业务中获得1000万元营业收入,而移动(手机)游戏方兴未艾,金矿远远没有被挖掘出来。由于微信尝试在移动平台上塑造全新的移动互联网,从微信5.0版本中人们看到了移动商业世界的价值。人们结束游戏后,还可以在微信的信息消费世界里进行扫一扫购物等。这个完整的闭环,是腾讯的战略棋局。最后,折叠公众账号是微信公众平台去媒体化的举措。从2012年8月公众平台上线,到2013年6月微信产品助理总经理曾鸣提出"微信不是一个纯粹营销工具"为止,公众平台上的账号以媒体传播的方式推送消息愈演愈烈。

案例使用说明：

一、教学目的与用途

1. 本案例主要适用于创业学、管理学等课程。
2. 本文是一篇描述腾讯微信通过迭代微创新推进结构性创新的教学案例，其教学目的在于使学生对企业发展、创新等问题具有感性的认识及深入的思考。

二、启发思考题

1. 你如何理解微创新？
2. 你如何看待微创新对微信业务的影响？
3. 从一名创业者的角度试论述通过微创新的途径谋求企业转型升级。

三、分析思路

从腾讯微信的发展历程来看，微信自项目开启时就建立了差异化的思维，用差异化的方法解决问题，这在一定程度上说明微创新战略的本质是差异化战略。微信微创新呈现具有规律意义的两个核心点：一是从小处着眼，体察、贴近用户的需求心理；二是专注一个方向，快速出击，不断试错。微创新并不意味着就能一炮走红、一招制敌。微创新需要持续不断地寻找用户的关注点，然后持续快速地响应用户反馈，改进产品以满足用户需求，积少成多，实现商业模式创新。

四、关键要点

颠覆性创新从来不是在一夜之间发生的，就互联网领域而言，需要把握信息体验消费市场的特征，紧紧围绕用户的碎片化、速变化的动态体验需求进行持续局部改进和细节创新。

腾讯微信"整合"与"迭代"微创新战略成功实施的条件，首先是成功抓住了互联网技术范式转变，即PC互联网范式向移动互联网范式转变的机遇，利用敏锐的市场洞察力、快速的响应能力，以"迭代微创新"实现技术跨越，获取竞争优势，成为领先企业。

参考文献：
罗仲伟,任国良,焦豪,等.动态能力、技术范式转变与创新战略[J].管理世界,2014(8):152-168.

(撰稿人：江西环境工程职业学院　谭贻群)

奇米网络的"九块邮"

> **摘要：**
> 本案例以武汉奇米网络科技有限公司为背景,描写了一支年轻且充满激情的团队,凭借首创的"九块邮"等差异化竞争,精准"抢滩"成功,并在一年内完成两轮融资,成就了国内折扣特卖电商第一品牌和国内成长最快的互联网电商企业之一。这一案例为创业团队的产品定位、商业模式及人才建设提供了有价值的借鉴。
>
> **关键词：**
> 奇米;互联网创业;折扣特卖;战略定位

0 引言

武汉奇米网络科技有限公司坐落于湖北省武汉市中国光谷软件园,由一批 IT 界资深人士创立。公司聚集了互联网业界精英,现有在职员工数百名,数千平方米办公场地,是华中地区最年轻的移动互联网公司。公司秉承服务于消费者,为消费者节省每一分钱的文化理念,形成了独特的企业文化。这支年轻的创业团队,从白手起家走到今日获得 8500 万元融资。在奇米创业团队看来,强化产品思维在"互联网+"背景下依然十分重要。

1 公司背景

武汉奇米网络科技有限公司(以下简称"奇米科技")由黄承松创建于 2010 年,是一家年轻的正在高速成长中的创业型公司。奇米专注于电商营销及消费者服务,旗下有卷皮折扣、卷皮九块九包邮等 APP 和网站。经过多年的专注耕耘,奇米科技凭借独特的产品定位、创新的商业模式和有机的人才建设,在获得广大消费者和商家认可的同时,亦成为中国发展速度最快的互联网电商公司之一。

(1)奇米企业文化

企业核心价值观:务实诚信,思利及人,用户至上,共享共赢。

愿景与使命:致力于成为改善大众生活品质的卓越移动电商企业。

（2）奇米旗下的 APP 和网站

①卷皮折扣

卷皮于 2012 年 8 月正式上线，运营有 APP 和网站，是国内领先的优质折扣平台，专注提供新兴品牌的折扣商品，主要涵盖服饰、母婴、居家等热门品类，开创了"优质精选+折扣特卖+限时抢购"的创新商业模式，每天 10 点上线新品，限时限量抢购，售完为止。

②卷皮九块九包邮

成立于 2011 年 4 月。卷皮九块九包邮是国内最大的 9.9 元包邮平台，也是九块九包邮商业模式的首创者。通过卷皮九块九包邮，用户可以以超低价格购买到优质商品，同时也为合作企业和商家增强了品牌知名度。

（3）奇米科技所获荣誉

2013 年，奇米科技 CEO 黄承松获得湖北省大学生创业大赛亚军，武汉"青铜计划"创业先锋。

2013 年，奇米科技获得湖北省 2013 年第三批高新技术企业。

2014 年，奇米科技荣膺创青春全国大学生创业大赛"金奖"。

2014 年，奇米科技荣获 2014 年年度中国创新成长企业百强"创业邦 100"。

2015 年，奇米 CEO 黄承松入选"2015 年福布斯中国 30 位 30 岁以下创业者"榜单。

2016 年，卷皮入选工信部发布的中国互联网企业 100 强榜单。

2017 年，卷皮入选投中 2016 年度最佳互联网投资案例。

（4）奇米投资者关系

2014 年 2 月，奇米科技获汉理资本、纽信创投和联创 5000 万元人民币 A 轮投资。

2014 年 12 月，奇米科技获全球顶级风险投资机构软银赛富 3500 万美金 B 轮投资。

2016 年 4 月，卷皮宣布完成总金额 6 亿人民币的 C 轮融资，分别由天图资本、招银国际领投。

2 CEO 黄承松

"他是一个有着太多优点的 boss，有敏锐的商业智慧与儒雅，不失幽默的谈吐，有惊人的魄力与坚强的毅力，甚至还有点小帅。"在卷皮员工眼中，1987 年生的 CEO 黄承松有着与年龄不符的睿智与冷静。在福布斯 2015 年中国 30 位 30 岁以下创业者榜单(30 Under 30)评选中，黄承松首次入选该榜单，在媒体争相报道他时，他却显得尤为淡定。黄承松表示，一路走来对他帮助最大的是公司拥有一支优秀且专业的互联网团队。正是公司团队踏实肯干，沉下心来做产品、做运营，才使企业有了不断创新和发展的源泉。

（1）高中时代就开始网络"掘金"

与大多同龄人一样，黄承松从小就对新的事物十分热衷，凡事总喜欢刨根问底。

他的这种执着,也让他比别人想得更多,看得更远。进入高中后,黄承松开始接触电脑。当同学们不是打游戏打得风生水起,就是上网聊天聊得火热之时,他却通过电脑掘到了人生的第一桶金。"花了20天研究软件,赚了4000块钱!"黄承松说,互联网时代,遍地都有机遇和商机,只要看得准,下手快,就有成功的希望。黄承松被保送华中科技大学后,高三下学期就闲了下来,做起了全职软件开发。从那时候起,他再也没有向家里要过钱。从高中到大二上学期那段时间,经济来源主要靠写程序挣得。

(2)第一次"触网"创业失败

2010年8月,还在读大二的他开始尝试创业,注册了一家互联网公司,用兼职赚到的钱作为创业资金,做电商导购网站。电商导购网站就是消费者通过他们的平台渠道,购买其他大型电商商户的产品,累计积分,然后他们根据买家所积累的积分,得到相应的返利。谁知,看似前景很好的平台渠道,真正运作起来并不简单,加之同类网站竞争激烈,大的电商平台担心利润被挤压等原因,黄承松的第一次尝试以失败告终。"差点连吃饭钱都折腾光了!"回忆起当时的窘境,黄承松至今记忆犹新,坦言不仅积攒的钱打了"水漂",身上也只剩下几十块钱。

这次失败,黄承松思考得最多的不是折腾出去了多少钱,而是失败的原因究竟在哪里。经过三个月深思熟虑,黄承松悟出了一个道理:做网络要不断创新,不断超越自己,才能走得更远。

(3)大学毕业,创立"卷皮网"

2012年4月,黄承松刚从华中科技大学毕业,就创立了"九块邮",九块九包邮成为国内这一商业模式的首创者。不过,在黄承松看来,人们选品牌货会想到"淘宝",选电器会想到京东,消费能力好一点的会选"唯品会"。在18~35岁群体中,收入差别很大,消费能力也各异,不是每个人都会选品牌货,选择低价实惠的群体并不在少数。如果补齐完善这一空间,必将大有可为。

2012年8月,黄承松创立的折扣精选特卖网站"卷皮网"正式上线,主要瞄准"草根"消费人群,定位为"低价版唯品会"。卷皮网专注低端市场,从高性价比入手,与唯品会覆盖中高端市场形成差异化竞争。说起来容易做起来难,要想做到所有的货品是网络上的最低价并非易事。为了控制成本,一方面与许多品牌厂家建立了很好的信任合作关系,其中有10多万大小商家,1000余家独家合作品牌商;另一方面,千方百计地精打细算,努力打造全国首家买手制电商。

机会总垂青有准备的人,黄承松的"卷皮网"很快地在电商界崭露头角。2012年销售收入近1亿多元,2013年销售达7亿元,2014年全年销售收入达25亿元。2017年成交规模近百亿元,用户突破1亿,成为国内折扣特卖电商第一品牌和国内成长最快的互联网电商企业。

3 公司的产品定位及策略

(1)产品定位

公司产品的首要标准就是看用户需求,基于需求来分析市场体量与层级。综合电商平台生存虽然不错,但投入成本过高,对于小成本创业来讲是可望而不可即的。

因此,公司把目光聚集在了更具服务性质的电商导购,从为商家服务做起。在此之前的唯品会、聚美优品等已经相当成功了,聚美优品之所以成功的原因是其切入了一个快速增长、集中度低、高毛利率的市场;而唯品会则是在品类品牌选择上抓住了国内三、四线城市消费者的强购买心态,且迎合了国内高端品牌清库存的心理。值得注意的是,这些平台无一不聚集于行业内较高端的消费市场或者垂直细分市场中。当前,国民消费越来越趋于理性,追求更低价的消费人群仍然占绝大多数,市场上需要一款从性价比入手,专注优质商品折扣的电商平台。

卷皮从性价比入手,将自身定位于一家提供客单价百元以下区间的折扣特卖平台,专注提供新兴品牌的折扣商品,主要涵盖服饰、母婴、家居等热门品类,开启"优质精选+折扣特卖+限时抢购"的创新商业模式,每日10点新品上线,限时限量抢购,售完即止。

2012年,"卷皮"正式上线。在武汉经过一年多的模式试验和创新后,2014年,奇米在深圳成立了公司,借助珠三角线下资源和人才优势,旨在构建折扣特卖电商的新生态圈。

(2)产品突围思路

在互联网的激烈竞争下,一款产品、一个品牌的兴衰成败,很大程度上取决于用户忠诚度的高低。对奇米而言,用户对卷皮的持久关注与否,也考验着公司的商业模式和赢利能力。要想让用户持续关注一个电商平台,平台本身要有明确清晰的定位。基于这个前提,奇米科技依靠精细化运营思维逐步打造折扣特卖电商生态圈。

(3)产品策略及战术

电商领域的精细化运营包含两个方面,一来对商家资质的严格把关,同时也包括对款式、质量及服务的精准把控,用标准化、精细化的服务和移动化、去中心化的产品策略,整体提升平台的精准到达率和消费体验。

而在产品策略上,奇米遵循了极致、精简的原则。首先,为迎合女性的消费心理,在原有丰富商品的基础上,公司把类目更加垂直地做到服饰折扣、母婴折扣和家居折扣上。这样就强化了移动端场景化的购物体验,通过弱化搜索功能达到"去中心化"目的,培养了用户"逛"的习惯。同时,根据用户在移动端随意化、碎片化、场景化的消费行为习惯,对产品进行了扁平化的修改,让购物更方便、快捷。

(4)价值链的构成

做电商必须面对的问题也是奇米最需要解决的问题,解决得好与坏直接关系到核心竞争力能否建立。在不断尝试中,奇米形成了一套"独家品牌折扣+专业买手团队+限时限量抢购+规模效应"的核心价值链构造。

(5)奇米科技的未来

在卷皮的3000多万用户中,女性用户比例占到70%,当前日订单超过20万,平台月交易额数亿元,2014年全年交易额突破25亿元,已经是当时中国发展速度最快的移动电商平台之一。

在顺利完成B轮融资后,奇米将着眼于一些生态业务尝试:通过用户群体的区分与研究,对目标群体的特性进行研究和区分;客户端的完善,提升整体视觉和交互体验,增强信息的推送和多角色互动性内容;保持服务创新,多角度多手段进一步优化整体服务流程,让卷皮更好地服务用户,服务商家。

案例使用说明:

一、教学目的与用途

1.本案例主要适用于创业学、管理学等课程。

2.本文是一篇描述武汉奇米网络科技有限公司发展历程的教学案例,其教学目的在于使学生对互联网创业的产品定位、商业模式等问题具有深刻的认识及深入的思考,从"85后"大学生的创业经验出发,让学生明白梦想虽然很遥远,但并非遥不可及。

二、启发思考题

1.你如何看待奇米创业团队的产品定位?
2.你如何看待奇米网络公司的企业文化?
3.奇米创业团队一年内两次融资成功的原因是什么?
4.你如何看待奇米网络的未来发展?

三、分析思路

教师可以根据自己的教学目标来灵活使用本案例。这里提出本案例的分析思路,仅供参考。

奇米创始人黄承松刚大学毕业,就创立了"九块邮",九块九包邮成为国内这一商业模式的首创者。通过消费群体分析,奇米团队发现在18~35岁群体中,收入差别很大,消费能力也各异,不是每个人都会选品牌货,选择低价实惠的群体并不在少数。如果补齐完善这一空间,必将大有可为。为此,黄承松创立折扣精选特卖网站"卷皮网"并正式上线,主要瞄准"草根"消费人群,定位为"低价版唯品会"。卷皮网专注低端市场,从高性价比入手,与唯品会覆盖中高端市场形成差异化竞争。机会总垂青有准备的人,黄承松的"卷皮网"已很快地在电商界崭露头角,成为国内折扣特卖电商第一品牌和国内成长最快的互联网电商企业。

产品的核心就在于一定要像上帝一样了解用户。当真正理解了你为用户提供的是什么,你才会知道你的用户究竟是谁,喜欢什么。用户坚信"昂贵不一定好,精准才是好的"。同样价格的商品对于不同人来说,价值是不一样的,人们在判断自己

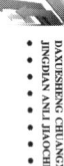

"有多想要一件物品"时,除了受到该物品价格的影响,还受到个人喜好、场合等更多更复杂因素的影响。对创业团队而言,最怕的是丢了最初的创业梦想,卷皮团队一直不忘创业之初的梦想:让购物变得更省时、省心、省钱。如今,卷皮折扣已经完成两轮融资,随着公司规模的不断壮大,商业大潮中的黄承松也将继续迎接挑战,其中的挑战只会比以前更大。但他表示,卷皮折扣将一如既往为用户"解渴",关注低收入人群、关注购物体验、关注互联网,并最终成为一家"伟大公司"。

四、关键要点

1.找准企业的产品地位,吸引消费群体。在本案例中,奇米公司将顾客群体定位为中低收入者,并实现了产品的针对性推广,取得了成功。

2.制定合理、有效的产品策略。在本案例中,奇米的产品策略遵循了极致、精简的原则,在原有商品丰富的基础上,公司把类目更加垂直地做到服饰折扣、母婴折扣和家居折扣上,这样做强化了移动端场景化的购物体验,更大地满足了消费者的购物需求。

(撰稿人:江西医学高等专科学校　汪　炜)

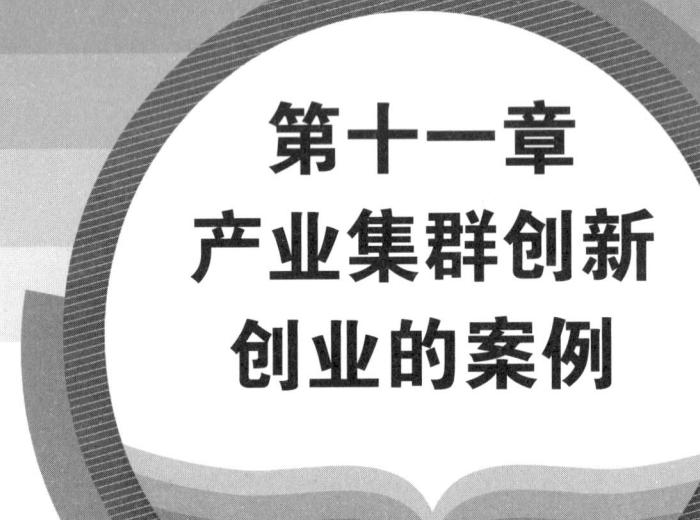

第十一章
产业集群创新创业的案例

文化创意产业之都：伦敦

> **摘要：**
> 本案例以产业集群创新创业发展为背景，通过对伦敦文化创意产业的发展背景、发展模式进行描述，分析了伦敦模式的利弊及其应用效果。这一案例为学生更好地了解产业集群和文化创意产业的形成与发展提供参考。
>
> **关键词：**
> 伦敦；产业集群；文化创意产业

1 伦敦文化创意产业发展背景

第二次世界大战以后，英国国内一方面由于受到战争和经济危机的影响，传统工业日益萎缩；另一方面，此时的英国政府缺乏有效的产业政策以及对教育和人才培养不够重视，英国经济增长乏力，于是出现了世界经济中的"英国病"现象。面临困境，英国政府于20世纪90年代初果断选择了大力发展文化创意产业。伦敦，英国的首都，曾经的世界工业中心，在最近的20余年间完成了它华丽的转身。伦敦都市圈，以伦敦、利物浦为轴线，包括伦敦、伯明翰、谢菲尔德、曼彻斯特、利物浦等数个大城市和众多中小城镇。由伦敦城和其他32个行政区共同组成的大伦敦是这个都市圈的核心。作为整个都市圈的龙头，这片约1600平方千米的土地，曾经是整个世界的工业中心，继而演变成世界金融和贸易中心。以创意产业为主的新兴产业开始在大伦敦地区异军突起。凭借着每年210亿英镑的产出值，创意产业目前已经成为仅次于金融服务业的伦敦第二大支柱产业。

2 伦敦文化创意产业发展的条件

经济环境：虽然"二战"和经济危机的影响使英国经济发展受到重创，然而作为老牌资本主义国家，到20世纪90年代英国人均GDP已超过1万美元。根据国际经济数据显示，国家人均GDP达到5000美元后，国家经济的增长主要靠创新产业驱动，英国居民消费水平的提高使得文化需求成为创意产业发展的动力。

区位优势：伦敦是一个历史悠久的城市，是英国的政治中心、经济文化中心。伦敦汇聚了世界一流的时尚创意人才，具有顶尖的设计师、著名的作家和艺术家等人才资源,例如,麦克奎恩、凡高、萧伯纳、缪丽尔·斯帕克、戴维·洛奇。世界上许多改变生活方式的重要发明和创意灵感均源自伦敦,如斯蒂芬森的火箭、Pilot ACE 计算机、因特网等。此外,伦敦是一个非常多元化和充满包容性的大都市,来自世界各地的居民,多元化的种族、宗教和文化在这里融合。伦敦亦是世界闻名的旅游胜地,拥有数量众多的名胜景点与博物馆等,例如,白金汉宫、泰晤士河、大英博物馆、英国国家美术馆、自然历史博物馆等。伦敦这些独特的区位优势给创意产业提供了广阔的发展空间,并刺激了文化创意产业的发展。

机遇条件:20 世纪末,英国陷入经济困境,国内急需寻求改革创新,加之英国政府的强力支持,给文化创意产业在英国国内发展提供了良好的内部环境;1998 年的经济危机以及创意产业在全球范围内刚刚兴起,使伦敦文化创意产业在外部也面临着较好的条件。

在以上背景下,伦敦市政府抓住机遇,勇于创新,率先发展文化创意产业,以政府主导模式成功发展了伦敦文化创意产业。

3 伦敦文化创意产业发展模式

政府主导型创意产业发展模式通常是政府作为产业发展的主体与主导推动力,其通过制定相关政策措施与发展战略,实施相关的税收、公共服务等优惠措施,促进某一地区创意产业的迅速形成并高速发展,从而实现创意产业的跨越式大发展。政府主导型模式如下图所示。

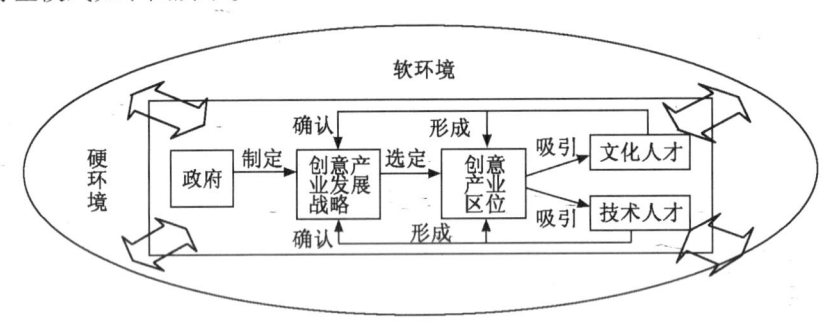

政府主导型文化创意产业发展模式

伦敦文化创意产业发展模式是以政府为主导,通过制定创意产业发展战略,选定适合文化创意产业发展的区位以吸引文化创意产业的文化和技术人才,并通过影响文化创意产业发展的硬环境和软环境而形成创意产业区位,从而使政府确认所制定的发展战略。

(1)硬件环境

伦敦作为一个世界城市以及欧洲的主要金融商业服务中心,同时,作为一个全球重要的交通运输枢纽,教育、文化及娱乐中心,伦敦已成为一个使用多语种的、年轻的流动性城市。伦敦都市(London Metropolitan Area),包括大伦敦区及外伦敦,金融业和金融区的发展对大伦敦地区和英国经济发展具有重要的牵引作用。2004 年,伦敦就业人口数量达到 350 万。伦敦在英国经济甚至欧盟经济中的地位、发达的金融服务业、城区地理特征等都影响着伦敦文化创意产业的发展。

（2）软件环境

一是政府制定的文化创意产业发展战略。伦敦市政府为推动文化创意产业的发展出台了诸多相关政策。1997年，布莱尔担任英国首相后成立了创意产业小组，并发布了《创意产业勘察报告》，将创意产业发展列为国家发展战略。2003年，伦敦市长提出的伦敦市文化战略目标是维护和增强伦敦作为"世界卓越的创意和文化中心"声誉的重要举措，伦敦成为世界级文化城市。为营造使创意具有经济性的环境，伦敦提出了"创意城市"理念，以吸引年轻的创意人。除此之外，为创建"创意伦敦"，伦敦发展局文化创意产业企业提供了一系列的资金支持。2005年3月，设立了"创意之都基金"，为伦敦创意产业企业提供了资金支持，基金原资产净值达500万英镑，加上其他融资，其资产达到了1亿英镑。

二是政府确定的创意产业区位。创意产业区是一个不断自我更新和自我加强的正反馈系统，伦敦市政府根据该市文化创意产业发展的实际情况确定了创意空间及发展类型，然后按其所需提供相应的软件和硬件设施，并大力宣传吸引相关人才聚集。随着产业区规模不断扩大，更多创意人才和机构被吸引进来，旧城区的功能与面貌发生了根本转变，演变成集生产、居住和时尚消费于一体的高档区，如伦敦的泰晤士河南岸创意产业集聚区、伦敦利物浦创意产业集聚区等。

三是政府大力支持创意人才培养。文化创意产业需要大量的创意人才，伦敦市政府为此做出了很多努力。如刻意为创意产业提供实习岗位，鼓励更多高等院校设立创意专业等。此外，为了激发下一代的创造意识，伦敦市政府提出了"发现你的才能"计划，从学前班至大学，学校为每位学生提供每周至少5个小时的"高品位的文化体验"，政府还投入了大量资金用来支持学校相关的音乐课程，以便发掘"被埋没的莫扎特"。

（3）硬、软环境互相作用、互相影响

由以上分析可以看出，政府在创意产业区的形成与发展中起到了主导作用。首先由政府根据区域经济发展的实际制定创意产业发展规划与战略目标，确定创意产业发展的类型，并选定有潜力的创意空间，然后按照创意产业区发展的需要打造适合创意萌生的创意氛围，吸引创意人才集聚产业区发展创意产业，在政府政策的推动下使适合文化创意产业发展的硬环境与软环境互相作用、互相影响。

软环境对硬环境的影响：文化创意产业在政策、制度、价值观念、文化等软环境的支持下，不断扩展其影响力，使周围人才、企业、高科技设备等硬环境设施聚拢，共同形成文化创意产业集聚区。软环境因素对硬环境的选择提供政策、财政导向，硬环境因素在软环境的作用下集聚发展。

硬环境对软环境的影响：适合文化创意产业发展的产业园地、人才、技术、资金等硬环境因素在政府政策战略支持下不断形成创意产业氛围，吸引中小企业投资形成文化创意产业集聚区。硬环境作为外生因素，只有形成有利于文化创意产业发展的先决条件，软环境才能应运而生，因此硬环境是软环境发展的基础和保证。

4　伦敦文化创意产业发展模式的利弊

(1)伦敦模式的优点

一是有利于政府宏观调控创意产业的发展局面。由政府成立的"创意伦敦"工作协调小组、伦敦的创意产业工作组等机构,广泛地收集与文化创意产业有关的各种建议,向政府提出了很多具有针对性的建议和时效性很强的研究,为政府制定有效政策并掌控文化创意产业的发展提供了有效的保证。一方面是在国家内部,既采取一系列措施鼓励创意产业领域的市场竞争又制定相应的政策和投入大量的资金扶持,促进创意产业的发展。另一方面,在国际市场竞争中,伦敦政府利用国家力量积极推动创意产业的多方合作,来塑造其良好的国际形象。如2003年4月以来,英国举办的"创意英国(Think UK)"系列活动,从商业、艺术等各方面塑造了现代英国形象。

二是更快推动伦敦文化创意产业"国际化"。伦敦政府致力于将创意产业"国际化",本着互利共赢的原则,积极开展国际创意产业的交流活动。为拓展国际交流合作的空间,2003年起,"创意伦敦"工作协调小组与伦敦发展署共同发起了伦敦设计节(London Design Festival),并在2010年的9天内举办活动超过200场,参与人员达到35万人,范围覆盖全球所有主要国家。除此之外,2002年开始举办的创意集群(Creative Clusters)年会,也成为推动伦敦文化创意产业国际化的举措。

三是解决中小企业资金问题。"创意伦敦"工作协调小组通过一系列项目对中小企业提供资金支持。为鼓励中小企业的创新活动,2005年成立伦敦科技基金促进伦敦高技术产业的发展等,并通过设立"创意之都基金",为伦敦创意产业中有才华的企业家或商人提供财政资金支持,并对创意产业从业人员进行技能培训。这些措施促进了英国创意产业的发展。

四是培养了大量创意人才。创意产业蕴含着以人为本的精神,它是一种人本化的现代知识服务业,它以人的创造性思维为最重要的经济资源。随着伦敦创意产业的迅速发展,创意产业人群也在不断扩大。根据伦敦官方统计的数据,2009年伦敦创意产业产值约占英国GDP的8%,在全球则占到GDP的7%。伦敦创意产业就业人数超过50万,其中有10万人从事电影和传媒业。

(2)伦敦模式的不足

一是模式遭到疯狂复制。伦敦的产业优势也遭到多方面的挑战,如游戏软件行业,在加拿大、韩国的联合夹击下,伦敦在世界游戏业的实力排名已经从第三下降至第五。因此,伦敦模式仍需要加强建设自身独有的优势,依据本国文化创意产业的发展状况及时调整政策,制定科学合理的发展方向,不断完善政府主导模式。

二是政府对中小型企业资金支持不够。按照传统做法,英国政府不干预文化市场的具体运作,资助一般只占这些机构收入的30%左右,其余靠自创收入和社会赞助。而许多在经济危机中惨淡经营的小型工作室抱怨,希望资金扶持比例能大幅上调,而且政府的办事效率太低,等候时间过长。因此,政府在支持文化创意产业发展的同时更应该关注支持中小企业的创意发展,为其提供及时、有力的资金支持,确保文化创意产业顺利发展。

三是面临政府政策转变的风险较大。伦敦政府主导型文化创意产业的发展模式,受政府行为的影响较大,一旦政府政策转变,文化创意产业的发展可能面临巨大风险。如人们在等待伦敦市政府推出更多刺激创意产业兴盛的决策时,伦敦乃至英国都把工作重心放在发展绿色经济和迎接2012年奥运会上,再如伦敦为重塑国家形象大打"绿色牌",对文化创意产业的发展能否起到实质性的推动作用受到各方专家的质疑。为此,政府在制定文化创意产业发展政策时要充分预测政府干预所给文化创意产业发展带来的不利影响,力求做到政府政策的导向最大限度地利于文化创意产业的发展。

5 伦敦文化创意产业发展模式效果分析

(1) 带来了巨大的经济效益

伦敦文化创意产业的发展使得伦敦文化创意产业给英国带来了巨大的经济效益。创意产业已经成为伦敦最大的产业之一,年产值超过250亿英镑,总产出和就业仅次于金融、商业服务业,并保持年均4.5%的增长速度。2012年伦敦奥运会给伦敦文化创意产业的发展注入了新的活力,伦敦奥组委官方网站在奥运会前公布的消息显示,伦敦奥运会有7000份直接合同以及由此带来的供应链,总共可能产生7.5万个商业投资机会,带来80亿美元的商机。除此之外,英国广播公司(BBC)首次推出3D直播,大大提升了收视率。

(2) 创意阶层为伦敦创意之都的地位提供了保证

所谓创意阶层,是指需要创意的职业,包括科学家、工程师、诗人、艺术家、设计师、卫生及法律从业者、高科技和知识密集型行业的从业者。随着伦敦创意产业的迅速发展,创意产业人群也在不断扩大,而且具有了相当可观的规模。创意阶层为伦敦提供了源源不断的新创意,保证了伦敦"创意之都"的地位。

(3) 伦敦成为多元化的全球创意中心

文化创意是以文化为依托的,多元文化是文化创意产业不可或缺的激励因素。全球经济的一体化加强了世界各国之间的交流与合作,使来自不同地域、拥有不同文化背景的人的交流越来越频繁。伦敦聚集了来自世界各地的时尚理念、艺术、音乐等,涵盖500多种语言,几乎1/3的伦敦人来自外来民族。各种文化的交流、互动,造就了伦敦成为全球创意中心的地位。

案例使用说明：

一、教学目的与用途

1. 本案例主要适用于创业学、管理学等课程。
2. 本文是一篇描述文化创意产业之都伦敦发展模式的教学案例，其教学目的在于使学生对文化创意产业和产业集群创新创业等问题具有感性的认识及深入的思考，通过了解文化创意产业的发展背景、伦敦模式及其利弊等方面的内容，学会分析问题、解决问题的方法。

二、启发思考题

1. 你如何评价文化创意产业之都伦敦的发展模式？
2. 你如何看待伦敦文化创意产业发展模式的利弊？
3. 对于我国的城市经济和文化发展，如何借鉴伦敦模式以发展文化创意产业？
4. 伦敦文化创意产业发展模式给我们带来了哪些启示？

三、分析思路

教师可以根据自己的教学目标来灵活使用本案例。这里提出本案例的分析思路，仅供参考。

根据本案例的叙述，伦敦文化创意产业的快速发展使得世界各国、地区争相研究、借鉴伦敦模式，伦敦模式对文化创意产业发展提供了一系列的启示和借鉴。

一是文化创意产业的发展需要政府的全方位推动。伦敦模式最主要的特点就是政府的大力支持。

二是加大文化创意产业集聚区建设。文化创意产业集聚区的建设是引领文化创意产业发展的关键。伦敦政府对东区、西区、SOHO 区等集聚区都大力加强文化创意产业园区建设，形成了具有鲜明特色的创业园。

三是加强知识产权保护。伦敦文化创意产业的蓬勃发展与知识产权的法律保护密不可分。20 世纪 90 年代，英国先后颁布了新的《广播电视法》《电影法》《著作权法》《英国艺术组织的戏剧政策》等一系列法律和法规，为伦敦文化创意产业的发展提供了一个良好的市场环境和公平的竞争格局，确保了文化市场的持续繁荣。

四是营造良好的创意氛围。创意氛围是发展文化创意产业的外部保证。伦敦发展署通过教育培训推介支持公民的创意生活，并为公民提供很多接触创意的机会，如免费开放博物馆和数字化的数据档案等。

（撰稿人：九江职业技术学院　周俊　彭晓兰）

窑火千年的瓷都：景德镇

> **摘要：**
> 　　本案例从景德镇制瓷业的起源、发展、鼎盛、衰退和复兴等不同历史阶段，描述其产业及产业集群的独特发展路径，从区位、资源、品牌、人才及政策等多个方面阐明对产业及产业集群发展的重要影响。本案例对大学生了解产业及产业集群有重要的意义。
> **关键词：**
> 　　景德镇；陶瓷产业；产业集群

0　引言

也许是从"新平冶陶"开始，景德镇便与陶瓷签下了千年契约。千年不熄的窑火为证，景德镇因陶瓷立市，以其独特的文化特色和精湛的手工技艺，从一个小小的集镇发展成世界陶瓷的圣地，也成为中华文明的重要象征之一。景德镇陶瓷业自古以来就是中国陶瓷业的佼佼者，规模很大，并且已经逐步形成了一个相互依存、共同发展的集群产业体系。景德镇陶瓷始于汉，起于唐，兴于宋，盛于明清，衰于近代。历经千年，景德镇走上了复兴之路，至今仍保存着极为丰富的文化多样性，是世界文化中具有典型意义的城市。2014年，联合国教科文组织授予景德镇世界"手工艺与民间艺术之都"称号。

1　窑火初燃，景德镇以区位和资源优势奠定产业基础

景德镇市位于江西省东北部，属于黄山、怀玉山余脉与鄱阳湖平原过渡地带，处于皖（安徽）、浙（浙江）、赣（江西）三省交界处，是皖浙赣重要的交通枢纽之一。景德镇丰富的水资源，高覆盖率的森林，加上特殊的高岭土，为景德镇制瓷提供了独特的资源优势。

早在东汉时期，古人在昌南（景德镇）建造窑坊，烧制陶瓷，被称为"新平冶陶，始于汉世"。景德镇的窑火一经点燃，延续千年，其区位与资源优势奠定了制陶业的产业基础。18世纪以前，欧洲人不会制造瓷器，因此，中国特别是昌南镇的精美瓷器很受欢迎。

2 窑火兴旺,品牌效应和人才聚集促成陶瓷业的产业集群

到了唐朝,由于昌南土质好,所产陶瓷有"假玉器"的美称,唐高祖十分喜爱,亲自下令将昌南瓷器作为朝廷贡品。顿时,昌南陶瓷名声大噪,并逐渐传播开来。至宋代,匠人们吸收南方青瓷和北方白瓷的优点创制出一种青白瓷(又称影青)。青白瓷晶莹滋润,白里泛青,温润如玉,釉色晶莹,胎薄质坚,声音清脆,故有"白如玉、明如镜、薄如纸、声如磬"的美誉。昌南陶瓷产品风靡一时,行销各地,影响及于江西、广东、福建、安徽、浙江等各地窑场,形成景德镇青白瓷系。宋景德年间,昌南瓷器深受宋真宗的喜爱,被指定为皇家御用瓷器,并得以"景德"年号赐名,昌南镇由此得名"景德镇",其地位也得到进一步提升。中国皇家的恩赐以官方的名义加速了景德镇陶瓷品牌效应的形成。

随后,因中原战乱,北方许多名窑纷纷南下向景德镇汇集,促使景德镇陶瓷作坊数量剧增,匠人的分工越来越细,上、下游企业的配置、整合逐渐形成,各行各业相互依存,共同发展,制陶业工艺水平得到长足发展。"窑火通明两岸红""匠自四方来,器成天下走",形容的就是这种景象。至此,景德镇古典陶瓷的产业集群初步形成。

3 窑火鼎盛,御窑厂的设立有效推动陶瓷业的产业升级

元代是景德镇制瓷史上一个重要的时期。至元十五年(1278年),元朝统治者在景德镇专门设置"浮梁瓷局",掌管瓷器生产有关事务,进行督烧,管制甚严,全国制瓷业逐渐向景德镇集中。青花瓷的逐步成熟和釉里红初步创烧成功,以及在铜红釉和钴蓝釉制作方面的一定成就,为景德镇成为全国制瓷中心奠定了基础。

明洪武二年(1369年),朝廷在景德镇设陶厂;建文四年(1402年),设置御器厂,专烧宫廷用瓷。一开始官窑有20座,1421至1485年间,增至58座,各有专用。朝廷内府每年提出式样,委派中官督造,官窑制品有极高成就。同时民窑生产发展很快,产品质量大幅提高。嘉靖、万历年间,景德镇形成官民竞市、官搭民烧的局面。明代历永乐、宣德、成化、嘉靖、万历诸朝,景德镇的白瓷、青花、彩瓷、单色釉瓷等品种都取得了卓越的成就。至精至美之瓷器,莫不出于景德镇,于是景德镇发展为"天下窑器所聚"的全国制瓷中心。

清代,景德镇瓷业进入蓬勃发展时期。康熙、雍正、乾隆三朝臻于鼎盛,这也是我国古陶瓷史上的黄金时代。这期间,制瓷工艺达到新的水平。康熙时期的青花、红釉、五彩、素三彩,雍正、乾隆时期的粉彩、斗彩、珐琅彩,以及五光十色的各种颜色釉,都取得了空前的成就。蓝浦在《景德镇陶录》中写当时的瓷业是"器则美备,工则良巧,色则精全,仿古法先,花样品式,咸月异岁不同矣。而御窑监造,尤为超越前古"。

御窑厂的设立对景德镇陶瓷的技术创新和质量提升起到巨大的推动作用,景德镇陶瓷产业出现空前繁荣,一跃成为全国制瓷业的中心,陶瓷产业古典集群达到了历史巅峰。英国杰出的科学家李约瑟博士说:"景德镇是全世界最早的工业城市,在西方工业革命之前,景德镇瓷器已成为世界性的大产业。"

4 窑火黯然，近代中国的内忧外患导致产业衰退

嘉庆以后，瓷业生产日渐衰落。咸丰五年（1855年），御窑厂停办；同治五年（1866年）朝廷曾派员谋兴复御窑厂未成。同时，民窑也一蹶不振。1840年以后，因内忧外患，景德镇陶瓷产业古典集群进入衰退阶段。光绪二十九年（1903年），江西巡抚奏请办景德镇瓷器公司，光绪三十一年曾订定瓷工章程。宣统二年（1910年），江西瓷业公司正式成立，终因内战频繁，国力衰竭，无法挽回衰颓之势。民国时期，军阀混战，民不聊生。特别是日本侵华时期，日寇飞机多次对景德镇进行轰炸，作坊窑场大面积毁坏，整个陶瓷生产行业奄奄一息，直到新中国成立前夕仍未有起色。

5 窑火通明，技术创新重振景德镇陶瓷产业复兴之路

1949年以后，景德镇陶瓷迅速恢复生产，陶瓷工业作为景德镇市主导产业有了长足的发展。在计划经济年代，景德镇陶瓷凭着号称拥有十大瓷厂的整体实力，在日用瓷、艺术瓷、工业瓷、建筑瓷、电子陶瓷领域全面开花，并形成了规模优势和品牌效益，独领风骚，傲视群雄。此外，景德镇还大力发展陶瓷方面的创新和教育应用，轻工业部陶瓷研究所和景德镇陶瓷学院先后成立。20世纪80年代末90年代初，景德镇以占全省3%的人口，上缴的税收却占全省的20%，成为江西省重要的工业基地。

改革开放后，景德镇由于地理、经济等因素的限制，其市场份额逐渐被潮州、佛山等其他新兴产瓷区所超越。进入新世纪以后，通过企业改制、技术革新、产业结构调整以及鼓励和引导民营企业发展，一批外来陶瓷企业和本土民营陶瓷企业扛起重振瓷都雄风的大旗，经过十几年的摸爬滚打，逐步进入了高速发展的快车道，形成了一个布局合理、配套齐全的陶瓷产业集群。景德镇陶瓷从过去单一的日用瓷生产，已发展为日用瓷、建筑瓷、卫生瓷、工业瓷、高级技术陶瓷多门类的瓷业生产；由过去分散的服务性行业生产，已建设成为一个包括原料勘探、矿山开采、陶瓷机械、耐火材料、石膏模具、陶瓷匣钵、瓷用化工、窑炉安装、瓷器包装等协作配套的系列生产；把单一的陶瓷生产经营，发展成为包括生产、流通、科研、设计、文化、教育、考古、旅游在内的完整的陶瓷产业体系。

6 "景漂"的创业圣地

在景德镇，活跃着这样一群外乡人，他们来到陶瓷文化繁荣的瓷都，或追寻梦想，或追逐名利，他们被称为"景漂"。官方数据显示，景德镇约有两万名"景漂"，当中有数以万计的艺术家，也有怀揣创业梦想的外地学生，甚至还有金发碧眼的外国人。

景德镇制瓷已有千余年历史，进入工业化以来，依然延续着手工制瓷的传统。与中国其他产瓷大区相比，它拥有无法被复制的原材料、工匠、技术、设备等资源。在陶瓷烧制过程中，每道工序，"需要什么，打个电话就来了，非常方便"。只有在景德镇，艺术家才能享受到如此高的礼遇，才会有这么多世界一流的手工艺传承人为他们创造条件。

在世界陶瓷界,景德镇对外国就像灯塔一样,凡是做陶瓷的都想来这里。在景德镇,其还保留着一整套技艺和工匠,让全球的陶瓷艺术家们能够实现自己的创作灵感,继续自己的艺术之梦。

新时期的景德镇,正走在伟大复兴的路上,再次充分展示了世界瓷都千年陶瓷的文化魅力。

案例使用说明：

一、教学目的与用途

1. 本案例适用于创业学、管理学等课程。
2. 本文是一篇描述景德镇陶瓷产业集群的教学案例,其教学目的在于帮助学生了解景德镇陶瓷产业集群形成的历史,分析景德镇陶瓷产业集群的优势和不足,从技术创新、文化传承等角度分析问题,并提出解决方案。

二、启发思考题

1. 你认为景德镇陶瓷古典产业集群形成的基础是什么？
2. 改革开放以后,景德镇陶瓷产业为何会进入阵痛期？
3. 景德镇陶瓷产业集群的特点是什么？
4. 运用产业集群成长理论,分析景德镇陶瓷产业集群的发展,并构想景德镇陶瓷未来的产业集群。

三、分析思路

教师可以根据自己的教学目标来灵活使用本案例。这里提出本案例的分析思路,仅供参考。

景德镇陶瓷产业集群经历了初始阶段、成长阶段、高产阶段、动荡阶段、成熟阶段。景德镇陶瓷古典产业集群的形成与当时的皇权思想有着强烈的关联,与景德镇特有的资源和地理位置有着密切的关系,与配套产业有着紧密的联系。景德镇自古就是"一带一路"的重要货源地和重要起点之一。鸦片战争之后,由于战乱不断、外资涌入等,景德镇陶瓷产销受挫。新中国成立之后,在高度集中的计划经济时代,景德镇陶瓷产业集群得到空前发展,产学研销一体化,产业发展完整配套。改革开放后,由于市场经济的不断发展,景德镇陶瓷行业因思想保守、技术落后等原因受到严重挫折,被后起的淄博、佛山、唐山追赶超越。进入21世纪以来,景德镇重整旗鼓,通过重塑形象、提升品牌、技术革新、产业革命、优化结构、文化创意等途径大力推动景德镇陶瓷产业集群发展,尤其是民营企业的发展如雨后春笋。

四、关键要点

1.景德镇陶瓷产业集群形成的基础。本案例简要介绍了景德镇陶瓷产业集群的发展历程及形成基础。

2.了解掌握产业集群的有关理论,运用产业集群的相关理论,分析景德镇陶瓷产业集群的特征。

参考文献:

鲁翔.景德镇陶瓷产业集群发展研究[D].景德镇:景德镇陶瓷学院,2012.

(撰稿人:景德镇陶瓷大学　艾　军　修改人:江西农业大学　黄小珊)

苏北"淘宝第一村"

摘要:

本案例描写了"80后"孙寒带动"淘宝村"的兴起和发展,并成为我国农村电商发展的全新商业模式。这一案例为大学生创业项目的建立、拓展和管理提供了有价值的借鉴,从产业集群角度研究"淘宝村"的发展,将对大学生深入农村发展农村电商提供有效借鉴和实际指导。

关键词:

"淘宝村";电商;产业集群

0　引言

一个曾经靠"卖破烂"为业的苏北小村庄,3000多农民开了1200多家淘宝网店,年交易额居然高达4亿元。其经营的主要品种——简易木质家具"垄断"了淘宝网该品种交易额的80%,被誉为"淘宝第一村""网络时代的华西村"。这个"传奇"的小村庄是江苏北部睢宁县沙集镇东风村。带头人叫孙寒,一位"80后"大学生,也就是如今"淘宝村"的"带头大哥"。他在农村摸索开网店,后来自己生产韩国风格的简易型木质家具在网上销售,创富百万。他所引发的赚钱效应带动了大量村民们"放下锄头,拿起鼠标","淘宝村"因此有了雏形。

1 "淘宝村"一代:随意求大,松散型联盟 1+1<2

在孙寒的心里一直有一个愿望:想改变乡亲们的命运,把这座"破烂村"变成风风光光的村子。察觉到一些村民想跟自己学开网店,孙寒产生了一个大胆的想法:向乡亲们传授电脑和网店知识,让东风村进入一个"全民淘宝"的时代。

孙寒在自己的工厂里办起了电脑培训班,谁来都可以,由他妻子手把手传授登录网页、上传图片、用 QQ 和阿里旺旺等工具与人沟通。村里几个月就新增几百家网店。随后,亲戚带亲戚,朋友带朋友,尽管都没读过书,用"一指禅"敲着键盘,就都跟风开起了网店。因为大家都觉得这买卖肯定赚钱,但能赚多少、能赚多长,谁的心里都没底。

那时所有的网店都销售孙寒生产的韩式简易型木制家具,孙寒相当于生产商的角色,村民们的网店就是分销商。在很短的时间内,孙寒的销量成倍增长。一些村民也尝到了甜头,有的一个月就能赚上万元。但在 2009 年,一系列的问题出现了。随意地跟风开店,参差不齐的经营能力,雷同的经营品种,无序的内部竞争,麻烦的物流配送,导致全村网店的销量、利润大幅下降。村民开始质疑网店生意,有些人甚至退出了。孙寒也开始怀疑自己的"全民淘宝"模式。

2 "淘宝村"二代:分合有道,公司型联盟 1+1>2

面对累积的风险,孙寒感慨:"'经济危机'去而复返,而且这次不是我自己的危机,是全村的危机,我必须寻求改变。要协调好内部关系,让这些网店从松散的经营变成紧密合作的联盟,形成强大的合力。"

古人云:合久必分,分久必合。其实,人们一直在追求"合",只不过因为"合"了之后出现问题才不得不"分"。"淘宝村"之前由于松散型联盟导致发展瓶颈的出现也是这个道理。幸好他们及时做出了调整,统一管理,分工协作,该分的分,该合的合,最终形成了强大的合力,竞争力大大增强。

网店联盟是一个组织,有组织就必须有纪律,也就是统一的管理,像一个公司一样,内部分工协作、利益共享才能发展好。从此,孙寒由生产商的角色变成了"公司"管理者,村民们的网店由分销商变成了"员工"。

(1) 怎么"分"

第一,品种的分工。孙寒除了挖掘当地土特产,还增加了灯具、装饰材料、小家电、创意植物等销量大又流行的产品。这些产品大部分都与主营的家具具有相关性,购买家具的同时顺便就买了这些产品,提高了便利性。同时,这些产品还可以作为促销品帮助家具的销售。而且新增的这些产品品种众多,人们在网上更容易搜索到他们的网店。而搜到这些产品的同时自然也就看到了家具,提高了主营产品的曝光度。架子类、小座椅类、单柜类 500 元左右的小家具最好卖,占据家具整体赢利的一半左右。

第二,经营的分工。新增的产品除了从其他地方进货以外,孙寒还扶持村里有能力的人自己生产,尽可能在本村完善产业链。一是成本低,有助于提高本村网店的竞争力;二是各取所能,有人不适合动脑子开网店,但搞生产的动手能力却很强。

此外,孙寒还让回乡的大学生搞起了专业的网页设计公司,帮助村民们装修网店、拍摄产品图片、设计广告语等。如今网店已经逐渐告别了不做网页美化的"地摊时代",进入处处见功夫的"精装时代",这样的配套服务对提高网店效益的作用也不小。

(2)怎么"合"

分中有合才能协调,孙寒在"合"字上下了不少功夫。第一项协调是网店经营时间的确定。他们的主要客户是大城市的年轻上班族,他们的网购时间大多集中在晚上8点到深夜2点,所以村里网店的经营时间也与上海、北京等地对接,客服一般熬到深夜一两点才能休息。因此晚上的东风村照样是灯火通明,很多人变成了"夜猫子"。收效也相当不错,晚上8点到深夜2点的交易量至少占总量的70%,而且总量较以前提高了近一倍。

第二项协调是进货方面。由于很多产品都要从几百里外进货,消耗人力物力比较大,进货量小了也划不来。为了保证规模小的网店不出村就能找到货源,在孙寒的帮助下陆续开设了八九家网货超市,根据各个网店的进货需求,批量从外地统一进货,帮助网店降低了进货成本。如今,人们不出村就能拿到上千种小商品。还可以先从网货超市拿走包含商品说明和图片的数据包挂在网上,接到顾客订单再来超市提货,不必为库存担忧。

在拿货的合作上,村里还有一个奇特的方法。孙寒组织大伙每家在房上装了一个大喇叭,谁家要是接了订单却没货就在喇叭里喊:"谁有××产品,先给我用用。"这样很方便地就解决了临时缺货问题,赚的利润双方分成。不仅生意双赢,还促进了村民们关系的融洽。每到销售旺季,东风村大喇叭里的"调货"声此起彼伏,偶尔也不乏互相的调侃和爽朗的笑声。

第三项协调是解决物流的麻烦。孙寒以村里的上千家网店为"资本"带头跟近20家快递公司达成了合作,在村里设置了常驻的快递公司收货点,从此再也不用跑几公里到镇上去寄货了。由于一次发货量大,还拿到了全国最便宜的快递费,网货竞争力进一步增强。据一项调查显示,消费者在同类网店中选择哪家网店的因素中,快递费的高低仅次于网货质量、价格,排在第三位。这就是为什么很多网店业务只集中在本地小区域的原因,尤其像家具这种相对较大的产品,路程远了,快递费就高了,顾客不愿意选择较远的网店。因此,快递费的降低为东风村网店卖遍全国提供了保障。

为了进一步提高大家的经营能力,孙寒成立了网商协会并任会长,组织村民们定期分享"网店生意经"。村子里有一间会议室,每周六下午是网店老板们固定的碰头交流时间。屋子里总是挤满了人,最近热销什么商品,做网页、打广告有些什么困惑,大家都在这里畅谈。有时还与其他地区的网商协会交流经验。孙寒还带领村民们在网上寻找多种途径宣传自己的产品。通过促销,东风村的产品销路更广了,不仅颇受北京、上海、广州等大城市白领的青睐,还出口到了日本、韩国、新加坡等国。淘宝网简易家具交易额的80%都被东风村"垄断"。

案例使用说明：

一、教学目的与用途

1.本案例主要适用于创业学、管理学等课程。

2.本文是一篇关于整合"淘宝村"电商产业集群模式的教学案例,其教学目的在于使大学生创业者对创业模式和产业集群等概念和创业模式创新等问题具有感性的认识及深入的思考,从价值理念相近和性格、技能互补等角度分析问题,并提出解决方案。

二、启发思考题

1."淘宝村"电商产业集群与你、我有多远？

2.你身边是否存在产业较为集中的区域？你的家乡是否有符合农村电商的产品或项目？

3.你的创业项目(产品或服务)可否融入淘宝村电商产业集群？如何融入？

4.分析淘宝村电商产业集群的主要特征与大学生创业模式的共性与个性。

5.如果你想从事电商产业,是否打算进驻淘宝村创业？如何计划？

三、分析思路

教师可以根据自己的教学目标来灵活使用本案例。这里提出本案例的分析思路,仅供参考。

根据本案例的叙述,创业者孙寒创业的缘由是想改变乡亲们的命运,让东风村进入一个"全民淘宝"的"孙寒时代"。

初期,简易的电商联盟势必受到考验,在发现问题的"症结"后,孙寒将松散的经营变成紧密合作的联盟,形成强大的合力。为了解决内部的无序竞争,孙寒认识到分工至关重要。一是品种的分工,孙寒带领大家丰富经营品种；二是经营的分工,新增的产品除了从其他地方进货以外,孙寒还扶持村里有能力的人自己生产,尽可能在本村完善产业链,这些都是"淘宝村"电商集群必备的环节。此外,孙寒还让回乡的大学生搞起了专业的网页设计公司,帮助村民们装修网店、拍摄产品图片、设计广告语等,可见"淘宝村"电商集群人才结构完善。孙寒还在协调上狠下功夫,第一项协调是网店经营时间的确定；第二项协调是进货；第三项协调是解决物流。孙寒以村里的上千家网店为"资本"带头跟近20家快递公司达成了合作,可见,"淘宝村"电商集群光有电商还不够,还需要有完善齐全的周边配套措施。为了进一步提高大家的经营能力,孙寒还成立了网商协会并任会长,组织村民们定期分享"网店生意经"。由此可见,"淘宝村"电商集群的形成和发展要素,还需要抱团思想,并用科学发展观的思维团结电商。

四、关键要点

1.依靠本地的资源优势,加上一批拥有超前眼光、超强行动力和乐于分享的带头人推动,这些基于村镇为单位的"淘宝村"迅速发展壮大,开放与分享是他们高速成长的秘诀。在本案例中,孙寒就是那个拥有超前眼光、超强行动力和乐于分享的梦想带头人,所以东风村变成"淘宝村"很快得以实现。

2."淘宝村"电商集群在全国得到快速复制,主要因素在于我国很多农村具备三个特点:农村信息化建设让农村有了"网销"的基础设施;综合电子商务平台的崛起;务工返乡的人力资源。孙寒所在的东风村正是如此,"淘宝村"电商集群则应运而生。

3."淘宝村"电商集群在全国得到快速复制,在我国的发展还有三个必经阶段:优势资源与带头人效应、网商开放式裂变与复制、"淘宝村"的规模化与创新。其中区域资源优势与带头人效应是其中最显著的特点:青岩刘村背靠义乌小商品批发城和江东货运市场,沙集本地木匠在当地颇有名气,清河是我国著名的"羊绒之都",等等。

4."淘宝村"电商产业集群具有自发性、协同性、在线化和复制性等特征,孙寒所带动的东风"淘宝村",上述特征尽显其中。

参考文献:

[1]碧云天."80后"大学生:率苏北农民打造个性"淘宝村"[J]黄河·黄土·黄种人,2011(10):52-53.

[2]张作为.淘宝村电子商务产业集群竞争力研究[J].宁波大学学报:人文科学版,2015(3):97-101.

[3]汪向东.农村经济社会转型的新模式:以沙集电子商务为例[J].工程研究——跨学科视野中的工程,2013(2):194-200.

[4]马超.淘宝村:网商时代的创富经[J].销售与市场(管理版),2011(2):82-84.

(撰稿人:江西环境工程职业学院 谭贻群)

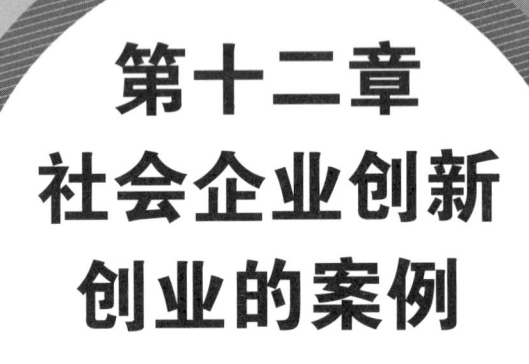

第十二章
社会企业创新创业的案例

世界首富的基金会——比尔及梅琳达·盖茨基金会

> **摘要：**
> 本案例以比尔及梅琳达·盖茨基金会的创立为背景，描述了比尔及梅琳达·盖茨基金会的发展历程、工作内容、捐赠方式及与中国的关系。这一案例为中国更好地完善慈善制度提供了有益的借鉴和启示。
>
> **关键词：**
> 比尔及梅琳达·盖茨基金会；慈善捐赠；捐赠机制

0 引言

微软公司的创始人比尔·盖茨与夫人梅琳达于 2001 年 1 月成立了全球最大的慈善基金会——比尔及梅琳达·盖茨基金会（Bill & Melinda Gates Foundation），该基金会是由盖茨学习基金会和威廉·盖茨基金会两个家族基金会合并创立的，由首席执行官杰夫·莱克斯和联席主席威廉·盖茨（比尔·盖茨的父亲）共同管理。它主要致力于全球人的健康、教育、图书馆和美国西北部的建设。2007 年 5 月该基金会北京办事处成立，在中国支持了一系列卫生和发展项目，包括防治艾滋病、结核病和控烟等，以应对亚洲的健康问题。该基金会现有资金约 270 亿美元，而每年必须捐赠其全部财产的 5%，也就是 10 多亿美元。了解比尔及梅琳达基金会的发展历程及运作情况对中国的慈善捐赠会有哪些启示？这一案例对中国完善慈善捐赠制度或许能有所借鉴和参考。

1 背景

比尔及梅琳达·盖茨基金会是由微软公司创始人比尔·盖茨和夫人梅琳达·盖茨夫妇资助的、全球最大的慈善基金会。比尔及梅琳达·盖茨基金会成立于 2000 年 1 月，以美国华盛顿州西雅图市为基地。该基金会属非营利性质，旨在促进全球卫生和教育领域的平等。该基金主要在以下各方面提供援助：全球人的健康、教育、图书馆和美国西北部的建设。

本着众生平等的理念，比尔及梅琳达基金会致力于帮助所有人享受健康而高效的生活。在发展中国家,基金会的重点任务是改善人们的健康状况,使他们有机会摆脱饥饿和极端贫困。在美国本土,基金会致力于保障所有人,特别是资源匮乏的人获得所需机会以取得学业和生活的成功。

2 发展历程

(1)奉献阶段

1994年,受父亲老盖茨的影响,比尔·盖茨决定开展慈善工作,并建立了9400万美元的基金会,主要致力于改善全球卫生保健状况和太平洋西北部发展。并且比尔首次代表基金会到访印度,为当地儿童提供小儿麻痹症口服疫苗;还向西雅图健康适用技术组织儿童疫苗项目捐款1亿美元,开始正式关注全球健康问题。

1997年,比尔·盖茨和妻子梅琳达又成立了一个新的基金会——盖茨图书馆基金会,致力于通过公共图书馆帮助更多人使用科技资源。

1999年,盖茨图书馆基金会改名为盖茨学习基金会,工作重心由资助公共图书馆转变为资助家庭困难和少数族裔的学生,让他们有上学的机会。盖茨千年奖学金计划由此建立,并且与全球疫苗联盟建立了合作。

(2)创立阶段

2000年,盖茨决定将这两个家族基金会合并成为比尔及梅琳达·盖茨基金会,致力于扩大以下四个方面的权益:全球卫生保健、教育、图书馆公用计算设备以及给予美国西北部太平洋沿岸地区弱势儿童和家庭的支持。并在这一年,盖茨夫妇正式成立了"比尔及梅琳达·盖茨基金会"。

2004年7月20日,比尔·盖茨做出了一件让所有华尔街人欣喜若狂的事情,他和他的公司微软将一个价值750亿美元的金蛋砸在美国股市,而作为公司最大的股东,盖茨将获得30亿美元的最大红利。但不同于多数美国企业的高层经理,48岁的比尔·盖茨决定把这笔额外之财全数捐给他及夫人共同成立的"比尔及梅琳达·盖茨基金会"。从2000年至2004年间,盖茨和他的夫人向社会累计捐赠100.85亿美元。

2008年,退出微软日常管理的盖茨宣布他的580亿美元个人资产会全数捐给名下的"比尔及梅琳达·盖茨基金会",用于资助全球的教育和医疗项目。

(3)一如既往阶段

比尔及梅林达·盖茨基金会伦敦办事处成立,旨在与欧洲及非洲的合作伙伴和受资助者展开密切合作。斥资4000万美元开展农业研究合作计划,以期减少发展中国家的饥饿和贫困现象。

"疫苗十年"计划发起,承诺在未来十年内提供100亿美元的资金,协助世界最贫困国家进行疫苗的研究、开发和供应。

伦敦家庭计划峰会,动员国际社会在政策、资金、商品和服务提供方面给予全力支持,以便在2020年之前让另外1.2亿名全球最贫困国家的妇女和儿童的权益得到保障,使贫困妇女能够不受强制或歧视地使用避孕信息、服务和用具。

目前这一基金会规模已是全球最大,现有资金约270亿美元,而每年必须捐赠其全部财产的 5%,也就是 10 多亿美元。

3　机构设置及工作内容

(1)"全球发展部"致力于帮助世界上赤贫人口,摆脱饥饿与贫困。

(2)"全球健康部"致力于汇聚科技进步的力量,挽救发展中国家人们的生命。譬如研制品质更好的香蕉,完全根除小儿麻痹症,投资 4200 万美元彻底改造厕所,给蚊子接种疫苗等。

(3)"美国本土项目部"致力于提高美国中学教育,支持华盛顿弱势家庭和孩子。

(4)"全球政策与倡导部"致力于建立策略性关系,促进有助于工作开展的政策进步。譬如鼓励亿万富翁捐钱等。

4　捐赠方式

(1)基金会只接受个人捐赠。不接受来自组织的捐赠,包括公司捐助,企业的捐赠激励计划,非营利组织、基金会、慈善集资团体或政府实体的捐助。

(2)基金会只会接受无任何限制的捐赠。即捐赠必须是没有被标记任何特定目的,或包含某些条件和伴随事件的。

(3)基金会接受的捐赠只会将其视为基金会的一般资金。基金会不承诺在某段时间内将其捐出,或跟踪捐赠资金的去向。

(4)基金会只接受个人支票、现金及汇款,不接受信用卡捐款。不接受证券、地产、个人资产或知识产权的捐款,不接受通过电话或互联网的捐赠。

(5)基金会只接受美元捐赠。

(6)对于任何捐赠人,基金会均不会给予任何公开表彰,但对于捐赠金额超过 5000 美元的人们,名字将会按照法律规定被记录在 900-PF 税务表格中。

5　与中国的关系

2007 年 5 月,基金会北京办事处成立,在中国支持了一系列卫生和发展项目,包括防治艾滋病、结核病和控烟等,以应对亚洲的健康问题。

(1)全球发展项目

农业研发:基金会正在中国积极地寻求合作伙伴,以帮助非洲国家的农业发展,特别是提高小面积耕地的单位产量。

(2)全球健康项目

结核病的防治:2009 年 4 月,比尔及梅琳达·盖茨基金会宣布与中国卫生部建立伙伴关系。此次合作旨在通过运用最新的结核病防治技术,加强结核病的诊断和治疗,进而加强中国的结核病防治规划。

艾滋病的预防:比尔及梅琳达·盖茨基金会承诺投入 5000 万美元,与中国政府以及非政府组织合作,在高危人群中开展预防艾滋病的工作。该项目还将为艾滋病病毒感染者和病人提供更多咨询、检测、关怀和支持等方面的服务,并且致力于减轻社会对他们的歧视。

艾滋病研究:基金会还支持预防艾滋病的研究,例如开发有效的疫苗等。基金会也为中国提供艾滋病防治研究的资助,包括资助北京大学 700 万美元的研究经费。

烟草控制:基金会承诺协助中国在控烟以及应对吸烟对健康产生的消极影响等方面的努力。

中国医疗烟草项目:基金会为美国中华医学基金会提供了 1000 万美元的资金,用于从经济学角度研究并测试可以影响医疗行业从业人员戒烟的模型,同时还希望加强中国医学院校中的控烟工作。

全球烟草科技支持协议:基金会还通过全球烟草技术支持协会为美国艾默利大学提供了 1400 万美元的资金,用于支持其与中国城市建立合作伙伴关系,从而共同研发有效的烟草控制措施和政策。

（3）其他援助项目

紧急灾害救援:在四川发生严重地震灾害之后,基金会向中国卫生部提供了 130 万美元的资金,用于紧急救援的相关活动。

探索大挑战:基金会鼓励中国研究人员和科学家们通过 GCE 项目申请科研经费。GCE 在 2008 年启动,旨在减少全球卫生领域内进行创新研究的障碍。

案例使用说明:

一、教学目的与用途

1. 本案例主要适用于社会创业等课程。
2. 本文是一篇描述比尔及梅琳达·盖茨基金会的教学案例,其教学目的在于使学生对基金会捐赠及慈善等问题具有感性的认识及深入的思考,从捐赠项目、运作方式及与中国关系等角度分析问题,得出结论。

二、启发思考题

1. 比尔和梅琳达夫妇的捐赠行为对中国的企业家有何启示？
2. 如何看待比尔和梅琳达夫妇的捐赠做法？
3. 比尔及梅琳达·盖茨基金会对完善中国的慈善捐赠制度有何借鉴？

三、分析思路

教师可以根据自己的教学目标来灵活使用本案例。这里提出本案例的分析思路,仅供参考。

1994 年,微软公司的创始人比尔·盖茨受父亲老盖茨的影响,开始决定开展慈善工作,并建立了9400万美元的基金会,主要致力于改善全球卫生保健状况和太平洋西北部发展。1997年,比尔·盖茨和妻子梅琳达又成立了一个新的基金会——盖茨图书馆基金会,致力于帮助更多人使用科技资源。1999年,盖茨图书馆基金会更名为盖茨学习基金会,致力于资助家庭困难和少数族裔的学生。2000年,盖茨将这两个家族基金会合并成为比尔及梅琳达·盖茨基金会,致力于扩大以下四个方面的权益:全球卫生保健、教育、图书馆公用计算设备以及给予美国西北部太平洋沿岸地区弱势儿童和家庭的支持。"比尔及梅琳达·盖茨基金会"正式成立,并且比尔及梅琳达·盖茨基金会与中国合作。2007年5月基金会北京办事处成立,在中国支持了一系列卫生和发展项目,包括防治艾滋病、结核病和控烟等,以应对亚洲的健康问题。目前这一基金会规模已是全球最大。

四、关键要点

1.在美国社会中,富人都形成了这样的文化思维:要实现利益最大化,仅有自利是不够的,还必须关爱社会。世界首富微软公司的创始人比尔·盖茨和夫人梅琳达就把巨额的财富回馈给社会,他们创立的比尔及梅琳达·盖茨基金会致力于科技、教育、医学研究、社会服务及其他领域,影响力巨大,已成为全球规模最大的慈善基金会。

2.美国的一套相对完善的慈善基金会管理体系保证了比尔及梅琳达·盖茨慈善基金会的规范运作,使富人的钱能得到合理科学的运用,促进了该基金会的健康成长。

(撰稿人:江西应用技术职业学院 张 洪)

恩派公益组织发展中心的创新浪潮

摘要:
　　本案例叙述了恩派公益组织发展中心应社会公益需求而诞生,因不断创新而发展,最后成为我国规模最大、服务最全、影响最广的支持性公益组织的过程,为社会企业创业提供了很好的范例。

关键词:
　　社会需求;公益;创新

0 引言

恩派公益组织发展中心是一家支持性公益组织,从商业孵化器中得到启发,开始做公益孵化器,致力于整合公益资源,培养公益人才。在短短几年内,这个组织得到了飞跃性的发展,并受到政府及社会的广泛赞誉,它的运营模式在全国许多重点城市被快速复制。它究竟做了什么?它成功的秘诀在哪儿?本案例将试图探究一下恩派公益组织发展中心的核心价值。

1 背景

进入21世纪后,我国的经济实力有了巨大提升,社会文明建设稳步发展,人们对于幸福生活有了更多的期待,但也需看到,伴随着进步的还有许多社会问题:人口老龄化、孤寡老人与空巢老人等增多,社会负担加重;环境污染问题严重,地质灾害频发;残疾、重病人群数量庞大;边远地区的失学儿童并没有消失。这些问题都亟待解决。然而,这些问题并不能完全依赖政府,更多地需要求助于社会公益的力量。事实上,公益活动一直都没有停止,政府相关部门、知名企业、社会组织、爱心人士以及一些国际公益组织等都忙碌在各自的公益战线上,尽心尽力。但由于条件所限,我国的公益事业存在参与人员少、力量分散、渠道窄、效率不高等缺点,整体发展缓慢。有没有一种什么办法,能更好地推动我国的公益事业发展,使更多的爱心人士和机构参与到公益事业中来呢?

2 恩派公益组织发展中心诞生

吕朝敏锐地发现了这个问题,并找到了初步的解决方案。

吕朝,20世纪90年代末北大中文系毕业,做过记者,当过主编,办过杂志,经过商,有着丰富的人生阅历、企业管理经验以及强烈的正义感。2000年前后,他受邀到刚刚创刊的《公益时报》做总编,被公益事业深深吸引,并结识了朱传一、商玉生、徐永光等中国公益界拓荒者,更与朱传一结成忘年之交。

通过不断的学习和实践,他对国内外的公益事业有了深刻的了解。他认识到,相比较西方发达国家,我国公益界还非常传统,效率低下,各自为战。他对我国公益事业做了认真的分析,权衡了各自的优劣:政府有做好公益事业的意愿,有资源,有政策,但缺乏对普通民众公益需求的深刻了解,不知道该如何投入;许多企业家想做公益,不缺钱,却缺时间和精力,以及做公益的方法和途径;社会组织对社会的公益需求最了解,工作最接地气,苦于缺乏资金、场地、经验,举步维艰;爱心人士想献爱心,却因渠道不便或是公信力问题望而却步。如果能把这些资源整合起来,发挥各自的优势,物尽其用,人尽其力,效率必将大大提升!

吕朝陷入思索:改革中国公益存量相当困难,必须致力于公益领域喷薄欲出的增量,在新人、新钱、新机构、新思路、新制度上做文章。他想到了借鉴商业孵化器,做公益孵化器,这样就可以把各种资源整合起来,盘活存量,带出增量。这一想法,他跟很多人沟通过,结果大家"看法不太一致",但得到了徐永光和朱传一的坚定支持。2006年1月,恩派公益组织(以下简称"恩派")在上海浦东注册成立,吕朝把它定义为一个公益支持性组织,旨在为初创期和中小型民间公益组织提供切实的支持,中国第一个公益孵化器宣告诞生。作为一个中间组织,恩派把政府及其他的公益资源引入社会组织,再由社会组织分派给那些最需要的人,从而形成了一条完整的公益链条,有效提高了公益活动的效率。2006年,公益孵化器项目正式启动,首批就孵化了6个项目。

3 快速复制

通过几年的运行,恩派的事业迅速发展,获得了来自政府、资助机构、公益组织(NPO)业界、媒体和各方专家的高度肯定,被誉为近年来公益领域的重要制度创新。恩派没有把目光局限于上海,吕朝发现,政府部门对社会建设越来越重视,各地非营利机构对于"一揽子解决方案"的需求强烈,恩派跨地域发展的机会来了。而且,作为一种创新模式,浦东恩派模式完全可以在全国成功复制。吕朝开始了跨越之路,2008年,北京恩派成立,接着是成都、深圳等城市。至今,恩派已在全国多个大中城市成功复制,业务涵盖扶贫、教育、助残、青少年发展、社区服务等诸多领域。不出所料,恩派在各地都大受欢迎,对各地的公益事业起到了极大的推动作用。至2018年,公益孵化器已成功孵化了600余家社会组织及社会企业,其中大多数都是各地最活跃的社会组织代表,在全国设立有40多个办事点及项目点,全职员工近300名,成为参与中国社会建设的重要力量,"手牵手""瓷娃娃""新途"等机构已成为中国公益领域的知名品牌。

4 创新为胜

恩派对社会需求的把握异常精准,而其对相应产品服务的创新设计能力则更让人惊讶,创新已成了它的核心能力,不断打造出一个个标志性的品牌。

(1)公益创投和招投标

2007年,恩派与联想合作,推出"联想公益创投计划",为初创期和中小型的公益组织提供"种子资金",除了资金,它还提供管理和技术支持。这项计划主要是针对社会组织和企业缺少资金和经验而设计的,它有别于传统的公益项目和一般的风险投资,主张以"投资"的理念而不是传统的捐赠方式,与公益组织或社会企业建立长期合作关系,有效促进组织的能力建设,帮助资金发挥出更大的社会效益。但它不求财务回报,而是更加注重社会回报。2012年,恩派接受上海市政府委托承办"上海公益招投标平台"之后,东莞公益创投和苏州公益创投相继成立,利用福利彩票资金和财政资金购买社会组织服务。恩派巧用商业的方法解决了社会问题,既活用了政府和企业的公益资金,又发挥了自己的专业优势,成功地壮大了社会组织和社会企业的自身力量,让更多的人因此受益。如今,恩派与政府合作的项目越来越多,大量企业公益资源流入草根组织,支持社会创新,通过与联想、诺基亚、康师傅、英特尔、帝亚吉欧、招商局等优秀企业及政府部门的合作,实现了各方多赢。企业支持民间公益蔚然成风。

(2)社区服务平台

社区是公益服务的一个重要领域,关系到广大居民的生活,也是我国社会管理的一个难点,政府很难深入,而一些社会组织又难以参与到其中的建设服务中。恩派针对其特点设计建立了社区服务平台,它以托管政府设在社区的社会服务中心为基础,着力于社区能力建设和社区资源整合。2008年,恩派成立了上海屋里厢社区服务中心,取得成功;2010年,开始在四川开展社区服务平台项目;2013年承办汇丰银行中国出资主办的"汇丰中国社区建设"项目,在北京、上海、南京、苏州四个城市的20多个社区同时开展。

(3)恩派社会创业家学院

2012年,恩派创办了自己的社会创业家学院,建立了完善的导师体系及课程体系,致力于搭建我国草根公益组织的能力建设平台。迄今为止,学院已在全国各地举办数百场讲座和培训,累计培训上万人次。另外,为了推广社会创新,激励更多的人投身到社会创业中,恩派还于2009年创办了《社会创业家》杂志,通过对典型公益人物的报道,给有意于做公益事业的人们一个良好的示范。

(4)公益广交会

为了促进公益创新,搭建创新型公益组织与资助方的信息沟通平台,恩派借鉴"进出口商品广交会"的模式,创新性地设计了"公益广交会"概念——公益项目交流展示会。公益广交会为公益组织提供了集体展示的舞台,为资助方提供了大量新颖诚信的公益项目,使公益资源的供给方和需求方互通信息并结成工作伙伴,减少了因信息不对称而导致的公益资源无法有效利用的问题。2009年,首届"公益项目交流展示会"在北京举行,反响非凡;2011年,"深圳公益项目交流展示会"在深圳举行;2012年,"深交会"升级为"中国公益慈善项目交流展示会",这也成为一年一度的全国性公益慈善盛会。

案例使用说明:

一、教学目的与用途

1. 本案例主要适用于创业学、管理学等课程。

2. 本文是一篇描写恩派公益组织产品创新的教学案例,其教学目的在于让学生学会发现社会需求,了解创造性地解决社会需求的方法,树立勇于创新的理念。

三、分析思路

根据本案例的叙述,恩派公益组织是一个中间组织,其客户有两类:一类是上游的资源方,如政府、企业及爱心人士;另一类是下游的受助方,如社会组织和社会企业,其成立的根本目的是在两类客户之间建立一条沟通渠道,把公益资源合理分配到需要的受助方,同时利用自己的专业优势对受助方进行指导,使他们自身成长起来,更好地服务于社会公益事业,最大限度地发挥公益资本的作用。恩派公益组织不直接做公益,它的理念是培养更多的专业型公益人才,支持更多的社会组织和社会企业快速成长,提高公益事业的效率,从而让更多的人受益。针对不断发现的社会需求,恩派公益组织不拘一格,锐意创新,设计了公益创投、社区服务平台等多种产品和服务,通过各种富有创意的实践活动改进总结,直至其成为有效的解决方案。恩派公益组织的成功不是偶然的,对市场的洞悉、对客户的了解、对自我价值的认识、对事业的坚持都是它成功的根本所在。

四、关键要点

产品创新是基于对社会需求的精准把握而提出的有针对性的解决方案。恩派公益组织的核心产品有效地解决了某些社会问题,具有强大的生命力。

(撰稿人:宜春职业技术学院 袁剑峰 吕燕萍)

用艺术点亮"星星"梦想的无障碍艺途

> 摘要:
> 本案例以公益组织无障碍艺途为背景,描写了无障碍艺途及其创始人苗世明通过艺术形式关心、关爱残障人士的两个典型事件。这一案例有利于了解残障这个特殊的群体,了解中国"草根"的公益创业,增强大学生的社会责任感与担当。
> 关键词:
> 残障;无障碍;艺术

0 引言

每颗星星,都会发光;而每一个孩子,都值得这世界温柔以待。每个残障的孩子都是一个残缺的苹果。上帝在咬这些苹果的时候,一定因为贪吃而多咬了一口,所以这些孩子失去了得到一个正常大脑的机会。在现实生活中,他们显得是那么的格格不入,轻则比一般人学习速度慢,思维能力有限,重则无法和人正常交流,只能依靠别人的帮助才能生存。当遇到"脑子不好使"的人时,我们通常都会避开他们,忽视他们的存在。上天的不公,已经给了他们生活的不幸。幸运的是,有这样一个组织——无障碍艺途,倾心关注和改善残障人士的生存现状,通过一系列的培训激发他们的潜能,让他们获得一定的技能,让他们不再受到歧视,从而在社会上站稳脚跟,撑起属于自己的一片天空。

小人物也可以做大公益,小组织也能做好公益,这就是无障碍艺途!

1 发现"中国凡·高"

毕业于中央美术学院绘画专业的苗世明,是一位艺术工作者和专业策展人。一个偶然的机会,苗世明走进了智力障碍者的生活和精神世界。这次邂逅,开启了他"发现中国凡·高"的社会公益之旅。那是2009年,苗世明作为策展人,为北京798艺术区的双年展筹划"人人都是艺术家"项目。起初,他想找下岗工人作画,但因种种原因受阻,情急之下,他找来了几位残障人士。在经过短短一个月的简单培训后,这些脑部残障者展现出了令他惊讶的才华。这次别样的展览,在北京艺术圈内外引起了轰动。

"并不是每个人都擅长言语,有时,非语言形式却能更好表达自己的内心世界。而且,脑部残障人士对艺术的感觉,是后天学也学不来的。"他们完全可以用自己手中的画笔和灵感与社会交流,赢回本应属于他们自己的社会存在感和尊严。苗世明忽然觉得,这些关闭了正常沟通渠道的画者,有可能会是中国的凡·高。

2010年,在上海市民政局的支持下,"无障碍艺途(WABC)"以民办非营利性机构的形式在上海成立。WABC全称为World of Art Brute Culture,即"原生艺术的世界",主要为残障人士提供免费的艺术潜能开发课程,致力于寻找有艺术天赋的残障及精障人士,为他们搭建一个展示自己及与社会交流的舞台;从而纠正社会对于这个群体的偏见,使之逐步与社会融合。艺术潜能开发课程以启发式教学为主导,最大特点就在于更注重学员的艺术启蒙和个性发展,尽可能地保留学员的天然性格和艺术倾向,激发他们的想象力和创造力,有助于创造出拥有独立风格、独立审美体系的艺术作品。

2 来自"星星"的孩子

2012年年底,中央电视台"梦想合唱团"节目《梦想盛典 温暖中国》第八期的舞台上,上海合唱团来了一位23岁的男孩——小龙(褚振龙)。他1岁多的时候被确诊为小儿脑瘫。在舞台上,小龙说起话来,说得很慢,很费劲,还必须动用整个脸部的表情。他说:"以前呢,人们常常把像我这样的人,送到慈善局或者养老院,或者(让我们)无所事事。借用一个俗语,叫'混吃等死'。我不希望那样,我觉得我们每一个人,只要生下来,就是为了某个目的活着……"说完这句话,小龙停顿了很久。

小龙从辅读学校毕业后没有找到工作,因此,他非常自卑。2011年,小龙在一次慈善活动中结识了WABC无障碍艺途工作室。从绘画中,小龙找到了自己新的精神寄托。在旁人眼里,他跟周围的人和事格格不入,但在WABC的老师们眼里,他是艺术家,他心里装着大块大块的色彩,随意涂抹出来就是一幅绚丽的画作。可以说,小龙是幸运的! 作为CCTV 2012年度励志男孩和WABC形象大使,2013年3月4日,由苏宁电器捐赠给小龙的"星梦乐园"在上海苏宁五角场Expo超级旗舰店正式开门迎客。小龙的店长梦圆了! 他能够卖自己设计的小艺术品,通过自力更生来赢得社会的认可和尊重。

这些来自"星星"的孩子们是幸运的! 在无障碍艺途的课堂上,坐的都是像小龙这样在世人眼里有些"特殊"的学员。在这些学员中,有精神障碍的,有智力障碍的,有自闭症的,还有小儿脑瘫患者。他们有的喜欢聊天,有的喜欢画画。每次来,他们的状态也不太一样,但几乎所有的人都很喜欢这里。小龙很为他们的这些经历感到自豪:"我可不可以这样说,我们改变了一些所谓'正常人'的观点。我们也有一些特长,然后,我们也有一些……梦想!"

3 大黄鸭来了

2014年的秋天,大黄鸭之父霍夫曼来到上海。大黄鸭的到来,缘起于一封来自中国的邮件,邮件里面是一幅画和一封信。写信的是WABC公益机构"无障碍艺途"的创始人苗世明。信里,苗世明描述了WABC机构里一位自闭症艺术家岩岩希望亲眼见到大黄鸭的愿望,并代表这些自闭艺术家向大黄鸭艺术家霍夫曼发出了邀请。

一周后,霍夫曼来到了上海。他想看看岩岩,还有那些和岩岩相似的孩子。霍夫曼来到了WABC无障碍艺途艺术家们在上海的工作室。苗世明小心翼翼地拉开画室里3米高的黑色幕布,将3年多以来WABC艺术家深藏的世界呈现在霍夫曼面前。脑瘫男生小龙搞笑细腻的系列绅士狗,智力障碍女生小燕子的神秘黑白线条精灵,自闭症女生丽萍如草间弥生般色彩的绚丽时尚幻想……这位国际艺术家大男孩先是惊讶,然后温暖地笑了:"What a wonder world…"最后,霍夫曼的眼光落在10岁的自闭症男生岩岩画的大黄鸭上和岩岩抽象画上。这些色块如岩岩的名字一样,有种岩石般能量,强烈地震撼了霍夫曼和在场所有人。看着岩岩画的大黄鸭的柠檬黄、泥黄、鸡蛋黄、明黄等各种的黄,霍夫曼的头点个不停。岩岩在霍夫曼边上蹦来蹦去。霍夫曼指着边上一幅铅笔画,黄浦江边上一大一小两人拉着手,手里拿着小黄鸭。他问岩岩:"你也喜欢它?你想要它来上海?"岩岩笑着跳起来:"我要! 要! 要!"霍夫曼抱起岩岩,从兜里拿出一只"霍夫曼橡皮小黄鸭",说:"那我们去做吧。"

为了一个温暖的承诺,霍夫曼选定了上海为橡皮大黄鸭当年在中国大陆旅居的最后一个城市。一切,就像一个演练过多次的梦,真真切切地发生了,那么流畅和奇妙! 岩岩的梦想实现了,而这却又是很多梦想的开始。

4 星星点灯

2013年,无障碍艺途入驻公益新天地,开展了公益商店示范中心、职业初衷及设计中心项目,通过音像、图片等展示和销售国内外残障人士的原创作品,形成专业示范小店。另外,提供舞台艺术、平面设计、民族文化等职业实训功能区域,从音乐表演、艺术设计、文化等多个领域培训残障人员的才能。学员们的作品,在尽量保持原作样貌的前提下,由设计师设计成衍生艺术品,比如贺卡、本子、衣服等进行销售,除去作画成本,纯利润的5%将以版税形式回馈给艺术家们。另外,也承接相关企业订单,给企业提供一个崭新的实现社会责任的渠道。如无障碍艺途与一家贺卡公司合作,将学员作品制成明信片,在春秋航空公司的航班上派发。

有更多的企业和爱心人士参与进来,WABC志愿者团队越来越壮大了。健壹集团的JE & WABC公益服装设计项目,将以WABC成员的绘画作品为灵感设计更多的衣服。科勒厨卫集团将购买学员的作品版权,运用到企业礼品的包装和外观设计上……

更让苗世明感到欣喜的是学员们的精神和生活上的改变。绘画令他们找到了被尊重感和价值感,而周围的人对他们的看法也在一点一滴地改变。

案例使用说明:

一、教学目的与用途

1. 本案例主要适用于创业学、管理学等课程。
2. 本案例以公益组织无障碍艺途为背景,描写了无障碍艺途及其创始人苗世明通过艺术形式关心、关爱残障人士的两个典型事例。这一案例有利于学生了解残障这个特殊的群体,了解中国"草根"的公益创业,增强大学生的社会责任感与担当。

二、启发思考题

1. 面对残障和残障人士,你会怎么做?
2. 还有哪些面向残障人士的公益项目?
3. 如何根据残障人士的实际情况做好项目策划和执行?

三、分析思路

教师可以根据自己的教学目标来灵活使用本案例。这里提出本案例的分析思路,仅供参考。

1. 社会责任担当。(关爱生命,尊重他人,勇于担当。)
2. 社会(公益)创业项目的选择。
3. 公益活动的组织和策划。

四、关键要点

1.中国公益创业面临的机遇与挑战。
2.如何根据实际情况组织和策划公益活动。
3.公益活动如何获得社会及公众的关注和投入。
4.大学生参与公益活动的途径和方式。

(撰稿人:江西农业大学 黄小珊)

第十三章
失败的创新创业案例

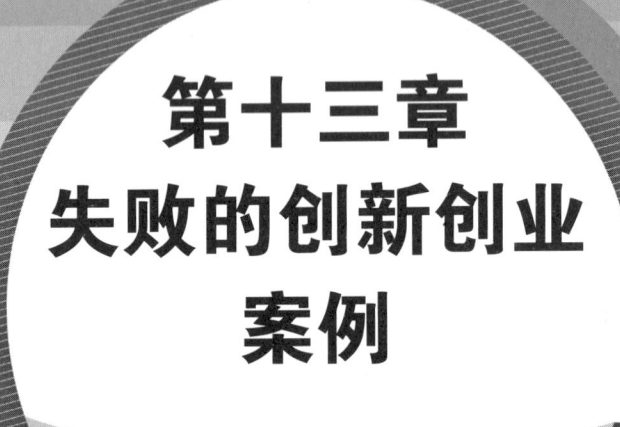

铱星"陨落"

> **摘要：**
> 本案例以摩托罗拉牵头的铱星计划为背景，描写了该计划从确立、筹划和实施，因商业模式的不恰当、技术限制和设计上的缺陷而扼杀了它的前途。这一案例为高科技创业项目的运筹和管理提供了有价值的借鉴。
>
> **关键词：**
> 创业；铱星计划；高科技

0 引言

铱星计划是世界科技史上最了不起也最可惜的项目之一。为了获取世界移动通信市场的控制权，让用户从世界上任何地方都可以打电话，在美国政府的帮助下，以摩托罗拉为首的一些公司提出了建设新一代卫星移动通信系统的美妙构想。它的目标是建立一个把地球包围起来的"卫星圈"，实现通信网络覆盖全球（包括南极、北极和各大海域）。它的最大特点是通过卫星与卫星之间的信息传输来实现全球通信，相当于把地面蜂窝移动系统搬到了天上，让人类通信直接跨越基站模式而进入卫星时代。

铱星计划一出炉，就因其无与伦比的技术优势吸引了全世界的眼球，赢得了巨额风险投资，并在科索沃战争、台湾大地震中发挥了重大作用。可以说，铱星系统在诞生之后，对人类发展和社会进步功不可没。但正如艾媒咨询 CEO 张毅所言："科技理想化过于超前，市场没有同步开发出来，这是铱星计划碰到的问题。在这个角度上讲是摩托罗拉在不合适的时机干了不合适的事情。"这一项目是在 1991 年正式启动的，到 1999 年 4 月，只有 1 万个用户，铱星系统并未因为其高科技而受到足够多用户的青睐，铱星计划迅速破产。铱星成了美丽的流星，摩托罗拉试图改变世界的梦想只是一个美丽的幻想。作为一个高科技项目，铱星计划的失败，必然引起人们更深层的思考，高科技创业项目如何才能把技术优势转化为市场优势？在创新创业浪潮下，创新如何有效融入创业中？对铱星计划失败的案例，许许多多科技创业项目和公司或许可从中悟出些许门道。

1 项目状况

铱星计划是一个让无数摩托罗拉人兴奋不已的奇思妙想。这个革命性的想法由何而来呢？对于摩托罗拉的工程师巴里来说，它来自于妻子在加勒比海度假时的抱怨，说她无法用手机和她的客户沟通。此后，巴里和摩托罗拉的另两名工程师共同构想了一种铱星解决方案。

铱星系统是由77颗近地卫星组成的星群，它们如同化学元素铱原子核外的77个电子围绕其运转一样，因此被称为铱星，这项计划被称为铱星计划。尽管后来卫星总数减少到66颗，这66颗卫星分布在6条轨道上，可以覆盖全球，用户用手持话机直接接通卫星进行通信。

1991年，摩托罗拉投资4亿美元建立了铱星公司，铱星计划正式启动。

1998年5月，布星任务完成，我国的"长征2号丙改进型"火箭和美国、俄罗斯的火箭分别承担了铱星的发射任务。

1998年11月1日，铱星全球通信业务正式开通，为此，摩托罗拉公司耗资1.8亿美元为其大张旗鼓进行广告宣传。开幕式上，美国副总统戈尔用铱星打了第一个电话。此前，铱星公司已经正式上市，其股票在短短的一年内大涨4倍。铱星系统被美国《大众科学》杂志评为年度最佳产品之一。

2　铱星"陨落"

用户数目是一个通信公司得以运行的最基本前提，而铱星话机的价格高达每部3000美元，通话费则是每分钟3~8美元，这导致铱星用户数量一直令人沮丧。到1999年4月，公司只有1万用户，面对微乎其微的收入和每个月四五千万美元的贷款利息，公司陷入巨大的压力之中。

1999年6月，铱星开始裁员。

1999年8月13日，铱星提出了破产保护的申请。

2000年2月，日本第三大电信公司、铱星日本公司的最大股东DDI宣布关闭日本铱星公司，终止对铱星公司的资金援助，导致摩托罗拉公司的资产重组方案宣布流产。

2000年3月18日，铱星公司正式破产，铱星成了美丽的流星，摩托罗拉损失50亿美元。

铱星计划可以说是一个空前的创新构想，以致有人认为在它还没有付诸实施之时，谁也不敢说一定会成功或失败。在它"陨落"之后，也不能断言其美妙的构想是错误的。但其最终的破产确有其必然性：从计划到实施，时间过长，失去了投资方的耐心和市场机会；技术壁垒性不强，到1998年地面移动通信技术已非常成熟，无论是价格、款式还是区域覆盖度，铱星都不具备竞争力，更谈不上具备明显的技术优势了。事实上，早就有投资者提出异议了，因为用户必须首先将自己置于电话天线和卫星之间没有任何障碍物的地点，才能顺利地使用电话（不能在室内和车内使用）。"现在你告诉我，我怎么能出售这玩意。"投资者最后拒绝继续投资铱星计划。

案例使用说明：

一、教学目的与用途

1. 本案例主要适用于创业学、营销学等课程。
2. 本文是一篇描述"铱星计划"失败的教学案例，其教学目的在于使学生对高科技创业和商业运营模式等问题具有感性的认识及深入思考，从技术壁垒、用户定位、市场预测等角度分析问题，并提出解决方案。

二、启发思考题

1. 你如何思考工程师的创意与市场现实之间的关系？
2. 你如何看待铱星技术的优与劣？
3. 分析铱星计划失败的主要原因在哪。
4. 如果是你主导铱星计划，你如何进行危机干预？

三、分析思路

教师可以根据自己的教学目标来灵活使用本案例。这里提出本案例的分析思路，仅供参考。

根据本案例的叙述，铱星计划是通过搭建一个覆盖全球的卫星系统使每部移动电话都可以与卫星联络，从而开启个人通信的新时代，使得人们在地球上人迹罕至的不毛之地，通信落后的边远地区，都能畅通无阻地进行远程通话。这是一个美丽的创意构想，但构想和市场现实之间存在着很大距离，需要进行周密的论证，而不能匆匆上马。摩托罗拉公司被自己的创意构想冲昏了头脑，迫不及待地启动了计划；摩托罗拉公司过于崇尚技术，没看到市场运行的各种因素影响。他们固执地认为，"不用介绍一种产品就可以上市，我们为 MBA 案例提供一个经典案例。首先我们创造了一项技术奇迹，然后我们就可以去想如何用它来赚钱了"。

对技术盲目崇拜使他们忽视了商业风险。铱星计划是高科技项目，也是高投资项目，再加上技术攻关的漫长周期，使得后期资金压力巨大，投资方的信心随着时间的推移越发不足，导致不断地撤资；铱星手机不是为普通百姓设计的，高昂的使用费用，使它失去了很多顾客，导致用户量不可能达到预期赢利的规模；复杂的技术决定了从构想到推广的时间过长，在这期间，世界移动通信发展迅速，手机已覆盖世界大多数地方，铱星手机的竞争对手太多；与竞争对手相比，铱星手机技术优势不明显，相反还存在明显的缺陷，即必须借助天线和卫星传递信号，因此在车里、室内无法使用电话，即使在野外也得把电话对准卫星方向获取信号。如果能缩短研发时间，充分满足客户需求,消除产品缺陷,或许不是不行。

四、关键要点

1.商业模式比技术创新更加重要,在本案例中,铱星计划过于推崇技术创新,而忘记了技术不是用来炫耀的,而是用来为用户和企业创造价值的,或者说,不能为用户和企业创造价值的技术是没有价值的。

2.技术创新要充分考虑经营风险和市场风险,并在项目运作的整个过程采用适当的方法加以控制。

参考文献:

[1]谭旭峰,董薇."铱星陨落"启示录[J].中国高新区,2004(8):43-44.

[2]商平成."铱星":一个科技神话的破灭[J].今日科技,2003(8):30.

[3]史锦梅.高科技就一定能带来效益吗?——铱星破产案的启示[J].企业研究,2003(2):25-28.

(撰稿人:南昌工学院 胡孝根)

亿唐"梦断"互联网

摘要:

本案例以唐海松组建的有5个哈佛MBA和2个芝加哥大学MBA的亿唐网创业团队为背景,叙述了该创业团队在组建贵族团队、编织梦幻方案、赢得巨额融资后,因定位混乱,从最早的一网打尽的综合门户,到后来的全面收缩,再到无数次的转移和失败的事例。这一案例为创业项目定位和商业模式选择提供了有价值的借鉴。

关键词:

梦幻团队;私募融资

0 引言

"亿唐网"是由获得哈佛商学院 MBA 的唐海松创建,其"梦幻团队"由 5 个哈佛 MBA 和 2 个芝加哥大学 MBA 组成。团队凭借宏伟的创业计划,获得德丰杰(DFJ)和 Sevin Rosen Funds 两家美国风险投资公司共计 5000 万美元的融资。直至今日,这仍然是中国互联网领域数额最大的私募融资案例之一。亿唐宣称自己不仅仅是互联网公司,还是一个"生活时尚集团",致力于通过网络、零售和无线服务,创造世界级品牌生活时尚产品,提升新一代中国人的生活水平。彼时,中国互联网已非常兴盛,不仅新浪、搜狐等老门户赢利激增,更有盛大、携程、百度等新兴网站横空出世。可是,不可思议的是,坐拥亿万风投、哈佛 MBA 团队、"明黄一代"等诸多概念光环的亿唐,却在过去十多年里成为"没落贵族"并最终被市场无情地淘汰出局。这个"梦幻团队"出了什么问题?他们创业失败的案例可以给后来者哪些启示?在中国面临从工业时代向创意经济大转型的当下,亿唐成与败的教训,无论是对于创业者还是投资者都有不可或缺的借鉴意义。

1 梦幻团队

唐海松,一个农民的儿子,靠着自己的勤奋和聪明,考入复旦大学物理系,毕业后奔向美国,进入世界一流的"企业诊所"麦肯锡投资咨询公司,后来投身哈佛商学院深造,获得 MBA 学位后,担任国际顶级公司 Zegna 总裁助理,1999 年回国创设亿唐。很快,唐海松成功组建了一个由 5 个哈佛 MBA 和 2 个芝加哥大学 MBA 组成的"梦幻团队"。在员工中,有一半来自复旦大学、清华大学、北京大学等名牌院校,且有在哈佛、麻省、普林斯顿、杨百翰等世界名校深造以及在麦肯锡、普华永道、博雅等全球著名公司的工作经历。

2 盛世梦想

亿唐的英文名字是"etang","e"指的是电子网络,"tang"则让人联想起兴盛的唐文化。"如果公司要在《华尔街日报》打广告,那就应该是:'etang',中国文化的又一次复兴!"同时,将网站取名为亿唐,昭示"一亿个中国人在网上",唐海松决定用自己的双手再造一个中华盛世!

如何再造一个中华盛世呢?亿唐的方法是通过创造自己的价值观,借助价值观的巨大力量创造知名品牌。认可了亿唐的价值观,也就认可了亿唐的品牌。亿唐的价值观是什么呢?唐海松说:"我们的宗旨在于把积极的生活态度、优雅的生活方式和紧密的社区精神带给新一代中国人。"当有一天亿唐成为积极态度、优雅生活的代名词的时候,亿唐就深深烙在亿万新一代中国人的心灵最深处了。这是亿唐的梦想,也是亿唐的品牌战略。

新一代中国人的特征是什么呢?亿唐是这样描述的:18~35 岁之间,受过良好的教育,向往现代生活方式,务实、高效、富裕。唐海松称之为中国的"明黄一代",明黄色也就成了亿唐的标志。唐海松试图通过视觉冲击力极强的黄色把自己的品牌传播出去:"看到红色,人们会想到可口可乐;看到山德士上校,人们会想起肯德基。我希望几年之后,只要看到黄色,大家就会想起——亿唐。"

3 网络美梦

通常一个世界级品牌的建立至少需要十年以上的时间和数以亿计的资金,亿唐难道有这样的实力吗？面对诸如此类的疑问,唐海松总是显得格外轻松:"这就是因特网时代的不同了。通过 Internet,一个品牌的建立将会容易得多。"唐海松的自信是有道理的,毕竟因特网把世界变成了一个地球村,因特网时代之前,商业模式是先有产品,然后再有品牌;而因特网时代则可以先有品牌,然后再是产品的销售。"通过亿唐网站树立品牌,当亿唐深入人心的时候,公司就会进入时尚类消费产品的开发和市场开拓阶段,这些相关产品会随着'亿唐'品牌的声名远扬而增值。"这就是唐海松和他的亿唐的网络之梦。有一篇文章曾这样描绘唐海松的亿唐之梦:当"亿唐队"的球迷们从睡梦中醒来,拧开亿唐牌的牙膏,用亿唐牌的牙刷刷完牙,倒上一杯亿唐牌的牛奶,登上亿唐网站,先看今天的亿唐新闻,再到亿唐本地的指南中为晚上的聚会订好亿唐晚餐,然后穿上亿唐牌的牛仔服,蹬上亿唐牌的自行车匆匆上路。那是怎样一幅让唐海松狂喜的图画！

唐海松的网络之梦很快就得到了命运之神的青睐,国际投资方认为唐海松的商业计划是有创见的,亿唐的"明黄一代"是他们认为绝好的思路,同时,亿唐的创业团队优势明显。于是,亿唐轻松得到了450万美元的一期投资;网站运行后,又得到了4300万美元的二期投资。

4 黄粱"梦断"

得到巨额资金注入后,亿唐网一夜之间横空出世,迅速在各大高校攻城略地,在北京、广州、深圳三地建立了分公司,并广招员工,在各地进行规模浩大的宣传造势活动。

有着几千万美元做后盾,亿唐人开始烧钱:在豪华的湖畔别墅举办活动,在宽敞气派的健身房休闲,投入巨资大肆宣传。而在核心业务网站建设上贪多求全,毫无特色,一时找不到拿得出手的业务,以致外界评论:"中国门户网站浮躁,再浮躁不过亿唐;中国内容网站空洞,再空洞不过亿唐。"

2000年年底,互联网的寒冬不期而至,亿唐网资金耗损过半,而赢利却无从谈起。

2001年6月,亿唐网三家分公司各自解散,员工大幅裁减,员工数量从120人跌至30人。同时,亿唐网也放弃了象征着向上的"明黄一代"黄灿灿的背景色调,而改为绿色,这一举动被视为亿唐自身定位的全面动摇。

为了尽快赢利,亿唐把宝押在了线下,放到了实体。从2001年到2003年,亿唐不断通过与专业公司合作,推出了手机、背包、安全套、内衣等生活用品,并在线上线下同时发售,同时也尝试手机无线服务,只是大势已去。

2005年9月,亿唐决定全面推翻以前的发展模式,将其绝大部分页面和流量转向新网站 hompy.cn，风光一时的亿唐网站转型成为一家新的 web 2.0 网站。

2006 年，亿唐将其最优质的 SP 资产 C 牌照资源贱卖给奇虎公司换得 100 万美元，试图在 hompy.cn 上最后一搏。

2008 年，hompy.cn 被迫关闭，亿唐只剩空壳，昔日"梦幻团队"纷纷选择出走。

2009 年 5 月，etang.com 域名被人以 3.5 万美元拍走。

案例使用说明：

一、教学目的与用途

1. 本案例主要适用于创业学、管理学等课程。
2. 本文是一篇描述定位混乱的互联网"贵族"亿唐网创业失败的教学案例，其教学目的在于使学生对品牌创建、企业运作、团队管理、风险投资等问题具有感性的认识和深入的思考，从产品与目标群体契合度、海外商业模式与本土商业模式的异同性等角度分析问题，并提出解决方案。

二、启发思考题

1. 你如何思考亿唐网的创业失败？
2. 你如何看待亿唐网的目标群体定位？
3. 亿唐网商业模式的主要症结在哪？
4. 如果你是亿唐网负责人，面对巨额风投，你将如何运作？

三、分析思路

教师可以根据自己的教学目标灵活运用本案例。这里提出本案例的分析思路，仅供参考。

根据本案例的叙述，唐海松的创业梦想不可谓不伟大，但伟大的梦想需要脚踏实地的付出，不是靠烧钱就能创造品牌的。唐海松在获得巨额风投后，失去了理智，在宣传成本上失去了控制；贪多求全，不专注核心业务、核心竞争力的打造，危机来临时，惊慌失措，不断寻找救命稻草，东抓一下，西抓一下，缺乏应有的坚持和执着，反而两手空空；海外归来时的"梦幻团队"更多的是照搬国外 MBA 商业模式，而缺少和国内具体的实际的结合；投资方只注重前期投资，而在中后期的企业运作和投资效益评估监测环节明显缺位。

四、关键要点

1.尽快确立主打产品和核心业务,抢占网站服务各领域的制高点,形成自己的竞争优势,是互联网企业生存发展的基本原则。在本案例中,亿唐网贪多求全,不断转变业务内容和经营模式,到最后,连最了解亿唐的人都不知道亿唐到底是一个什么样的网站,亿唐始终没有形成自己的核心业务。

2.创业需要宏伟的计划,更需要系统周密的实施;创业需要伟大的梦想,更需要一步一个脚印的踏实。

参考文献:

[1]丁辰灵.互联网创业那些事儿[J].中国科技财富,2014(12).
[2]丁辰灵.他们怎样走向失败[J].新商务周刊,2012(10).
[3]徐锋.亿唐:奔跑在网络上"梦回唐朝"[J].互联网周刊,2000(10).

(撰稿人:南昌工学院 胡孝根)

"视美乐"创始人黯然退场的幕后

摘要:

本案例以北京视美乐科技发展有限公司为背景,描写了该公司由于创业初期资金短缺而寻求风险投资,最终被青岛澳柯玛集团控股,从而导致三位视美乐创始人相继退出公司管理层的事实。这一案例为创业公司初期寻求风险投资和进行资本运作提供了有价值的借鉴。

关键词:

创业;风险投资;资本运作

0 引言

"视美乐"被媒体誉为中国第一家大学生高科技公司,其核心技术产品叫作"多媒体投影机",这是由清华大学材料系学生邱虹云发明的一种集光学、机械、电子技术于一体的视听设备,在技术设计上有巨大突破,大大降低了成本。该设备曾获首届全国大学生科技创业大赛一等奖。成立初期的"视美乐"公司曾有过许多傲人的光环——"中国第一个大学生创业公司""中国第一个本土风险投资的成功案例""成功销售全世界第一款可直接接收电视信号的多媒体投影机",但随着产品走入市场,公司面临资金短缺问题而不得不寻求风险投资,最终在市场经济的资本运作下,被青岛澳柯玛集团控股,而三位视美乐创始人相继退出公司管理层。这让我们不禁思考:创业者在发展企业的过程之中,如何寻求合适的风险投资?又如何在市场经济的资本运作下,保证创业者自身的权益?

1 公司背景

邱虹云、王科、徐中都是清华大学的学生。其中邱虹云是材料系的学生,曾在清华大学"挑战杯"课外科技发明比赛中获一次特等奖、两次一等奖,被誉为"清华爱迪生",是一个极其难得的发明家。王科是自动化系的学生,从大三起就先后在麦肯锡管理公司、法国巴黎国民银行等20多家公司实习或工作过,其间他有不少机会可以出国或进入外企工作,但自己创业的念头一直萦绕在他心头。徐中是工商管理MBA的学生,到清华读书前他已工作了6年,在长城特钢公司先搞机械设计,后任团委书记,因此年纪轻轻就有机会参与大公司领导层会议,在学生群体中他绝对是见多识广、企业经验丰富的人,而且他做事风格踏实、稳健。当王科的热情和闯劲、邱虹云的钻研和创造力、徐中的成熟和管理经验团结到了一起,就诞生了一个著名的创业公司——视美乐公司。

1999年年初,邱虹云在自己的宿舍里发明了多媒体超大屏幕投影电视(澳视单片投影机的雏形)。

1999年4月底,在清华第十七届"挑战杯"发明赛上,当时的王科发现了这个令他振奋不已的发明。邱虹云在很简陋的条件下演示着,并向王科介绍,这是他潜心研制的一种集光学、机械、电子技术于一体的视听设备,因为在技术设计上有突破,大大降低了成本。

王科说服了邱虹云,并找来了清华经济管理学院的在校MBA徐中,三人相约一起创业。当时他们组织了一些人进行了周密而细致的市场调查,发现这个外观简单的产品是集光、机、电于一体化的高技术壁垒的发明,将会在市场上引起一场革命。

1999年5月,王科用自己打工挣来的钱,以及向家人、朋友东挪西借凑来的钱共50万元,在徐中的陪同下来到工商局,注册了名为"视美乐"的公司,并在一间从清华经管学院借来的小房间里开始了不寻常的创业过程。

视美乐成为中国第一家由在校大学生创办的高科技公司,邱虹云任公司总工程师,王科任总裁,徐中任总经理。

2 一期融资

日渐成熟的技术广泛吸引了社会各界的注意,也自然吸引了企业家的关注。1999年7月,在清华兴业投资管理有限公司总经理潘福祥的帮助下,公司终于成功地吸引了上海第一百货的风险投资。

视美乐公司与上海第一百货商店股份有限公司签订了两期共5250万元的风险投资协议,第一期投入250万元用于产品中试,上海第一百货占公司20%的股份。该事件是我国第一例本土化的风险投资案例,也是第一例上市公司参与的风险投资。

上海第一百货向视美乐公司投入的资金,主要用于视美乐公司的核心科研成果——多媒体超大屏幕投影电视的产品开发、生产和市场推广。该项目由清华兴业投资管理有限公司担任投资与财务顾问,该公司借此次成功运作,成为我国第一个担任风险投资中介服务的专业机构。

另外,为了加强与清华大学在科技开发和管理咨询方面的合作,上海第一百货同时正式宣布加入清华大学与企业合作委员会,并计划启动"面向二十一世纪的绿色家园"等课题的研究,努力挖掘具有市场前景的高科技成果,创造新的经济增长点。

3 二期融资

视美乐公司入驻清华大学的高新技术企业孵化器——清华科技园后,得到公司管理和创业环境等多方面的扶持。在获得上海第一百货的风险资金后,视美乐公司集中优势资源全力投入了产品中试,经过8个月的紧张攻关,克服了一个个技术难题,终于顺利完成了产品的中试,并于2000年3月取得了生产许可证。视美乐投影电视将进入大规模生产阶段,但这也使得公司需要引入更大规模的运作资金。

在进行二期融资时,出于投影电视的大规模产业化生产的特点,为尽快将这一革命意义的产品推向市场,并考虑到视美乐公司的长远发展,视美乐公司和第一期投资方上海第一百货决定引入对视美乐长期发展能够提供更多专业支持的新合作伙伴,现有大型家电企业无疑是最佳选择。

在获知视美乐要寻找大型家电企业作为合作伙伴的信息后,一直对视美乐项目有着浓厚兴趣的澳柯玛集团立即跟进,并迅速与视美乐公司达成了合作协议。双方认为,成立一个新合资公司的方式更适合视美乐项目的运作。

2000年4月25日,北京视美乐科技发展公司与澳柯玛集团总公司在清华大学科技园联合举行了新闻发布会,宣布合资成立澳柯玛-视美乐信息技术有限公司。根据协议,澳柯玛集团以3000万元的价格购买视美乐多媒体超大屏幕投影电视的全部知识产权,并且由澳柯玛集团和视美乐公司各出资1500万元,共同组建注册资金3000万元的澳柯玛-视美乐信息技术有限公司,从事该产品的生产和市场推广。

4 黯然退场

如今,青岛澳柯玛集团控股澳柯玛-视美乐信息技术有限公司70%的股份,三位视美乐创始人只作为小股东存在,并相继退出了公司管理层。对于过去的创业经历以及后来的退出,这些曾经的创业大学生都不愿意再谈,而随着澳柯玛侵占上市公司资金案发的伤筋动骨,视美乐也从此一蹶不振。

清华大学兴业投资管理有限公司总经理潘福祥认为,学生办公司有他们的优势,比如有闯劲,不怕吃苦,能够不计时间报酬拼命地干。但是,他们也有缺点,那就是不懂商业运作,没有这方面的经验。竞争对手不会因为你是学生就心慈手软,消费者也不会因为你是学生就买你的产品,虽然有人认为他们的产品有前途,但并不认为一定会成功。

"视美乐的核心问题是资金短缺,"如今在清华大学任教的徐中掩饰不住脸上的伤感,"经验不足也是其中问题之一。尽管当初大学生创业者已经考虑过会遇到困难,但并不是有预料就意味着能够克服,公司运作是一件很复杂的事情。"

案例使用说明:

一、教学目的与用途

1.本案例主要适用于创业学、管理学等课程。

2.本文是一篇描述视美乐公司三位创始人创业失败的教学案例,其教学目的在于使学生对风险投资和资本运作等问题具有感性的认识及深入的思考,帮助学生了解创业者如何吸引风险投资以及在资本运作过程中应该注意的问题。

二、启发思考题

1."视美乐"为何能够吸引风险投资?
2."视美乐"引进风险投资是利大于弊还是弊大于利?
3.如果你是视美乐公司的创始人,你会怎样进行资本运作?
4.有人认为,"企业要长大,创业者要离开",由视美乐到澳视有何启示?

三、分析思路

教师可以根据自己的教学目标来灵活使用本案例。这里提出本案例的分析思路,仅供参考。

视美乐作为一家大学生创业企业,由于自有资金不足,为了保证产品的研发和生产,不得不考虑引入风险投资的方式来进行融资。而视美乐之所以能够吸引风险投资,在于该公司具有以下三个特点:一是拥有独特的技术。多媒体超大屏幕投影电视称得上是国内的高端产品,它结合了计算机、光学、材料学、电子学等多领域的前沿科技。二是拥有足够大的市场。多媒体超大屏幕投影电视具有清晰度高、功能齐全、价格低廉的优点,正式投产后,完全可以占领现有背投电视与投影仪等相关显示设备的市场。三是拥有一个技能互补的团队。在风险投资中,第一重要的因素是人,而视美乐公司的团队可以称得上是一个"黄金搭档"。

可以说,正是由于风险投资才使得视美乐得以生存与发展,但风险投资对于新生企业也是一把双刃剑。视美乐公司将其核心技术的所有知识产权卖给了澳柯玛集团,最终也丧失了公司的自主权。鉴于此,每一位创业者都应该对风险投资有更加清晰的认识和思考:是否有必要接纳当前的投资,而把企业的命运托付到其他人的手中。

四、关键要点

1.风险投资要注意股权的分配方式。在本案例中,三位视美乐创始人因外部投资而只能作为公司小股东存在,最后相继退出了公司管理层。

2.有效的创业团队应掌握财务、税法和市场经济等相关知识及经验,在企业发展初期选择好企业的发展路线,特别是企业吸引投资的方式方法。

参考文献:

[1]孙晶仪,洪慧.视美乐神奇故事[J].管理与财富,2001(4).

[2]张刚.学生创业终结[J].新闻周刊,2002(6).

[3]柳林子.风雨视美乐[J].大学时代,2003(1).

(撰稿人:江西财经职业学院　刘　昶)

后 记

自2015年8月江西省委教育工委、省教育厅决定组织全省教育系统内外专家学者编写"江西省高校创新创业教育系列教材"以来,在专家编写组和各册编创人员的共同努力下,一套三册共120万字的书稿终于可以定稿和付梓了。

创新创业是一个影响中国、牵动全球的时代话题。实施大众创业、万众创新战略是我国适应和引领经济发展新常态的必然选择,是推进供给侧结构性改革的重要抓手。大学生是大众创业、万众创新的生力军,培养创新创业人才是时代赋予高等学校的重要使命。江西省委教育工委、省教育厅积极策应全球创新创业浪潮,紧扣党和国家的战略意图,贯彻深化高校创新创业教育改革精神,在全国率先推出了高校创新创业教育系列教材。《大学生创新创业经典案例教程》(以下简称《案例教程》)为该系列教材之一,是一部适用于本科和高职高专院校的创新创业案例教材。

从2015年开始,我国创新创业教育迈入深化改革阶段。然而,目前国内学术界和有关部门对高校创新创业教育的认识尚未统一,现有大学生创新创业教育教材存在单一侧重创业教育或创新教育"两张皮"的现象,亟待进行融合创新。我们认为,创新创业教育既包括了创新教育和创业教育,又不与两者简单等同,是一种创新创业融合互动的综合性和高级化的素质教育,其最终目标是培养具有社会责任感的创新型创业者和创业型创新者。为此,本教材的定位是:以独立性、自主性和主体性的大学生为读者对象,以大学生个体创新创业及其职业生涯为背景,坚持"学生本位",力求贯彻"面向未来、面向全体、面向全程、融合互动、价值塑造、文化引领"的理念。

本《案例教程》收集了49个创新创业案例,并在第十三章专门安排了3个创新创业失败的典型案例,以期广大读者能从中得到启发、吸取教训。本教材大致体现了以下特点:一是时代性。案例的选择尽可能以全球视野反映创新创业的国内外最新成果,如Facebook案例、屠呦呦案例等。二是专业性。案例的编排按照创新创业教育的内涵要求,体现创新创业的过程和规律,如创新创业机会、商业模式创新、创新创业融资等案例。三是地方特色。通过新增赣籍院士黄璐琦、2015年度国家科技成果一等奖获得者江风益和江西高校毕业生创业典型刘鹏飞、姚智德等案例,展示江西创新创业教育和实践成果。四是规范性。按照案例编写的体例和案例教学的要求,提供分析思路、关键要点和启发思考题,体现案例的内在逻辑性。

作为本套高校创新创业教育系列教材编写工作的总牵头人,省教育厅巡视员、博士生导师周金堂教授、研究员倾注了大量心血,亲自对本书的方向定位、架构设计、篇章结构等进行了严格把关和审定。编委会工作组、专家编写组为本书的撰写和出版给予了大力支持和热情帮助,多次召开研讨会、审稿会,商议、确定编写大纲,对书稿提出修改、完善意见。感谢江西省教育厅有关领导,高等教育处处长邓弘、副处长罗红卫,职业与成人教育处处长胡永红,高等院校毕业生就业工作办公室副主任贾桂业,江西高校出版社社长邱少华、原总编辑花传贵、副总编辑肖俊南、副社长吴子明以及高等教育出版中心主任胡李钦等同志的积极参与和大力支持;感谢全省五十多所高校的创新创业教育专家学者们的辛勤劳动和付出。

  本书的执行主编由江西省高等院校创业教育研究与指导中心原副主任陈文华和江西科技师范大学创新创业教育中心常务副主任、教授、硕士生导师倪锋担任,在组织策划、案例遴选、体例确定和编写等方面做了大量工作,并与梅小安、黄小珊共同承担了本书的统稿工作。彭迪云、梅小安、黄小珊、余长春、梅艺华、夏克坚、胡克文、胡孝根、周亨炉、罗晨等人既参与了本书的提纲讨论,又撰写了较高质量的稿件。此外,本书其他录用稿件还来自于刘修财、郑孝庭、王思民、谢金梅、兰东东、朱建华、张曼云、周小丰、王文生、张文杰、陈典港、肖永平、杨德忠、伍建军、钟清平、李钧、汤淑琴、谭贻群、汪炜、彭晓兰、周俊、艾军、张洪、袁剑峰、吕燕萍、刘昶等专家。同时,还有许多专家在编写、提供稿件上贡献了智慧,提供了大量帮助。江西师范大学2011级创新创业管理专业研究生陈莉莉、文丽情同学参与了个别案例的资料查找、整理等基础性工作。在此一并致谢。

  由于编写时间紧迫,作者水平有限,书中可能还存在一些错漏和不当之处,敬请各位读者朋友、专家学者和教材使用单位提出宝贵意见、建议,以便再版时修订完善。

编 者

2016 年 2 月 29 日